KB115023

예술가는
절대로
굶어 죽지
않는다

REAL ARTISTS DON'T STARVE

|일러두기|

1. 모든 각주는 옮긴이의 주이다.

2. 도서명은 「」로, 신문·잡지·앨범은 《》로, 영화·뮤지컬·노래는 〈〉로 표기했다.

예술가는
절대로
굶어 죽지
않는다

제프 고인스 지음 | 김문주 옮김

미켈란젤로, 셰익스피어 그리고 스티브 잡스까지
역사상 가장 위대한 예술가들의 그릿을 훔쳐라!

W
WINNER'S BOOK

『예술가는 절대로 굶어 죽지 않는다』에 쏟아진 찬사

제프 고인스가 엄청난 책을 가지고 돌아왔다. 창의적 세계에 발자취를 남기고 싶은 이들에게 필요한 통찰력과 희망, 실용적인 조언이 책장을 넘길 때마다 쏟아진다.

— 세스 고딘, 『보랏빛 소가 온다』와 『이카루스 이야기』 저자

제프 고인스는 우리에게 단순히 창의적인 사람이 되는 법을 보여주는 게 아니다. 우리의 예술을 사업으로, 사업을 예술로 바꿔놓는 방법을 알려준다. 모든 사업가, 작가, 그리고 예술가에게 이 책을 한 번 읽고 메모하기를 권한다.

— 다니엘 핑크, 『새로운 미래가 온다』와 『드라이브』 저자

예술가 마인드와 사업가 마인드가 별개라는 생각은 한쪽이 다른 한쪽을 시도해보지 못하도록 방해하는 거짓말이다. 최고의 예술가는 자신의 일을 잘 알고 최고의 사업가는 자신이 하는 일이 예술이라고 믿는다. 제프 고인스는 이 중요한 필독서로 새로운 사고방식을 이야기한다.

— 라이언 홀리데이, 『에고라는 적』와 『돌파력』 저자

나는 제프가 돈이 예술가에게 양자택일의 문제가 아니라는 증거를 설득력 있게 보여주는 모습에 완전히 반해버렸다. '진정한 예술가가 되자. 그리고 배를 굶자'라든지 '돈을 버는 대신 예술가가 되는 것은 포기해' 같은 것이 아니다. 무엇보다도, 우리 모두 진정한 예술로 진짜 돈을 벌 수 있는 디지털 세상에서, 이 책은 완벽한 타이밍에 등장했다.

— 존 애커프 Jon Acuff, 《뉴욕타임스》 선정 베스트셀러와 『FINISH』 저자

창작으로 생계를 꾸려나가려는 사람이라면 이 책에서 많은 것을 얻을 것이다.

— 오스틴 클레온, 『훔쳐라, 아티스트처럼』 저자

마침내 예술과 돈에 관해 있는 그대로 전해주는 책이 나타났다. 당신이 예술가로서 성공하기 위해 고군분투한다면, 문제는 당신의 예술이 아니라 마음가짐이다. 이 책에서 내가 가장 좋아하는 조언은 다음과 같다. "전략적인 고집을 잃지 말라."

– 크리스 길아보, 『두 번째 명함』과 『쓸모없는 짓의 행복』 저자

제프 고인스는 활기차고 역동적인 목소리로 우리에게 굴레에서 벗어나 최고의 성과를 올릴 수 있도록 영감을 불어넣는다. 『예술가는 절대로 굶어 죽지 않는다』는 최고의 작품이다. 작가, 예술가, 그리고 창조적인 직업을 꿈꾸는 모든 이가 읽어야 할 책이다.

– 스티븐 프레스필드, 『최고의 나를 꺼내라!』 저자

제프는 굶어 죽는 예술가에 관한 미신에 반기를 든다. 예술가에겐 두둑이 보상받을 자격이 있을 뿐만 아니라 실질적으로 돈을 벌 수 있는 더 많은 기회가 있다. 이 책은 예술가를 위한 청사진이자 제프가 개인적으로 내놓는 예술 성명서이기도 하다. 그리고 이제는 내가 선언할 차례다.

– 제임스 알투처, 『거절의 힘』 저자·사업가

점차 예술이 상업화되고 자동화되는 세상에서 그 어느 때보다 창의력의 가치는 올라가야 한다. 그러나 현실은 그렇지 못하다. 모든 방면의 예술가는 자신만의 독특한 가치를 깨닫지 못하며, 그 결과 경력과 창작물은 위협받는다. 『예술가는 절대로 굶어 죽지 않는다』는 예술가의 잠재력을 자극한다. 그리고 제프 고인스는 우리 삶을 풍요롭게 하는 예술가에게 힘을 실어주려고 이 책을 썼다.

– 스콧 벨스키, 『그들의 생각은 어떻게 실현됐을까』 저자·사업가·투자가

좀 더 창의적인 사람이 되는 것과 창조적인 작업을 하기 위한 기술을 배우는 건 전혀 다른 문제다. 내 친구 제프 고인스는 이 책으로 우리가 창의적인 재능을 끄집어내어 전업 예술가로 탈바꿈하는 방법을 알려준다. 절대 놓치지 말 것!

– 제레미 코워트 Jeremy Cowart, 사진작가·퍼포스 호텔 창업자

제프 고인스는 예술가가 되는 것이 선택된 소수에게만 주어지는 신비하고 알 수 없는 차원의 일이라는 미신을 깨뜨린다. 대신 예술가란 영감을 그러모아 조합하고 마케팅에 전략적으로 집중할 수 있는 의욕적인 사람이라면 누구나 할 수 있는 직업이라는 점을 일깨워준다. 잘나가는 예술가가 되는 데 필요한 것이 무엇인지 케케묵은 생각에 발목 잡힌 사람에게 꼭 권해주고 싶은 훌륭한 책이다.

— 리사 콩돈, 예술가·『어썸 스케치북 꽃』 저자

『예술가는 절대로 굶어 죽지 않는다』는 예술가로서 작품으로나 금전적으로나 성공할 수 있는 실용적인 방법을 제시한다. 진정한 보물을 발견했다. 정말 이 책이 좋다!

— 케빈 그리핀Kevin Griffin, 작곡가·필그리미지 뮤직 페스티벌 설립자

우리는 모두 전에 없던 새로운 시대를 살아간다. 오늘날 사업가, 작가, 그리고 모든 예술가는 자기 작업에 어느 때보다 큰 통제력을 발휘한다. 하지만 이는 예전에 하던 것과 똑같은 낡은 방식이 이제는 통하지 않는다는 뜻이다. 고맙게도 우리에겐 제프 고인스의 『예술가는 절대로 굶어 죽지 않는다』가 있다. 이 책은 새로운 창조경제의 시대에서 성공하기 위한 실용적인 원칙을 보여준다."

— 마이클 하얏트, 뉴욕타임스 베스트셀러 『돈이 보이는 플랫폼』 저자

몇 세기 동안 가난한 예술가의 미신은 재능 있는 이들이 좀 더 '실용적인' 직업을 선택하도록 했다. 제프 고인스는 이 사악한 거짓말을 멋지게 뒤집어버린다. 그리고 왜 지금이 예술가로서 개인적으로나 직업적으로나 가장 성공할 수 있는 시대인지를 알려준다. 이 책을 한번 읽어보자. 그리고 당신이 사랑하는 예술가에게 이 책을 권하자.

— 토드 헨리, 『나를 뛰어넘는 법』 저자

이 책은 당신의 정신을 번쩍 차리게 해줄 것이다. 우리를 이끌 도발적인 아이디어와 흥미진진한 이야기가 가득하다.

— 조나단 필즈Jonathan Fields, 『How to Live a Good Life』 저자·굿 라이프 프로젝트 설립자

굶어 죽는 예술가에 관한 미신은 예술가를 위한 기회를 박탈할 뿐만 아니라 사회가 예술이 주는 선물을 누리지 못하도록 막는다. 제프 고인스는 영감과 영혼, 윤리를 잃지 않고도 창조적인 재능으로 탄탄한 삶을 꾸려나가는 방법을 보여준다.

– 패멀라 슬림 *Pamela Slim*, 『*Body of Work*』 저자

너무 많은 책이 세상에 꼭 필요한 실용적인 방안도 없이 창의력을 발휘하는 법에 대해서만 이야기한다. 하지만 이 책은 다르다. 제프 고인스는 자신을 위한 삶을 살아가고 영위하기 위한 무기로 창조성을 이용하는 방법을 이야기한다.

– 카비르 세갈 *Kabir Sehgal*, 뉴욕타임스 베스트셀러 『*Coined*』 저자·그래미상 수상자

Contents

Part I
사고방식
내면의 갈등을 극복해야 도전할 수 있다

Part II
시장
우리를 바깥세상으로 끌어내는 것들

Part III

돈

예술로 굶어 죽는 일은 없다

굶어 죽는 예술가라는 미신

큰 위험은
목표를 너무 높게 잡고 이에 미치지 못하는 것이 아니다.
목표를 너무 낮게 잡고 이를 달성해버리는 것이다.
— 미켈란젤로 부오나로티

1995년 미국의 한 교수는 특별한 무언가를 발견했다.

피렌체의 시러큐스대학교에서 랩 햇필드Rab Hatfield 교수는 시스티나 성당 천장화를 연구 중이었다. 미켈란젤로가 각 부분을 그린 날짜를 알아내기 위해서였다. 미켈란젤로는 작품을 그릴 때마다 돈을 받았기 때문에 관련 증거 서류가 남았을 것으로 생각했다. 500년 된 은행 자료를 정말 손쉽게 찾을 수 있다는 것은 놀라운 일이었다. 그리고 세계에서 가장 유명한 천장화를 미켈란젤로가 어떤 순서로 만들었는지 시간대별로 좀 더 정확하게 구성해 나갔다.

그리고 그때 햇필드 교수는 무엇인가를 발견했다.

"제가 찾던 건 아예 다른 거였다니까요! 근데 제가 매번 찾은 게 진짜 중요한 발견이었어요. 그걸 발견하리라고는 생각지도 못한 순간에요." 몇십 년 후 교수는 이탈리아에 있는 자기 사무실에서 전화기 너머로 소리 높여 이야기했다.

햇필드 교수는 하버드에서 박사학위를 받은 후 1966년 예일대학교에서 학생들을 가르치기 시작했다. 그리고 1971년 시러큐스대학교로 자리를 옮겼다. 오랫동안 예술사를 가르쳐왔지만 이런 발견은 처음이었다. 그 기록에서 발견한 대상은 우리가 흔히 어떤 예술가의 은행 계좌를 파헤치면서 기대하는 것이 아니었다. 설사 그 예술가가 수백 년 후에는 더 큰 명성을 얻더라도 말이다. "당신이 미켈란젤로를 얼마나 많이 아는지는 모르지만요. 우리는 보통 미켈란젤로가 빈센트 반 고흐처럼 힘겨운 삶을 살았다고 배웠죠." 햇필드 교수는 나에게 말했다.

몇 세기 동안 역사학자들은 이 위대한 르네상스의 거장을 그렇게 믿었다. 미켈란젤로는 또 한 명의 굶어 죽은 예술가이며 근근이 먹고 사느라 고군분투했다고 말이다. 이런 모습은 미켈란젤로 스스로 만들어냈다. 검소하게 살며 때로는 돈이 없어 투덜댔다. 한번은 예술 때문에 자신이 "가난하고, 늙고, 다른 사람의 하인으로 일한다"라는 시를 쓰기도 했다.

하지만 미켈란젤로는 진실을 감춰온 것이다.

랩 햇필드 교수가 오랜 은행 기록을 샅샅이 뒤지자 르네상스 시대의 가장 유명한 예술가에 관한 진실이 마침내 드러났다. 미켈란젤로는 전혀 힘겨운 삶을 살지 않았다. 그는 가난하지 않았다. 그리고 절대 예술 때문에 굶어 죽지 않았다. 우리가 잘못 알아온 것이다.

미켈란젤로는, 실은 매우 부자였다. 수십만 달러가 있다는 기록도 있다. 당시 예술가로서는 매우 드문 재산이었다. 햇필드 교수는 이 숫자들을 보는 순간 시스티나 성당을 완전히 잊었다. 강한 호기심에 그는 더 많은 은행 기록이 있는지 살펴봤다. 더 있었다. 아주 많이 있었다. 마침내 햇필드 교수는 지금으로 치면 약 4천 7백만 달러의 가치를 지닌 재산 기록을 찾아냈다. 미켈란젤로는 르네상스 시대에 가장 부유한 예술가였다.

놀라운 이야기이다. 우리는 예술가들은 겨우 입에 풀칠한다는 이야기에 익숙하다. 하지만 미켈란젤로는 작품 활동 때문에 고통받거나 굶어 죽지 않았다. 오히려 갑부이자 성공한 사업가였다. 한 저널리스트는 미켈란젤로를 "사람들이 창조적인 천재를 그저 기술자로 간주하고 돈을 지급한 단계에서 다른 차원의 대우와 보상을 해야 한다고 합의하는 단계로 변화할 때 정말 중요한 인물"이라고 했다. 다시 말해, 이 뛰어난 조각가이자 화가는 그저 예술 때문에 몸부림치는 그저 그런 예술학교 중퇴자가 아니었다. 미켈란젤로는 레인메이커였다.

내가 랩 햇필드에게 오늘날 미켈란젤로의 수백만 달러가 의미하는 것이 무엇인지 묻자, 교수는 "그렇게 많은 의미가 있다고는 생각 안 해요"라고 답했다. 하지만 나는 이에 동의하지 않는다. 이 사실이 모든 것을 바꿔놓는다고 생각한다.

미신의 탄생

미켈란젤로가 죽은 지 이백 년 후, 프랑스에서 앙리 뮈르제가 양복장이와 건물 수위의 아들로 태어났다. 파리에서 뮈르제는 창조적인 천재들에게 둘러싸여 살았다. 그리고 그 무리에 끼고 싶다는 꿈을 꾸었다. 그러나 재정적으로 안정적이지 못해 늘 불만을 품은 채 자라야만 했다.

1847년 뮈르제는 『보헤미안의 생활 정경Scenes de la vie de Boheme』을 발표했다. 가난을 유쾌하고도 낭만적으로 풀어낸 이야기 모음집이었다. 그 결과 뮈르제는 어느 정도 문학적으로 인정받지만 힘겨운 생활을 계속했다. 그리고 지독한 가난은 엉뚱한 시점에서 끝을 맺는다. 뮈르제가 죽은 후에 근근이 명맥을 이어간 이 책은 먼저 오페라 〈라보엠〉으로 각색되었고 훗날 영화화되었다. 그리고 마침내 스핀오프라고 할 수 있는 뮤지컬 〈렌트〉와 영화 〈물랑 루즈〉 등으로 어마어마한 찬사를 받는다.

뮈르제의 『보헤미안의 생활 정경』은 창작의 세계를 바라보는 대중의 머릿속에 굶어 죽는 예술가라는 개념을 불어넣었다. 지금까지 이 개념은 우리가 '예술가'라는 단어를 떠올릴 때 함께 상상하게 되어 그림으로 남는다. 굶어 죽는 예술가에 관한 이야기는 미켈란젤로가 금전적으로 성공했었다는 비교적 덜 알려진 사실을 무색하게 했다. 그리고 창조적인 사람의 성공 가능성에 대한 가장 보편적인 상식이 되었다. 즉, 예술가는 금전적으로 성공하기 쉽지 않다는 생각 말이다.

오늘날 우리는 여전히 여기저기서 이 이야기의 잔재를 만난다. 전업 화가를 꿈꾸는 친구에게 우리가 주는 조언, 소설가가 되고 싶은 회사 동료에게 하는 이야기, 심지어 우리 아이들이 진짜 세상에 발을 디딜 때 우리가 하는 말에 모두 담겼다. "조심하렴." 우리는 불길한 목소리로 말한다. "너무 예술적이려 하지 마. 굶어 죽을지도 몰라."

하지만 우리는 굶어 죽는 예술가의 이야기가 그저 미신에 지나지 않는다는 점을 잊곤 한다. 그리고 다른 미신과 마찬가지로 우리가 인생 전반을 살아가는 데 영향을 미치는 강력한 이야기이다. 그러나 결국 이야기는 그저 이야기일 뿐이다.

굶어 죽는 예술가 이야기는 미신이다.

미신 때문에 우리는 인생에서 좀 더 안전한 길을 선택한다. 영화배우가 되는 대신 변호사가 되고, 시인이 되는 대신 투자 은행가가 되며, 화가가 되는 대신 의사가 된다. 우리는 덜 위험한 직업을 선택함으로써 위험을 분산하고 진정한 천직을 멀리한다. 그 길이 더 쉬운 길이기 때문이다. 결국 아무도 힘겹게 살기를 원하지 않기 때문에 우리는 우리의 열정을 취미로 미뤄두고 평범함을 향해 뻔한 길을 걷는다.

하지만 예술가로서 생계를 유지할 수 있다면 어떨까? 우리가 일에 접근하는 방식과 지금 세계에서 창조의 중요성을 생각하는 방식은 어떻게 바뀔까? 우리가 선택하는 직업, 그리고 아이들에게 장려하는 길은 어떻게 변할까?

예술가는 절대로 굶어 죽지 않는다

초기 르네상스 시대에 예술가는 성실한 노동자로 인정받지 못했다. 단순히 육체노동자로 치부되었고 작업에 비해 빈약한 대가를 받곤 했다. 그러나 미켈란젤로는 이를 바꿔놓았다. 미국 세인트루이스의 워싱턴대학교에서 예술사를 가르치는 윌리엄 월리스William Wallace 교수에 따르면, 미켈란젤로 이후 모든 예술가는 "일을 하는 새로운 패턴과 방식"에 눈을 뜨기 시작했다. 미켈란젤로는 "예술가는 사회에서 새로운 핵심 인물이 될 수 있으며 더 높은 사회적 지위를 가질 수 있을 뿐만 아니라 경제적으로 성공할 수 있다"라는 개념을 만들어낸 것이다.

미켈란젤로는 자기 작품 덕에 굶주릴 필요가 없었다. 당신 역시 마찬가지이다. 시스티나 성당의 벽화를 그린 화가가 막대한 부를 축적하고 역사에 남을 거장으로서 업적을 공고히 했다면, 미켈란젤로는 후대를 위해 유리천장을 깬 셈이다. 우리는 굶어 죽는 예술가 미신에 깊이 엮여 들어가 예술가를 사회 가장 밑바닥에서 고군분투하는 불행한 보헤미안으로 생각했다.

우리는 창작 활동을 하는 사람이 부유할 수 있다거나 성공할 것이라고 거의 생각하지 않는다. 그리하여 예술 학위나 연극 수업은 하등 쓸모없다는 농담까지 던지곤 한다. 우리는 창조성을 추구하는 것, 즉 문학이나 음악에 대한 흥미를 좇는 식의 노력이 안정적인 경력 추구와는 얼마나 거리가 먼 것인지 늘 이야기를 들어왔다. 나는 평생 선생님과 친구, 친척이 선의로 이야기하는 것을 들어야만 했다. 조언은 언제나 똑같았다. "좋은 성적을 받으렴. 늘 빠져나갈 구멍이 있어야 한다. 그리고 절대 본업을 그만둬서는 안 된다."

창조는 자기를 표현할 수 있는 훌륭한 수단이지만 보통 누군가가 경력을 위해 모든 것을 걸어야 한다고 생각하는 대상이 아니다. 그러다 간 굶어 죽을 가능성이 매우 높기 때문이다. 진실은 사뭇 다르다. 때로는 예술가도 성공을 거둔다. 가수는 플래티넘 기록을 세우고 작가는 베스트셀러 순위에 올라가며 영화감독은 블록버스터 영화를 만들어낸다. 우리는 이러한 순간을 예술가가 재산을 모으거나 잘 팔리는 아주 드문 예로 치부하곤 한다. 하지만 그것이 전부가 아니라면 어떨까?

역사상 가장 유명한 예술가를 살펴본다면 우린 흥미로운 사실을 발견할 수 있다. 오늘날 성공을 거둔 예술가의 인생을 살펴보았을 때도 마찬가지이다. 예술가가 되는 것이 어떤 의미인지에 대한 충고와 경고를 들을 때, 우리가 꼭 명심해야 할 중요한 사실이 있다.

반드시 굶어 죽을 필요가 없다는 것이다.

새로운 유형의 예술가

———

이 책에서 나는 아주 단순하지만 어려운 주장을 펼치고 싶다. 진정한 예술가는 굶어 죽지 않는다는 것이다. 당신의 창의적인 재능으로 생계를 꾸려나가는 것은 더욱 쉬워질 것이다. 그리고 그것이 가능하다는 것을 보여주기 위해 최고의 작품을 만들기 위해 굳이 힘겨운 삶을 영위하지 않은 유명한 예술가와 작가, 사업가의 사례를 제시하려 한다. 또한 창작으로 어마어마한 성공을 거두는 우리 시대의 전문가 집단을 소개할 예정이다. 마지막으로 굶어 죽는 예술가라는 개념은 우리에게 도움을 주기보다는 발목을 잡는 쓸모없는 미신이라고 당신을 설득할 것이다.

오늘날, 우리의 예술을 세상과 나눌 수 있는 그 어느 때보다 많은 기회가 주어졌기에 우리는 창작에 대한 다른 모델이 필요하다. 굶어 죽는 예술가 미신은 너무 오랫동안 유지되었다. 그리고 지금 우리에게 필요한 것은 창작하는 이들이 예술을 위해 고통을 견딜 필요가 없는 모델로 돌아가는 것이다. 우리에게는 새로운 르네상스가 필요하다.

책을 위한 아이디어이든, 스타트업 기업을 위한 비전이든, 아니면 공동체를 위한 꿈이든 간에, 세상에는 우리의 예술이 필요하다. 그래서 예술 때문에 힘겨운 삶을 살아서는 안 된다. 우리에게는 나눌 수 있는 창조적인 재능이 있고 그러한 관점에서 우리는 모두 예술가이다. '진정한 예술가'가 되는 것은 어떤 의미일까? 가장 중요한 일을 하기 위해 시간을 쏟는다는 의미이다. 이는 창작 활동을 하기 위해 누군가의 허락을 받을 필요가 없으며, 훗날 누군가가 발견해주길 바라면서 비밀리에 작업하지 않는다는 뜻이다. 세상은 지금 진지하다.

미켈란젤로처럼 백만장자가 되어야만 할까? 전혀 그렇지 않다. 이 책은 예술을 팔아 어떻게 부자가 되는지에 관한 책이 아니다. 수많은 직업 예술가와 작가, 그리고 경영자가 성공한 방식을 보여주는 책이다. 당신도 성공할 수 있다.

이 책의 목표는 최고의 작품을 만드는 일이 가능할 뿐만 아니라 필연적일 수밖에 없는 삶을 꾸리는 데 있다. 그리고 그럼으로써 우리는 굶어 죽는 예술가라는 생각을 새로운 용어, '잘나가는 예술가'로 바꿔놓으려고 한다. 당신의 걸작이 당신과 함께 묻히는 것을 원하지 않는다면, 예술가의 삶을 우리가 들어온 기존의 방식과는 다르게 생각하고 살도록 스스로 훈련해야 한다. 예술 때문에 배를 곯지 말라. 예술로 한번 잘나가보자.

미켈란젤로의 이야기에 영감을 받아 나는 또 다른 성공한 예술가가 있는지 알아보고 싶었다. 발견한 사실은 새로운 르네상스가 가능할 뿐만 아니라 이미 시작되었다는 것이었다. 나는 한 번도 굶어 죽은 적 없는 창작하는 사람을 거의 모든 분야에서 찾을 수 있었다. 이 예술가들은 미켈란젤로가 부자였다는 사실을 대부분 알지 못했지만 미켈란젤로와 같은 접근법으로 작품을 창작했다. 그리고 이 책에서 제시하려는 원칙과 비슷한 방식을 따랐다.

다음은 모든 잘나가는 예술가가 따르는 원칙, 즉 새로운 르네상스의 원칙이다.

---

1. 굶어 죽는 예술가는 예술가란 타고나는 법이라고 믿는다. 잘나가는 예술가는 예술가란 만들어지는 법이라고 믿는다.

2. 굶어 죽는 예술가는 독창적인 사람이려고 고군분투한다. 잘나가는 예술가는 자신에게 영향을 미친 사람에게서 훔쳐온다.

3. 굶어 죽는 예술가는 스스로 충분한 재능이 있다고 믿는다. 잘나가는 예술가는 거장을 스승으로 삼는다.

예술가는 절대로 굶어 죽지 않는다

4. 굶어 죽는 예술가는 모든 것에 완고하다. 잘나가는 예술가는 합당한 일에 완고하다.

5. 굶어 죽는 예술가는 눈에 띌 때까지 기다린다. 잘나가는 예술가는 후원자를 찾아낸다.

6. 굶어 죽는 예술가는 어느 곳에서나 창의력을 발휘할 수 있다고 믿는다. 잘나가는 예술가는 이미 창작이 이뤄진 곳으로 향한다.

7. 굶어 죽는 예술가는 언제나 홀로 일한다. 잘나가는 예술가는 다른 이들과 함께 일한다.

8. 굶어 죽는 예술가는 남몰래 일한다. 잘나가는 예술가는 공개적으로 작업한다.

9. 굶어 죽는 예술가는 공짜로 일한다. 잘나가는 예술가는 언제나 대가를 받고 일한다.

10. 굶어 죽는 예술가는 작품을 너무 일찍 팔아버린다. 잘나가는 예술가는 자기 작품을 보유한다.

11. 굶어 죽는 예술가는 한 가지 기술만 통달한다. 잘나가는 예술가는 다양한 기술을 통달한다.

12. 굶어 죽는 예술가는 돈의 필요성을 경시한다. 잘나가는 예술가는 예술을 하기 위해 돈을 번다.

이 책에서 원칙을 사고방식, 시장, 돈이라는 세 가지 주요 주제의 관점에서 다뤄볼 예정이다. 각 파트에서 우리는 굶어 죽는 예술가에서 잘나가는 예술가로 변화할 수 있는 의미 깊은 발걸음을 내디딜 수 있을 것이다.

우선, 우리는 사고방식을 바꿀 것이다. 굶어 죽는 예술가의 패러다임을 깨고 나오기 위해 맞닥뜨리는 내면의 갈등을 극복해야 한다. 마음을 바꿀 때까지 인생을 바꿀 수 없다.

다음으로 시장을 파악하려 한다. 창작 활동에서 인맥의 중요성을 깨닫고 어떻게 우리 예술을 세상으로 끌어낼 것인지 탐구할 것이다.

마지막으로, 돈을 파악하려 한다. 우리는 작품으로 생계를 유지하는 것이 어떤 의미인지 살펴보고 더 나은 작품을 만들기 위해 돈을 사용할 수 있어야 한다.

각 챕터는 앞서 이야기한 열두 가지 원칙을 하나씩 다룬다. 여기에는 여러 가지 이야기와 함께 우리 시대의 창조적인 작가, 예술가, 사업가와 나눈 인터뷰를 바탕으로 한 사례연구가 들어있다. 원칙들은 당신의 성공을 뒷받침할 이미 증명된 전략이다. 당신이 더 많은 원칙을 따를수록 성공할 가능성은 더욱 커진다.

이 책은 당신이 의미 있는 작품을 만들 수 있도록 돕기 위해 기획된 매뉴얼이다. 나는 당신이 책에 담긴 이야기와 교훈을 마주하고, 당신보다 앞서온 이들의 뒤를 좇아보는 도전을 해보길 바란다. 굶어 죽는 예술가가 되는 것은 그저 선택일 뿐 창작하기 위한 필수 조건이 아니며, 굶주릴 것인지 아닌지는 전적으로 당신에게 달렸다는 것을 깨닫길 바란다.

그리고 당신이 새로운 르네상스 시대에 과감히 이름을 떨치길 바란

예술가는 절대로 굶어 죽지 않는다

다. 창조적인 삶과 부유한 삶을 동시에 살 수 있다는 미켈란젤로의 신념을 받아들이길 바란다. 그리고 자기 자신과 세상을 향해 진정한 예술가는 굶주리지 않는다고 선언할 수 있길 바란다. 아니, 적어도 굶어 죽을 필요는 없다고 말이다.

굶어 죽는 예술가가
되는 것은 선택일 뿐,

창작을 위한

필수 조건은 아니다.

Part I

사고방식

내면의 갈등을 극복해야 도전할 수 있다

우리는 우선 손이 아닌 마음으로 예술에 접근하려 한다. 우리에게는 모두 인생에서 원하는 것을 추구하지 못하도록 금하는 생각과 제한된 믿음이 있다. 그리고 창조적인 작업 역시 예외는 아니다. 이제 우리는 이러한 장애물에 정면으로 맞서고 새로운 사고방식을 받아들이려고 한다. 그다음에 굶주림에서 벗어나 창작을 시작할 수 있을 것이다. 우리는 사고방식을 바꿔야만 한다.

Chapter 01

예술가로 태어나는 법은 없다

굶어 죽는 예술가는
예술가란 타고나는 법이라고 믿는다.
잘나가는 예술가는
예술가란 만들어지는 법이라고 믿는다.

나는 평생 종鐘이었으나 누군가 나를 집어 들어
처줄 때까지 종인 것을 몰랐다.
– 애니 딜라드

아드리안 카르데나스Adrian Cardenas는 플로리다주 마이애미의 한 쿠바 이민자 가정에서 태어났다. 카르데나스 가족은 피델 카스트로의 독재를 피해 미국으로 도망 왔다. 그리고 이 집 아들은 가장 미국적인 스포츠 야구를 배웠다. 곧 아드리안은 경기에서 두각을 나타내기 시작했다. 재능은 그렇게 꿈이 되었다. 그리고 새로운 세계로 향하는 문을 여는 열쇠가 되었다. 야구를 배우는 것은 유기적인 과정이었다. "계속 주거니 받거니 하는 거예요. 가령, 다음 단계는 이 리그에서 뛰는 거예요. 사람들이 나를 원한다고요? 좋아요, 그러면 저 리그에서 뛰는 거죠." 아드리안은 이렇게 회상했다.

그런 주거니 받거니 하는 과정으로 아드리안은 점차 발전해나갔고 학창 시절 내내 야구를 했다. 2006년 아드리안은 전미全美 고등학교 야구 선수들 가운데 최고의 선수에게 주는 올해의 선수상을 받았다. 그리고 졸업 무렵 필라델피아 필리스팀이 아드리안을 지명했다. 2012년에는 시카고 컵스에서 선수로 뛰었다. 그해, 모든 것이 달라졌다.

메이저리그 선수로서 아드리안은 최고의 삶을 살았다. 이민 온 부모님은 물론이요, 자기 자신 역시 상상조차 하지 못한 액수의 돈을 벌어들였다. 그리고 우리가 너무 잘 아는 그 원칙에 따라 경력을 쌓아갔다. 좋은 직업을 얻고, 좋은 성과를 내고. 은퇴할 때까지 열심히 하는 것이었다. 이는 아드리안 카르데나스가 가야 할 길이었고 어떻게 해야 하는지를 잘 알았다. 아드리안이 받는 보너스는 백만 달러에 가까웠다. 우리가 흔히 떠올리는 성공담 그 자체였다. 아드리안은 몇 년에 걸쳐 그 자리에 올랐고 마침내 성공의 과실을 맛보았다. 꿈꿔온 모든 것을 손에 넣었다.

하지만 한 가지 문제가 있었다. 아드리안은 더는 그런 것을 원하지 않는다는 것이었다.

시카고 컵스의 홈구장 리글리 필드에서 보낸 첫해, 어떤 기운이 덮쳐왔다. 이 느낌은 언젠가부터 아드리안을 괴롭혔다. 마이너리그 선수 시절, 동료들은 아드리안이 라커 룸에서 톨스토이 책을 읽는다고

예술가는 절대로 굶어 죽지 않는다

놀려댔다. 메이저리그에서 아드리안은 자기가 생각하는 좋은 시간이 다른 동료들의 생각과는 엄청난 차이가 있다는 것을 깨달았다. 아드리안은 친구들 앞에서 피아노로 조지 거슈윈의 곡들을 연주하면서 메이저리그 입성을 축하했다. 하지만 동료들은 축하할 일이 있으면 파티를 열었다. 이런 삶이 계속될수록 아드리안은 자신이 부적응자 같았다. 그리고 두 마리 토끼를 모두 잡을 수는 없다는 것을 점점 알아차렸다.

아드리안이 어렸을 때 부모님은 그가 나중에 뉴욕의 줄리아드 음대에 입학하는 날을 꿈꾸며 계속 피아노 레슨을 시켰다. 아드리안은 언제나 글쓰기를 사랑했다. 또한 엄청난 독서가이기도 했다. 하지만 이런 취미는 아주 먼 과거의 꿈 같았다. 아직도 아드리안은 자신의 흥미와 욕망으로 무언가를 해낼 수 있을 것이란 생각을 떨쳐버릴 수가 없었다. 생각의 단편들이 하나의 새로운 이야기로 짜여가면서, 아드리안은 자기가 결코 속할 수 없는 그 세계를 떠날 때가 왔다는 것을 깨달았다. 원하는 모든 것을 손에 쥐었지만 이제는 새로운 꿈을 좇을 때였다. 가던 길을 멈추고 다시금 생각하고 새로운 삶을 꿈꾸기에는 아직 늦지 않았어. 그렇지 않나?

아드리안 카르데나스는 2012년, 메이저리그에 데뷔한 바로 그해에 야구계를 떠났다. 다른 이들에게 이야기를 들려주고 싶어서였다. 안정적인 앞날이 보장된 이 젊은 선수는 완전히 다른 인생을 살기로 했다. 가장 두려우면서도 그가 할 수 있는 최선이었다.

재창조의 원칙

때로 삶의 대본이 더는 내가 원하는 이야기를 담지 않을 때가 있다. 우리는 따르던 규칙이 사실 최선이 무엇인지 전혀 신경도 쓰지 않는 누군가가 만들었다는 것을 깨닫는다. 그때 다른 행동을 취해야 한다.

마음을 바꾸든 길이 생각한 장소로 이어지는 것은 아니란 사실을 깨닫든, 우리는 모두 스스로 무엇이 될 것인지 선택할 수 있다. 기대한 대로 살아갈 수 있다. 또는 가능성을 꿈꾸는 세계로 접어들어 미래를 새로이 꿈꿀 수도 있다.

이제 우리는 새로운 르네상스의 첫 번째 원칙을 접한다. 나는 이를 재창조의 원칙이라 부른다. 당신은 예술가로 태어나는 것이 아니다. 예술가로 만들어지는 것이다.

당신이 살아온 모습을 자유로이 다시 상상해보자. 그렇게 하면 정말로 되고 싶은 사람이 될 수 있다. 그 모습이 설사 전혀 다른 새로운 정체성이거나 아니면 아주 구닥다리의 정체성이라 할지라도 말이다. 이제 당신이 누구인지, 그리고 누굴 만나야 하는지에 관한 결정의 순간이다. 여기서 나 자신을 찾는다면, 그다음에 해야 할 일이 무엇인지 주의를 기울여야 한다. 왜냐하면 우리는 전혀 다른 두 가지 길 가운데 하나를 걸어야 하기 때문이다. 바로 이 지점에서 아드리안 카르데나스가 자기 자신을 찾았다. 더는 뛰고 싶지 않은 경기에서 뛰느라 대부분의 인생을 바쳐야 한다는 사실에 마주한 그 시점 말이다. 새로운 여정을 시작하면서 아드리안은 자신에게 주어진 기대를 떨쳐버

예술가는 절대로 굶어 죽지 않는다

려야만 했다.

예술가는 타고나는 것이 아니라 되는 것이다.

쿠바계 미국인 아드리안은 늘 두 세계 사이에 끼어있다고 생각했다. 진정한 미국인이라 하기에도, 진정한 쿠바인이라 하기에도 부족했다. 마찬가지로, 아드리안은 늘 야구를 사랑했지만 이야기를 만들어내는 일 역시 사랑했다. 그리고 프로야구선수로서의 생활을 계속할수록 두 세계는 부딪히는 일이 많아졌다. 아드리안의 부모가 쿠바를 떠나 새로운 삶을 시작하기 위해 위험을 무릅썼듯, 아드리안 역시 비슷한 갈등에 시달렸다. 만약 야구를 계속한다면, 아드리안은 자기가 좋아하는지조차 확실하지 않은 경기에 모든 것을 바쳐야만 했다. 그러다가 의미 없는 공격과 수비의 기술을 그저 유지하기 위해 힘겹게 연습해야만 하는 순간에 다다랐다.

"열심히 연습해서 4만 5천 명의 관중 앞에서 자신 있게 경기에 임할 수 있다는 건 정말 멋진 일이에요. 하지만 자신에게 묻죠. '그래서 뭐? 이게 뭐가 중요하지?'라고요."

아드리안이 여러 선택지를 두고 고민할 때, 계속 야구를 한다면 쿠바에서 이민 온 부모님 이야기를 들려줄 기회는 영영 오지 않는다는 것을 깨달았다. 그리고 그 사실은 메이저리그를 떠나는 것보다 더 두려웠다. 어려운 선택이었다. 그는 야구를 사랑했으니까. 하지만 어느 쪽이든 대가를 치러야 한다는 것을 알았을 때 모든 것이 분명해졌다.

그리고 결국 예술이 야구를 이겼다. 미친 소리 같겠지만 아드리안 카르데나스에게는 메이저리그에서 야구를 하는 것이 앉아서 이야기 한 편을 쓰는 것보다 더 쉬웠다.

"훨씬 더 본능적이고 날 것 그대로인 이 일과 씨름하는 게 정말 만족스러워요. 야구만큼이나 어렵고 도전적인 일이에요. 하지만 더 많은 보람이 느껴지죠."

야구계를 떠난 지 얼마 지나지 않아 아드리안은 아버지와 함께 쿠바로 여행을 떠났다. 그곳에서 아버지 후안 카르데나스는 자신이 여러 차례 탈출을 시도한 장소들과 마침내 쿠바에서 벗어날 수 있게 된 경로를 아들에게 보여주었다. 여러 의미에서 두 이야기는 서로 닮았다. 두 남자는 탈출이 불가능해 보이는 상황에서 자기 자신을 찾았다. 하나는 독재정권이었고 또 다른 하나는 '황금 수갑이 채워진' 상황이었다. 두 사람 모두 주변에서 그냥 순응하라는 이야기를 들었다. 후안은 시인이었다. 그리고 시 때문에 국가의 탄압을 받았다. 아드리안은 예술가였다. 그는 동료 선수들과의 생각 차이로 팀에서 고립되었다. 두 남자는 주변 사람이 이룰 수 없다고 말하는 위험한 일을 해야만 했다. 하지만 일단 새로운 원칙을 따르기로 결정하자, 인생에 대한 완전히 새로운 이야기를 할 수 있었다.

여행이 끝난 후 아드리안은 그 경험에 대한 글을 여러 차례 펴내어 아버지의 탈출 이야기를 사람들과 나누었다. 《뉴요커》지와 CNN 웹사이트에서 필자로 이름을 올리고 《뉴욕타임스》에 특별 기고를 하면서 이제 전직 야구선수는 전업 작가라는 꿈을 현실로 이룬다. 기존 모

예술가는 절대로 굶어 죽지 않는다

습에서 탈바꿈하기 위한 과감한 노력이 필요했지만, 결국 그럴만한 가치가 있었다.

원칙을 깨는 것이 주는 이점

───

예술가가 되고 싶다면 우리는 어떤 원칙을 깨야만 한다. 주변 기대에 순응하며 살 수는 없다. 어느 순간 현상을 깨버리고 새로운 길을 헤쳐 나가야만 한다. 그리고 잘 알다시피 이때 창의성은 가장 효과를 발휘한다.

저명한 심리학자 폴 토랜스Paul Torrance 교수는 창의성은 인생의 모든 영역에 존재하며 누구나 창의적인 사람이 될 수 있다고 믿었다. 그러나 연구를 거듭할수록 토랜스 교수는 특정 환경에서, 특히나 학교에서 창의적인 사람이 되기란 얼마나 어려운지 발견했다. 또한 창의적인 사람은 이해할 수 없는 원칙에 순응하도록 강요하는 환경에서 어떻게 고군분투하는지를 관찰했다. "창의적인 어린이는 규칙에 저항하면서 가장 격렬하게 투쟁을 벌이지요." 토랜스 교수의 제자 보니 크레몬드는 스승의 발견을 요약하며 말했다. "창의적인 어린이는 우스꽝스러운 규칙을 참지 못해요. 그 규칙 속에서 어떤 목표도 찾지 못하죠." 토랜스 교수는 기존 규칙에 따르면 뛰어난 창작을 할 수 없다고 결론 내렸다. 조금이라도 일탈하고 싶은 마음이 없다면 창조적인 사람이 되기는 좀 더 어렵다. 때로는 규칙을 깨고 대가를 치러야 한다.

그렇다면 이 이야기는 예술을 세계에 알리려고 모험을 떠나려는 우리에게 어떠 의미가 있는가? 예술가는 만들어지는 것이 아니라 타고나는 것이라는 개념이 있다. 태어날 때 예술의 여신 뮤즈가 이마에 입을 맞추면 당신은 불후의 명작을 만들어내는 인생을 산다는 것이다. 하지만 현실에서 창의성은 마술이 아니라 노력이다. 그리고 현상에 저항하는 사람은 성공할 가능성이 훨씬 크다.

굶어 죽는 예술가의 원칙은 우리가 그림 붓을 손에 쥐고 태어나지 않는 이상 특별한 예술가가 되지 못한다고 이야기한다. 그러나 이 원칙은 더는 유효하지 않다. 우리가 소설을 쓰겠다는, 배우가 되겠다는, 또는 스타트업 기업을 만들겠다는 꿈을 이루려 할 때 부모님이 안겨주신 '운' 만으로는 충분하지 않다. 주어진 능력이 어떻게 쓰이기 위해 존재하는지 알아야 한다. 그리고 과거의 모습이 어떠하든지 간에 현재 상태에 붙들릴 필요가 없다는 것을 알아야 한다.

아드리안 카르데나스는 야구계를 떠나면서 원칙을 깨버렸다. 당신은 늘 해온 일을 해야 하고 무엇인가를 하는 도중에 마음을 바꿔 다른 일을 해서는 안 된다는 원칙이 있다. 무엇보다도, 일이 한창 잘 풀리는 와중에 그냥 그것을 놓아버릴 수는 없다고 말이다. 하지만 적어도 연간 50만 달러를 벌 수 있는 세계에 들어온 지 일 년 만에 젊은 야구선수는 예술가가 되기 위해 야구를 그만두었다. 이는 우리에게 중요한 교훈을 준다. 훌륭한 예술 작품을 만들기 위해서는 우선 자기 자신을 만들어야만 한다는 것이다.

자신을 재창조하는 것은 과거의 모습을 떠나보내고 새로운 정체성을 받아들인다는 의미이다. 더 나은 무엇인가와 맞교환해야만 한다는 사람에게서 멀어지라는 뜻이다. 그리고 필연적으로 어떤 원칙을 깨버려야 한다는 것이다. 어쩌면 우리 부모나 사회가 제시하는 원칙이거나 스스로 만든 원칙일 수도 있다. 그 원칙은 어디서 비롯하든 간에 동일한 이야기를 한다. "너는 그것을 절대 할 수 없어"와 "그런 걸 생각해내는 너는 도대체 누구니?"라고. 우리는 우리를 원하는 세계에서 살아가야 한다고 생각한다. 하지만 창조적인 인생은 가능성의 과정이며 인생이 어떻게 될 수 있는지 다시 상상해보는 과정이다. 그리고 그렇게 변하며 자신을 발견한다. 우리에게 던질 질문은 그래서 다음과 같다. 진정한 자신이 될 의지가 있는가?

나는 어떤 사람인가

미켈란젤로는 자라면서 자신이 귀족 집안 출신이라는 이야기를 줄곧 들었다. 이 믿음으로 자신을 이해하고 성공적인 예술가가 되고 싶다는 야망을 불태웠다. 어디를 가든 그는 가문의 명예를 되찾을 수 있기를 간절히 바라는 몰락한 귀족으로서 행동했다. 자기가 예술가로 성공한다면 생계를 이어갈 수 있을 것이라 믿었다. 그리고 생계를 유지할 수 있다면 사람들이 자신을 진지하게 대할 것으로 생각했다.

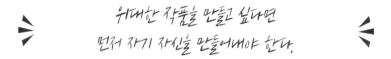

위대한 작품을 만들고 싶다면
먼저 자기 자신을 만들어내야 한다.

당시 예술가는 저급한 직업으로 치부되었기 때문에 미켈란젤로가 자신의 소명에 따르기로 선택하자 그와 아버지 사이에 갈등이 생겼다. 결국 미켈란젤로의 선택은 엄청난 성공을 가져왔지만, 몇 년간은 힘겨운 싸움이 이어졌다. 모든 것이 불리한 상황에서 무엇이 이 젊은 예술가를 이끌었을까? 여태껏 그토록 많은 예술가가 굶주렸건만 어떻게 미켈란젤로만이 성공할 수 있었을까? 그 비결은 그가 한 이야기에 있었다.

"당신이 유럽에서 가장 중요한 가문 중 하나에 속한다고 믿으며 자란다면, 그리고 주변 사람 모두 그렇게 믿는다면, 그 믿음이 당신의 페르소나 전체를 만들고 또 사람들은 그걸 보고 당신을 대하죠."

이 예술가는 평생 자신이 유럽에서 가장 영향력이 큰 가문의 일원이라고 믿으며 살아왔다. 그리고 이 강한 신념은 "미켈란젤로와 그 시대 모든 사람이 굳게 믿던 것이며 미켈란젤로가 인생과 예술을 바라보는 본질적인 방식이었다."

미켈란젤로는 고귀한 태생에 대한 믿음으로 움직였다. 그리고 자신의 인생을 설계하고 성공으로 향하는 길을 닦았다. 그러나 재미있는 것은, 그 믿음은 사실이 아니었다는 점이다. 몇 년 후 역사학자들은 미켈란젤로가 실제로는 귀족의 혈통이 아니었다는 사실을 밝혀냈다. 미켈란젤로는 유전적인 성향이나 천부적인 재능 덕분에 성공한 것이 아니었다. 중요한 것은 자신을 어떻게 생각하는지였다.

우리가 자신을 어떻게 믿는지는 좋은 면과 나쁜 면에서 모두 현실이 된다. 나 역시 이를 경험했다. 열두 살 때 나는 긴 머리를 하고 약간

예술가는 절대로 굶어 죽지 않는다

통통한 편이었다. 그리고 이를 감추기 위해 늘 배기바지와 헐렁한 셔츠를 입었다. 아직 사춘기가 오기 전이었기 때문에 수염을 비롯해 그 어떤 남성적인 특징도 발현되지 않던 때였다. 친구의 말이 가장 잔혹하게 들리던 그 시절 나는 곧잘 여자로 오해받곤 했다.

그해 나는 처음으로 직업이 생겼다. 이웃집에 신문을 배달하는 일이었다. 신문 배달을 시작한 지 몇 달 후 나는 신문값을 받기 위해 집마다 돌아다니다가 나이가 지긋한 노신사 고객을 만났다. 나에게 한 달 치 신문값과 함께 넉넉한 팁을 더 얹어주면서 그는 이렇게 말했다. "그래, 진취적인 젊은 아가씨로구나! 언젠가 아가씨는 크게 성공한 사업가가 될 거야. 분명히." 내가 문 앞에 서서 멍하니 노신사를 바라보는 사이, 그는 내 손에 빳빳한 1달러짜리 지폐 몇 장을 쥐여주고는 웃으며 문을 닫았다.

내 정체성을 오해받은 그 순간 나는 너무 창피해서 노신사의 말을 고쳐줄 수가 없었다. 그리고 시간이 지난 후에는 이를 바로잡는 것이 훨씬 더 어색했기에 그냥 그대로 살아가는 법을 배웠다. 덜 험난한 길을 가기로 하면서 나는 여성이라는 새로운 정체성을 받아들였고 '젊은 아가씨'라는 말은 그저 흘려보냈다. 그것이 더 쉬웠기 때문이다. 어쨌거나 내가 이 사람을 몇 번이나 더 만나겠는가? 신문값을 받기 위해 한 달에 한 번 정도? 그냥 그렇게 살 수 있을 것 같았다. 게다가 돈을 버는 것이 좋았으니까.

하지만 시간이 갈수록 이 말은 나를 갉아먹기 시작했다. 무엇보다도, 사춘기 남자아이에게 여자애라고 불리는 것보다 더 최악인 상황이 있는가? 노신사가 진실이 아닌 것을 진실이라 믿는 사실은 나를 불안하게 했다. 토머스 머튼이 '거짓 자아false self'라고 부르는 삶을 살 때 우리는 우리가 누구인지 일체감을 잃는다. 그리고 분명 내 경험상 말할 수 있는 것은, 진실을 당신 마음속 깊이 감추고 거짓 인생을 사는 것보다 더 큰 고통은 없다는 것이다.

더는 그 노인을 마주하는 일이 어렵고 일리노이의 맹추위 속에서 신문 배달에 지쳐버린 나는 일을 그만두었다. 문제를 피해 가는 것은 더 쉬운 길 같았다. 불행히도 이런 일은 내 청소년기와 이십 대 초반에도 비일비재하게 일어났다. 다른 사람이 나에게 부여한 정체성을 따를 필요가 없다는 것을 깨닫는 데는 오랜 시간이 필요했다. 나는 진정한 내가 될 수 있었다. 내가 원한다면 그 모습을 바꾸더라도 말이다.

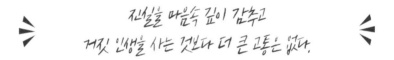

진실을 마음속 깊이 감추고
거짓 인생을 사는 것보다 더 큰 고통은 없다.

신문 배달부를 그만둔 이후 몇 년이 지나, 나는 비영리단체에서 마케팅부장으로 일하게 되었다. 그러나 그곳에서 오 년이 지난 후에야 내가 궁극적으로 바라던 일이 아니라는 것을 깨달았다. 그래서 나는 나를 작가라고 부르기 시작했다. 나 자신을 위해 한 일이었지만 내가 누구인지 세상에 선언하는 방식이었다. 그렇게 할수록 더 많은 사람이 그렇게 믿었고 나도 더욱 굳게 스스로 작가라고 믿었다. 그렇게 시간이 흐르면서 내 꿈은 현실이 되었다.

예술가는 절대로 굶어 죽지 않는다

대부분이 자아실현을 하지 못하는 이유는 진정한 자기 자신이 되는 것보다 인생에서 연기하는 것이 더 쉽기 때문이다. 그리고 튀는 것보다는 다른 사람이 나에게 기대하는 모습을 따르는 것이 더 편하기 때문이다. 그러나 이는 위대한 예술이 만들어지는 방법이 아니며 진정한 예술가가 되는 방법도 아니다.

결국 당신은 당신이 누구인지 결정해야 한다. 당신의 역할을 선택하고 그에 맞는 정체성을 갖춰야 한다. 우리는 그 모습을 만들어낼 때까지 가짜로 속일 수 없다. 모습을 갖출 때까지 그 모습을 믿어야 한다.

이것이 미켈란젤로가 자기 일을 시작한 초기에 한 일이다. 미켈란젤로는 귀족처럼 생각하고 행동했다. 그리고 귀족처럼 대우받길 원했다. 미켈란젤로가 세상을 떠날 때 그는 귀족 그 자체였다. 유례없이 높은 자리까지 가문의 이름을 올려놓은 귀족 예술가 말이다. 윌리엄 윌리스 교수의 말에 따르면 미켈란젤로가 스스로 쌓은 정체성은 "단순히 예술가가 되고 돈을 버는 것 이상의 진정한 삶의 목표와 운명"을 그에게 주었다. 또한 "미켈란젤로는 미래를 위해 자기 가문을 세우고 싶어 했다." 귀족 예술가는 그렇게 믿었기 때문에 그렇게 했다.

합당한 위험을 감수하자

일단 진짜 우리가 누구인지 인정하면, 그리고 자신을 재창조하기 위해 노력한다면, 그다음 단계는 무엇일까? 예술가의 삶을 살기 시작하려면 실질적으로 어떤 과정을 밟아야 할까? 우리는 가끔 이런 식의 탈바꿈을 위해서는 커다란 도약이 필요하다고 생각하지만, 작은 발걸음이 이어져 이뤄지는 것이 보통이다.

변호사이자 갓 아버지가 된 존 그리샴은 매일 아침 일찍 일어나 사무실로 출근해 소설 한 장을 썼다. 그것이 그의 목표였다. 매일 한 장씩 365일 동안 빼먹지 않고 꾸준히 쓰는 것 말이다. 꼬박 삼 년이 걸렸지만, 그 시간을 보내며 마침내 그리샴은 원고를 완성했다. 그것은 바로 첫 소설『타임 투 킬』이었다.

이 책은 결국 베스트셀러에 올랐다. 그가 쓴 여러 작품이 그 뒤를 이었다. 그리고 법정스릴러라는 새로운 장르를 개척했다. 그리샴은 곧 세계에서 가장 성공한 소설가 가운데 한 명이 되었다. 그러나 그는 성공을 위해 큰 도박을 한 것이 아니었다. 매일 삼십 분에서 한 시간 정도의 짧은 시간을 조금씩 할애해 작가가 되었다. 바로 이것이다. 가족이 늘어나고 새로운 직업을 가진 상태에서 변호사를 그만두고 전업작가가 되는 것은 무모한 일이 될 수도 있었다. 사실 이는 그리샴이세운 목표도 아니었다. 그저 자기가 글을 쓸 수 있는지 보기 위해 글을 썼다. 그리샴은 한 번에 한 걸음씩 내디뎠고 삼 년 후 책을 손에 쥐었다.

흔히 창작에 대한 우리의 꿈은 하룻밤에 시작되지 않는다. 서서히만들어진다. 하루에 단 몇 시간도 작품에 쏟을 수 없는 시기라면, 자신이 그저 제자리걸음만 하는 것처럼 느낄 수 있다. 그러나 가능성은 전혀 보이지 않고 하릴없이 바쁜 시간에 숨이 막혀오는 순간에도 당신

예술가는 절대로 굶어 죽지 않는다

은 여전히 무엇인가를 이룬다. 당신의 노력이 하찮고 의미 없어 보일지라도, 노력은 조금씩 쌓인다.

그러나 대부분 위험과 보상이라는 흥미로운 이야기를 좋아한다. 우리는 열정을 좇기 위해 모든 것을 거는 사람을 볼 때 전율을 느낀다. 하지만 위스콘신대학교 매디슨 캠퍼스에서 실시한 연구에 따르면 이는 재능을 활용해 직업을 바꾸는 가장 현명한 방법이 아니다. 1994년 한 연구팀은 사업가들이 본업을 유지했을 때, 또는 그만두었을 때 어느 쪽이 성공할 가능성이 더 높았는지를 측정하는 실험을 설계했다.

조지프 라피Joseph Raffiee와 제 펑Jie Feng은 이 연구를 2008년까지 진행했다. 그리고 '도약을 위해' 본업을 그만두거나 그대로 유지한 5천 명의 미국 사업가를 추적했다. 연구 결과는 놀라웠다. 우리가 생각하는 전형적인 사업 성공의 모습과는 전혀 달랐기 때문이었다. 더 조심스러운 사업가가 더 성공한 사업가가 되었다. 반면 직장을 일찍 그만둔 모험가는 실패할 가능성이 33퍼센트나 높았다.

성공하기 위해 커다란 도박이 필요한 것이 아니다. 작은 것이 모여 커다란 성공이 된다. 모든 것을 걸 필요가 없다면 하지 말자. 더 작은 위험을 감수하며 시작해도 좋다. 대부분 의미 있는 변화는 엄청난 도약이 아닌 단순한 한 걸음으로 시작된다. 다음 움직임이 어떻게 되는지를 알기 위해 길 전체를 봐야 할 필요는 없다. 그저 그다음에 맞이할, 합당한 위험을 감수하기만 하면 된다. 꾸준하고 작은 변화가 거대한 변혁을 가져온다.

대부분 의미 있는 변화는 엄청난 도약이 아닌
단순한 한 걸음으로 시작된다.

내가 작가로서 경력을 쌓을 때 소설가 스티븐 프레스필드와 인터뷰를
했다. "작가는 언제부터 자신을 작가라고 부릅니까?"라는 질문을 던
지자 그는 "자기 자신을 작가라고 칭할 때 작가가 되는 거죠"라고 대
답했다. 명함과 이메일 인사말에 '작가'라는 말을 집어넣고, 다른 사람
에게 이제는 이것이 내 직업이라고 말한다는 의미였다. 설사 그렇지
않더라도 말이다. 다른 사람이 나를 진지하게 대해주길 기대하기 전
에 나는 나 자신을 진지하게 대해야 했다. 이는 매일 아침 일어나 글
쓰는 것을 직업으로 여긴다는 뜻이었다. 물론 위험을 감수해야 하는
일이었다. 사람들이 나를 비웃거나 내 의욕을 꺾으려고 할 수도 있었
다. 그러나 이는 합당한 위험처럼 느껴졌다. 나는 직장을 그만두거나
아주 멀리 뛰어넘기를 하는 것이 아니었다. 그저 작은 발걸음 하나를
떼는 것뿐이었다.

시간이 흐를수록 이런 발걸음은 차곡차곡 쌓인다. 사람들이 당신의
작품과 그 가치를 알아보는 데는 오랜 시간이 걸릴 수도 있다. 하지만
느리고 꾸준한 길은 당신이 곧장 성공하거나 실패하게 할 수 있는 큰
위험보다 나을 때가 많다. 가끔 그러한 실패는 회복하기 어려울 수도
있다. 특히나 우리가 성과에 너무 큰 압박을 느끼고 전문가의 삶을 연
습하고 준비할 시간이 충분하지 않을 때 말이다.

당신을 위한 시간이 오기를 기다린다면, 그러지 말자. 지금 시작하

　　　　　　　　　예술가는 절대로 굶어 죽지 않는다

자. 당신이 그림을 그리거나 노래하거나 춤추기 위해 타고났어야 했는지 궁금하다면 그러지 말자. 지금 당신이 맡은 역할이 원하는 바가 아니라면 그냥 또 다른 누군가가 되기로 선택해야만 하는 것이다. 돈 한 푼 없이 뉴욕시로 이사 간다고 해서 예술가가 될 수는 없다. 당신은 무엇이 될 것인지 결정했기 때문에 예술가가 될 수 있다.

이는 작지만 중요한 위험이다. 또한 언제나 가장 처음 감수해야 할 위험이기도 하다.

존 그리샴은 『타임 투 킬』의 집필을 끝낸 후 원고를 출판사 사십여 곳에 보냈다. 그리고 모두 거절당했다. 존 그리샴은 당황하지 않고 새로운 소설을 쓰기 시작했다. 이 시점에서 이미 삼 년의 연습 기간을 보낸 셈이었고 창조적인 삶이란 단 한 번의 커다란 도약이 아니라 연이은 작은 발걸음이라는 것을 이해하기 시작했다.

두 번째 책을 쓰면서 그리샴은 첫 소설을 출간했고 단기간에 5천 부가 팔려나갔다. 출판사에서 그다지 지원을 많이 하지 않았기 때문에 그리샴은 직접 자기 책 천 부를 사들이기도 했다. 『타임 투 킬』을 홍보하는 와중에 『그래서 그들은 바다로 갔다』를 썼다. 이 책은 결국 대형 출판사에서 출간되었고 그리샴은 변호사를 그만두었다. 두 권의 베스트셀러를 채 내기도 전에 법조계를 떠나 전업 작가가 돼도 좋으리라는 충분한 자신감을 얻은 것이다. 이것이 바로 작은 도박의 기술이다.

아드리안 카르데나스 역시 이렇게 했다. 그는 곧장 야구를 그만두고 싶었지만 어머니 말에 따라 그동안 번 돈을 부동산에 일부 투자했고 서서히 변화를 꾀했다. 그 결과 예술계에서 잠깐 반짝인 것이 아니라 지속해서 활동할 수 있었다.

창작을 위한 첫걸음은 그런 것이다. 도약하거나 어느 날 갑자기 발현하는 것이 아닌 한 걸음을 내딛는 것이다. 그리고 이는 다음 단계로 우리를 이끌어주는 작은 결정을 의미한다. 물론 어떤 이들은 모든 것을 걸고 결국 승리를 거두기도 한다. 그러나 이런 경우는 매우 드물다. 그리고 그런 식의 성공은 바로 사라지는 경우가 많다. 그 반대의 경우, 거의 아무 일도 안 하는 것처럼 보일 정도로 작은 일을 점진적으로 해나갈 때 더 지속 가능한 성공을 거둘 수 있곤 한다.

참고 견딜 때 놀라운 일을 해낼 수 있다.

기존의 틀에 얽매이지도, 멀어지지도 말라

우리는 인생을 살며 다양한 순간에 진정한 자아와 타협하게 하는 체제와 마주한다. 이런 일이 벌어질 때 반드시 기억해야 할 점은 바로 이것이다. 자기 자신을 찾는 일은 언제나 끝나지 않으니, 이 역시 창의성을 발휘할 기회로 삼으라는 것이다.

고든 매켄지는 칠 년간 홀마크의 현대디자인 팀에서 일했다. 고든의 말에 따르면 부서에서 "제멋대로지만 놀라울 정도로 생산적인 의붓자식" 같은 팀이었다. 이 팀은 축하 카드를 만드는 훌륭한 회사 홀마크의 품위에는 그다지 맞지 않은 희한하고 유머러스한 제품으로 돈을 벌어들였다. 고든은 현대디자인팀을 사랑했다. 재미있는 일을 하

예술가는 절대로 굶어 죽지 않는다

기 위해 얼마든지 기존의 원칙을 깨버렸으니까. 언제나 이 팀에서 즐거운 마음으로 일했다. 그러나 예상하지 못한 일이 발생했다.

1979년 홀마크의 경쟁사 아메리칸 그리팅스는 만화영화 〈스트로베리 쇼트케이크〉의 라이선스 경쟁에 뛰어들었다. 경쟁사가 돈을 쏟아 붓기 시작하자 홀마크의 임원들은 기업의 자산을 라이선스 영역으로 집중시키기 시작했다. 그리고 고든은 회사가 사활을 건 기업자산부로 급하게 부서를 옮겼다. 생산성 높은 기업인이 되겠다는 열망에 사로잡힌 고든은 돈과 명예와 권력을 좇기 시작했다. 전에는 생각지도 못한 일을 하며 정장까지 사 입었다.

명예욕은 예술적인 감각을 갉아먹기 시작했다. 그리고 얼마 지나지 않아 고든은 돈을 위해 품질과 타협했다. 자기 자신도 이를 알았다. 무언가가 바뀌어야만 했다. 해결책은 머릿속에서 나왔다. 고든이 만들어낸 가상의 팀은 자신이 조성한 끔찍한 근무 환경에서 탈출구가 되어줄 것이었다. 그곳은 고든과 창의적인 동료들이 관료주의와 탐욕, 그리고 현재 상황을 조롱할 수 있는 장소였다.

머릿속 비전을 한 장의 제안서로 써 내려간 고든은 점심시간을 틈타 크리에이티브 부서의 부사장에게 이를 설명했다. 이를 받아들일지 알 수는 없었지만 고든은 적어도 한 번은 시도해보고 싶었다. 그리고 점심이 끝날 무렵 부사장은 말했다. "이렇게 해야만 하겠군."

'유머 워크숍Humor Workshop'은 그렇게 시작되었다. 그리고 열두 명으로 구성된 고든의 팀은 회사 역사상 전례가 없는 팀이 되었다. 자기들 돈으로 스튜디오를 만든 척, 홀마크를 더는 고용주가 아닌 고객인 척 대하며, 원하는 것은 무엇이든 만들어냈다. 이 팀은 팀원을 위한 창조의 낙원이었다. 그리고 창작을 적대하던 문화 속에서 모두가 다시 태어난 느낌을 받을 수 있는 곳이었다.

삼 년 후 고든은 자신이 '커다란 회색도시'라고 부르던 본사로 다시 불려 들어갔다. 그리고 새롭지만 모호한 역할을 맡을 기회가 생겼다. 고든이 제안을 거절할 수 없는 한 가지 이유가 있었다. 자기 업무를 마음대로 할 수 있다는 점이었다. 고든은 제안을 받아들였다. 그리고 전에 없는 새로운 직책을 만들어냈다. '크리에이티브 패러독스Creative Paradox'였다.

이 직책이자 직위는 완전히 날조였다. 업무 내용이나 정해진 범위도 없었다. 어떤 이에게는 그러한 자유가 감당이 안 되겠지만 고든은 이를 진보적으로 받아들였다. 고든의 사무실은 사람들의 생각에 귀를 기울이고 마음에 드는 것은 채택하는 아이디어의 보고가 되었다.

크리에이티브 패러독스는 어떤 아이디어든 제안할 수 있다는 소문이 홀마크 내에 퍼졌다. 그리고 회사 조직 내에서 크리에이티브 패러독스라는 직위가 어디쯤 자리하는지 아무도 몰랐기 때문에 모든 사람은 고든이 책상 위에 올라오는 어떤 아이디어도 승인할 수 있는 권한이 있다고 짐작했다. 회의에서 사람들은 어떤 프로젝트가 크리에이티브 패러독스의 결재를 받았다는 이야기를 들으면 반론을 제기하기 어려워했다. 실제로 고든에게는 아무런 권한이 없었다. "하지만 저에게 어떤 권력이 있다고 사람들이 생각하자, 그렇게 되어버렸죠."

홀마크에서 일한 삼십 년의 세월 가운데 마지막 삼 년 동안 고든은

예술가는 절대로 굶어 죽지 않는다

크리에이티브 패러독스로 일했다. 이런 애매모호한 직책을 달고 고든은 관료주의적으로 엉망인 체제에서 벗어나지 않고 필요한 새로운 원칙을 만들어갔다. "내 직장 생활 전체에서 가장 풍요롭고 보람 있으면서 생산적이고 즐거움으로 가득 찬 시간이었어요. 패러독스(역설)를 이야기하는 거 말이에요."

고든은 자신의 책에서 홀마크에서 겪은 일을 "우리 발목을 잡는 거대한 머리카락 뭉치, 즉 헤어볼 주위를 공전하는" 연습이었다고 묘사한다. 이러한 비유는 자신을 둘러싼 체제에 숨이 막히는 창의적인 사람에게 적합하다. 모두에게는 자신만의 세계로 날아가 관료적인 세계에서 완전히 독립할 자유가 있다. 그러나 그럴 경우 결국 혼자가 된 채 원하던 힘을 갖지 못하고 비효율적으로 작업할 수도 있다.

반면에 고든이 한 대로 할 수도 있다. 그리고 기존의 체제가 우리의 진정한 자아를 앗아가겠다고 위협할 때 스스로 탈바꿈하며 이 기회를 최대한 누리는 방법을 배울 수 있다. 잘나가는 예술가는 헤어볼을 어떻게 다뤄야 할지를 잘 안다. 헤어볼에 얽매이는 것이 아니라 더 나은 활동을 하기 위해 체제를 이용하는 것이다.

자기 자신이 되는 일은 언제나 계속된다

인생을 살면서 우리는 고비마다 새로운 도전 과제를 마주한다. 그리고 그럴 때마다 자기 자신이 되는 일은 언제나 계속된다는 것을 기억해야 한다. 늘 같은 자리만 맴돌아서는 의미 있는 작품을 만들 수 없다. 새로운 높이까지 지속해서 도전해야 한다. 자기 자신을 계속 창조하지 않고서는 위대한 예술을 만들 수 없다.

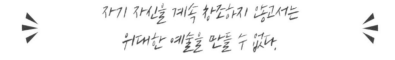

이러한 작업은 연속적인 재창조 과정이다. 단 한 번에 끝나는 일이 아니다. 이는 우리가 어떠한 존재가 되어가는 여정이다. 그리고 결코 완주할 수 없다. 헤밍웨이는 "그 누구도 거장이 될 수 없는 영역에서 우리는 모두 수습생이다"라고 말하기도 했다.

"궁극적으로, 창의성은 제가 메이저리그에 진출할 수 있게 해주었어요. 하지만 동시에 저를 야구에서 멀어지게도 했죠. 왜냐하면 다른 일을 하고 싶다는 열망이 메이저리그에서 뛰고 싶은 열망을 이겼거든요." 아드리안 카르데나스는 말했다.

창의성은 당신을 당기고 놓았다가, 또다시 당겨버린다. 창의성은 당신을 억압하는 체계에서 구해주고 새로운 기술을 전수해준 후 떠나온 그 자리로 당신을 다시 돌려보낸다. 새로운 비전을 구체화해줄 힘을 부여해서 말이다. 이것이 바로 고든 매켄지가 계속 자기 모습을 새로이 창조할 때 일어난 일이며 그럴 때마다 고든은 그 전보다 더 나은 작품을 만들어낼 수 있었다.

자신만의 창조적인 소명을 찾고 싶다면, 고든처럼 할 수 있어야 한다. 작업은 다음과 같은 결정을 내리면서 시작한다. 주어진 역할에 충실할 것인가, 아니면 언제라도 진정한 내 모습을 찾아갈 수 있다는 것을 깨달을 것인가? 인생은 고정된 것이 아니다. 모든 것은 언제나 변한다. 진정한 자아 그 이상이 될 수도, 거짓 자아에 매몰될 수도 있다.

새로운 르네상스 시대에 다시 시작해야만 한다. 필요한 만큼 자신을 창조하고 다시 창조해야만 한다. 창조적인 욕구에 맞지 않은 특정한 길에 너무 오래 집착해서는 안 된다. 예술가의 첫 임무는 우리가 안다고 생각하는 것에서 떨어져 새로운 미지의 것을 찾아 나서는 모험을 떠나는 것이다. 위대한 예술가는 평생 모험을 떠난다. 설사 부와 명예를 가져다줄지라도 한 가지 형식에 절대 매달리지 않는다. 우리는 언제나 자신을 재창조하기 위해 애써야 한다. 그리고 우리가 누구인지, 그리고 지금껏 무엇을 해왔는지를 바탕으로 성장하도록 노력해야 한다.

이것이 바로 아드리안 카르데나스가 걷는 길이다. 오늘날, 운동선수 출신 예술가는 그 어느 때보다 야구를 취미로 사랑한다. 영화학교 학생으로서 그는 부모님 이야기를 커다란 스크린에 띄우기 위해 능력을 개발한다. 아마도 계속 야구를 했다면 오지 않았을 기회이다. 그는 익숙한 세계를 떠나야만 했고 점진적인 변화로 이제는 더 진정한 모습의 자기 자신을 만들어간다.

굶어 죽는 예술가의 정신을 흘려보내는 첫 단계는 우리가 어떤 사람인지, 또는 어떤 사람이 되어야 한다는 생각을 떠나보내는 것이다. 어떤 새로운 정체성을 가질지 알 수 없더라도 말이다. 저 너머에 무엇이 있든, 얼마나 두려운 일이 기다리든 간에 지금 있는 곳에 머무르는 것보다는 분명 훨씬 낫다.

예술은 언제나 가장자리, 당신이 느끼는 불편함의 *끄트머리*에서부터 비롯한다. 그곳에서는 진정한 변화가 일어난다. 우리는 언제든지 새로운 이야기가 담긴 삶을 살아갈 수 있다. 그저 진정한 자신이 되어가야 한다. 그리고 그에 맞춰 작은 발걸음을 옮기면 된다.

Chapter 02

성공한 사람들의 영향을 훔치는 일

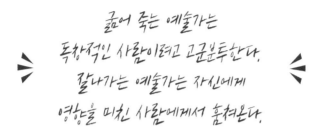

굶어 죽는 예술가는
독창적인 사람이려고 고군분투한다.
잘나가는 예술가는 자신에게
영향을 미친 사람에게서 훔쳐온다.

역사에 무지한 자는 언제나 어린아이에 머무른다.
– 키케로

어린이 프로그램 〈샘과 친구들Sam and Friend〉이 1955년 5월 9일 처음으로 방영될 때 모두 자기가 새롭고 독창적인 것을 본다고 생각했다. 워싱턴 지역 방송국 4번 채널에서 5분 동안 방송된 이 프로그램에는 놀기 좋아하는 인형들과 활기찬 목소리, 그리고 은근한 유머가 넘쳐났다. 당시 버라이어티쇼의 침울한 포맷과는 충격적일 정도로 거리가 멀었다. 이 단막극은 단숨에 어린이와 어른을 사로잡았다. 모든 예상에서 벗어나 시청자에게 충격을 안겨주었고 새로운 세계로 인도했다. 지금껏 아무도 본 적 없는 그런 종류의 쇼였다. 아니, 본 적이 있던가?

인형극은 대학생 짐 헨슨Jim Henson과 제인 네벨Jane Nebel의 TV 데뷔작이었다. 그리고 훗날 〈더 머펫〉으로 발전하는 작은 훈련장이기도 했다. 또한 짐이 어린 시절부터 품어온 꿈의 정점이었다. 텔레비전을 사달라고 부모를 조르던 때부터 그는 언제나 TV에 나오겠다는 꿈을 꾸었다. 이제 짐 헨슨은 자신의 꿈을 현실에서 이뤘다. 〈샘과 친구들〉은 한 젊은 예술가가, 전통적인 인형극 이상의 것을 받아들일 준비가 된 세상에 유머 넘치는 새 브랜드를 제안할 기회였다. 짐과 그의 파트너 제인은 기존의 틀에서 벗어난 알 수 없는 인형 조종사들과 함께 모험을 해보자며 지방 방송사를 설득했다. 그리고 그 모험은 성공이었다. 방영이 끝날 무렵 이 커플은 일 년에 75만 달러에 이르는 돈을 벌었다. 심지어 짐이 대학교를 졸업하기도 전의 일이었다.

〈샘과 친구들〉이 지닌 영향력에 누가 딴지를 걸으랴? 이 쇼 덕에 짐과 제인의 인형은 유명해졌고 수백만 명의 시청자는 결국 팬이 되었다. 그리고 모든 것은 훌륭한 아이디어 하나에서 비롯했다. 문제는 단 하나였다. 그 아이디어가 이들의 것이 아니었다. 시청자들이 〈샘과 친구들〉에서 봤다고 생각한 모든 것, 즉 독창성과 창의성 그리고 혁신은 사실 당시 열아홉 살 짐이 그동안 살아오면서 영감을 받은 것이었다.

잘나가는 모든 예술가와 마찬가지로 짐은 무에서 유를 창조한 것이 아니었다. 그는 자신에게 영향을 미친 사람에게서 훔쳐왔다.

　　　　　　　　　　예술가는 절대로 굶어 죽지 않는다

창의적인 도둑질의 원칙

역사학자 윌 듀런트는 언젠가 "새로운 것은 없다. 새로운 배열이 있을 뿐이다"라고 말했다. 그러나 이러한 말조차 전혀 새롭지 않다. "태양 아래 새로운 것은 없다"라는 성경 속 문장으로 본다면 말이다. 우리가 독창적이라고 인식하는 것은 이미 예전에 있던 것을 재배열한 것에 불과한 경우가 많다. 이는 특히나 창의성과 관련했을 때 그렇다.

심리학자 미하이 칙센트미하이에 따르면 창조 과정은 준비, 잠복기, 깨달음, 평가, 완성 등 총 다섯 단계로 이뤄진다. 우리가 흔히 '창의성'이라고 생각하는 부분은 사실 마지막 단계인 완성이다. 이 단계는 관련 영역과 동료를 포함해 여러 가지 일에 관심을 기울이도록 한다. 칙센트미하이는 "비슷한 문제에 처한 다른 사람과 소통하면서 잘못된 방향으로 흐를 뻔한 해결책을 바로잡는 한편 자신의 생각을 구체화하고 거기에 집중하는 것이 가능해진다"라고 했다.

다시 말해, 우리는 홀로 창조하는 것이 아니라 우리 주변 사람의 영향을 받으며 창조한다. 따라서 번쩍이는 통찰력이라든지 지금껏 들은 모든 신화는 잊도록 하자. 창의력은 독창성의 문제가 아니다. 이미 존재하는 것을 재배열해 낡은 자료에 신선한 통찰력을 부여하는 방법을 배우는 것이 중요하다. 혁신은 사실 반복이다. 우리는 세상이 '독창적'이라고 부르는 것을 만들어내기 위해 선조에게 배우고 선조의 창조물에서 빌려와야 한다. 피카소는 "좋은 예술가는 빌리고 위대한 예술가는 훔친다"라고 말한 바 있다. 그리고 얄궂게도 피카소와 똑같은 말을 한 것으로 인정받는 사람이 또 여럿 존재한다. 훔친다는 것에 대한 인용문조차 독창적인 창작물이 아니다.

우리가 하는 일은 무無에서 무엇인가를 만들어내는 것이 아니다. 창작은 오래된 생각을 종합해 새로운 통찰을 제안하는 일을 포함한다. '훔친다'는 말에 진정한 창조의 의미가 담겨있다. 우리는 예술가가 되기 위해 우리만의 방법을 창조해내는 것이 아니다. 우리는 방식을 훔쳐 와야 한다. 명배우 마이클 케인은 "훔쳐야 합니다. 눈에 보이는 모든 것을 훔쳐와야 해요"라고 말했다.

오늘날은 현재와 과거 모두에서 우리에게 영향을 미치는 것을 빌려올 수많은 기회가 있다. 그러나 어떻게 하느냐가 문제이다. 창의적인 도둑질은 당신이 게으르거나 부족해서 저지르는 일이 아니다. 사실은 거의 정반대이다. 최고의 예술가는 도둑질한다. 하지만 우아하게 한다. 수많은 자료에서 아이디어를 빌려오고 새롭고 흥미로운 방식으로 이를 짜 맞춘다. 당신이 자신의 능력을 속속들이 알아야 선배의 작업을 토대로 삼을 수 있다. 그리고 현재의 작업에 살을 붙일 수 있다.

이것이 바로 짐 헨슨이 TV에 데뷔하면서 해낸 일이다. 그는 숙제를 마쳤다. 짐이 한 모든 것은 이미 이전에 어떤 형식으로든 존재하던 것이지만 그때까지 이를 한꺼번에 조합한 사람은 없었다. 그는 그보다 앞선 위대한 선배에게서 훔쳐와 이를 더욱 훌륭하게 개선했다. 〈샘과 친구들〉의 시청자는 난생처음 보는 것에 마음이 빼앗겼고, 새로움 덕에 쇼가 성공했다고 믿었다. 그러나 이 쇼가 최고의 작품이 될 수 있던 것은 독창성 덕분이었다. 짐은 다양한 자료에서 빌려와 놀라우리만큼 뛰어난 쇼로 다시 재조합해냈다.

짐 헨슨은 이 모든 것을 누구에게서 빌려왔을까? 그것은 바로, 모든 사람이었다. 인형은 그의 할머니에게서 나온 것이었다. 할머니 사라 브라운은 헨슨 집안에서 독보적인 바느질 솜씨를 뽐냈다. 할머니의 모습을 보며 짐은 어린 시절부터 실과 바늘을 손에 쥐었고 그 덕에 천 조각은 생명을 가진 존재로 살아났다. 이 기술은 단연코 짐의 인생에서 무엇과도 비교할 수 없는 가치가 있었다.

인형극의 기교는 〈커클라, 프랜과 올리Kukla, Fran and Ollie *〉의 창시자 버 틸스트롬Burr Tillstrom에게서 빌려온 것이었다. 인형이 촌극을 벌이는 동안 커튼이 드리워진 무대 뒤에서 연기를 하던 틸스트롬의 공연은 어린이와 성인 모두를 열광시켰다. 방법은 단순했다. 그저 틸스트롬의 인형극을 가져와 필요에 맞게 이를 변형했다. 훗날 짐은 무엇보다도 틸스트롬이 TV에 인형극을 도입한 덕이라며 공을 돌렸다.

그리고 인형극의 풍자적인 유머는 어머니 베티에게서 왔다. 넘치는 위트로 언제나 온 집안을 웃음소리로 가득 차게 한 분이었다. 어머니는 아들들에게 우유를 따라줄 때 아이 입에서 말 그대로 '언제'라는 단어가 나올 때까지 따르기를 멈추지 않았다. 또한 대사는 만화 〈포고Pogo〉로 코미디가 가벼운 동시에 진지할 수 있는 방법을 배웠다.

독특한 카메라 앵글은 코미디언 어니 코박스에게서 가져온 것이었다. 진지한 표정의 코미디언은 TV를 위해 어떻게 영상을 녹화해야 할지 본능적으로 알았다. 다른 연예인들이 새로운 미디어를 갓 배우기

* 1940~1950년대 미국 NBC와 ABC에서 방영된 초창기 TV 인형극

시작할 무렵 코박스는 이들보다 한 단계 앞선 수준에 있었다. 생방송에 참여한 관객이 무엇을 보는지보다 집에서 TV를 보는 시청자가 무엇을 보는지에 더 많은 관심을 기울였다. 짐은 시청자에게 닿기 위해서는 카메라 너머의 세상을 꿰뚫어 보며 공연의 내용을 바꿔야 한다는 것을 배웠다.

모든 영향은 짐 헨슨의 작업에 녹아들었다. 그가 한 일은 새로운 것을 고안해낸 것이 아니라 이전에 존재하던 것을 사용하는 것이었다. 이것이 언제나 창조성이 작용하는 방식이다. 물론, 우리는 모두 독창적인 사람이고 싶다. 그 누구도 '따라쟁이'라는 비난은 받고 싶지 않다. 그러나 굶어 죽는 예술가는 언제나 독창성을 걱정한다. 반면 잘나가는 예술가는 자기에게 영향을 미친 사람에게서 훔치는 것이 위대한 예술을 만들어내는 방법이라는 것을 안다.

이것이 바로 창의적인 도둑질의 원칙이다. 위대함은 단 하나의 위대한 아이디어나 깨달음의 순간에서 나오는 것이 아니라는 의미이다. 위대함은 다른 사람의 작업에서 빌려와 기반으로 삼을 때 생겨난다. 위대함을 위해 방식을 훔쳐오는 것이다.

그러한 접근법은 짐과 제인의 창작에서 똑똑한 행동이었을 뿐만 아니라 건강한 사업전략이기도 했다. 〈샘과 친구들〉은 대형 광고주의 관심을 사로잡았다. 그리고 곧 윌킨스 커피 같은 유명 기업들은 자신들의 새 브랜드가 유머와 노골적인 개그에 등장하도록 줄지어 돈을 댔다.

한번은 초기 등장인물인 두 인형이 윌킨스 커피 이야기를 나누는

예술가는 절대로 굶어 죽지 않는다

모습이 화면에 등장했다. 요약하자면, 유쾌한 월킨스가 친구에게 월킨스 커피 마차를 타겠냐고 묻는다. 그러자 괴팍한 친구 윈트킨스는 "절대 싫어!"라고 답했고 바로 지나가는 마차에 치이고 만다. 이런 식의 단순한 토막광고 덕에 인형극 듀오는 엄청난 돈을 벌었고 부업으로 시작한 일은 곧 본업이 되었다.

결국 올바른 방식으로 한다면 창의적인 도둑질은 그만큼 가치 있다. 짐과 제인이 한 일은 전혀 비도덕적이거나 불법적인 것이 아니었다. 아이디어를 빌려오는 일은 잘나가는 예술가가 몇백 년 동안이나 해오던 일이다. 그리고 당신이 예술로 성공하고 싶다면 반드시 해야 하는 일이기도 하다.

선대의 예술가를 연구하자

————

6세기경 아일랜드에서 살았던 콜럼바Columba, 또는 Columcille라는 수도사에 관한 오래된 설화가 있다. 콜럼바는 수도원장에게서 성경을 훔쳐 이를 베꼈다. 수도원장이 도둑질을 알았을 때 그는 이 어린 수도사에게 훔쳐간 자기 성경뿐만 아니라 필사본도 함께 내놓으라고 요구했다.

콜럼바는 이를 거부했다. 그리고 이 사건은 왕에게까지 전해졌다. 왕 역시 수도사에게 두 책을 모두 돌려주라고 명령했다. 이 결정으로 수도사는 격분하여 충동적으로 자기 아버지에게 이를 이야기한다. 수도사의 아버지 또한 왕이었다. 결국 전쟁이 벌어져 수도원장은 죽음을 맞이하고 어린 수도사는 유죄를 선고받는다. 수도사는 열두 명의 동료와 함께 아일랜드에서 추방된다. 그리고 스코틀랜드 해안에서 조금 떨어진 작은 섬 이오나Iona로 망명한다.

이오나에서 콜럼바는 선교활동으로 속죄하면서 여생을 보냈다. 그리고 콜럼바는 고향에서 쫓겨나게 한 바로 그 일, 고대 문서를 필사하는 일을 계속했다. 곧 이오나는 켈트 기독교의 중심이자 서구문화의 은신처가 된다. 그리고 게르만족의 침략으로 중세 암흑시대에 접어들 무렵 예술과 문화를 보호해준 몇 안 되는 곳 중 하나였다.

콜럼바와 동료 수도사들이 필사한 자료는 후대를 위해 잘 보존되었다. 거의 전멸할 뻔한 서구문화를 지킨 것이다. 하지만 콜럼바와 수도사들은 이 일을 어떻게 했을까? 이들은 로마에 물려받은 고대 문서를 필사했다. 그리고 로마인은 상당수의 문화와 예술을 그리스에서 훔쳐 왔다. 그리고 당연히, 그리스 역시 스파르타부터 아테네에 이르기까지 다른 민족에게서 이를 빌려왔으며 그 반대로도 마찬가지이다. 이런 일은 계속된다. 이렇게 문화가 만들어진다. 선대에 이뤄진 일을 모방한다. 그리고 이를 바탕으로 만들어낸다. 그러면 더욱 뛰어난 결과가 나온다.

모든 프로 예술가는 알지만 아마추어 예술가는 모르는 비밀이 있다. 바로 독창성이 과대평가를 받는다는 점이다. 세계에서 가장 창조적인 사람은 특출하게 창의적인 것이 아니다. 이들은 그저 재배열에 강할 뿐이다. 이를 위해 자기가 받은 영향을 잘 파악해야 한다. 훔치기 전에 연구가 선행되어야 한다. 그래, 예술가가 되기 전에 도둑이 되어

예술가는 절대로 굶어 죽지 않는다

야 한다. 하지만 이를 위해서는 우선 학생이 되어야 한다.

미켈란젤로가 생전 처음 받은 주문은 사기를 치라는 것이었다. 한 미술상이 그에게 접근해 조각상을 하나 만든 후 마치 오래된 물건처럼 보이게 해달라고 부탁했다. 목표는 로마제국의 골동품인양 라파엘레 리아리오 추기경에게 팔아먹는 것이었다. 리아리오 추기경은 교황 식스투스 4세의 증손자이자 열렬한 골동품 수집가였다. 당시 이런 조각상은 이탈리아 전역에서 발견되었고 전략적인 관점에서는 똑똑한 행보였다. 재능 있는 조각가를 고용해 진짜처럼 보이는 조각을 만들어 마구 굴린 후 가장 비싼 값을 부르는 사람에게 판다니 말이다.

 예술가가 되기 전에 반드시 먼저 도둑이 되어라.

이 계략은 적어도 한동안 효과를 발휘했다. 리아리오 추기경은 그 조각상을 사서 자신의 수집품을 더 늘렸다. 그러나 속임수는 그다지 오래가지 못했다. 추기경은 조각상이 가짜라는 것을 발견했고 이를 미술상에게 돌려주었다. 그러나 그다음에 일어난 일은 사기 사건보다 훨씬 더 놀랍다. 추기경이 미켈란젤로를 고용했고 로마에서 미켈란젤로의 첫 후원자가 된 것이다. 리아리오 추기경은 속임수에 화가 난 것이 아니었다. 그는 감동했다.

르네상스 시대에 수습생은 진본과 모사본이 거의 구별이 가지 않을 정도로 스승의 작품을 아주 정확하게 베끼도록 가르침을 받았다. 기존의 작품을 재생산할 수 있는 능력은 부끄러움의 대상이 아닌 자랑

거리였다. 미술 범죄 전문가 노아 차니의 말에 따르면 거장의 작품을 베낄 수 있다는 것은 "속임수가 아닌 능력의 증거"였다. 따라서 젊은 미켈란젤로가 로마 시대 골동품을 재현해낸 후 수집가에게 팔았다는 사실은 명성을 드높여주었다. 이 위대한 예술가는 독창적이려고 노력하는 것보다 더 좋은 것이 무엇인지를 알았다. 미켈란젤로는 현재를 창조하기 위해 과거에서 훔쳤고 위조죄는 소중한 후원자를 만들어주었을 뿐만 아니라 거장으로서의 명성을 안겨주었다.

미켈란젤로는 선대의 작품을 연구하고 정확히 모사하려고 엄청나게 인내했다. 이런 식의 훈련은 오늘날에는 찾아볼 수 없다. 우리는 너무 참을성이 없다. 가진 것을 세상에 보여주고 싶어 안달이 났고 시간을 들여 어떤 기술의 뿌리까지 파고들려는 의지가 거의 없다. 거장의 가르침을 배우려고 지루함을 견디는 대신 자신의 걸작을 만들어내고 명성을 쌓고 싶어 한다. 배우려면 인내심이 필요하다. 그것이 바로 학생의 정신이다. 그리고 위대한 예술가가 되고 싶다면 그러한 노력을 쏟아야 한다는 사실은 여전하다.

다른 예술가의 작품을 모사하는 능력은 미켈란젤로가 위조죄를 저지른 당시에는 희귀한 것이 아니었다. 르네상스 시대 그 자체가 위조였으니까. 르네상스 시대는 중세 암흑시대에 잃어버렸다고 생각한 고대 로마제국의 건축물과 예술 작품, 조각품 등을 재발견하는 데서 시작되었다. 당시 위대한 예술가는 그리스와 로마의 예술 양식을 베끼고 새로운 시대에 맞게 재정비하면서 선대에서 모든 것을 가져왔다. 그러나 옮기는 과정에서 그저 과거를 똑같이 베낀 것이 아니었다. 과

예술가는 절대로 굶어 죽지 않는다

거의 것을 토대로 더 나은 새로운 예술의 시대를 열었다.

지금 우리는 우리가 누릴 자격이 없는 세상에서 산다. 이 시대는 이전 세대가 힘들게 가꿔온 산물이다. 이는 모든 세대가 마주하는 현실이기는 하나 너무나 많은 자료와 도구를 손쉽게 활용할 수 있는 오늘날에는 특히 더 그렇다. 미켈란젤로와 르네상스 시대 사람은 지나치게 풍요로운 삶을 누렸다. 그러나 이들은 그저 수동적으로 주어진 기회를 받아들이지 않았다. 이를 파악하고 활용했다. 스승의 작품을 연구하고 기술을 익혔으며 선대의 작품을 모사하고 재배열하여 세상이 '새롭다'라고 부르는 무엇인가를 창조했다.

그리고 이것이 바로 새로운 르네상스 시대를 살아가는 우리의 사례가 된다. 세월의 풍파를 견뎌낼 수 있는 작품을 만들고 싶다면, 물려받은 유산에 경의를 표해야 한다. 우리는 거장이 되기 전에 학생이 되어야 한다.

모방자로 시작해 거장으로 끝맺기

———

당신은 몇 세기를 앞선 거장에게서 훔칠 수도, 동료를 따라해야 할 수도 있다. 이것이 바로 트와일라 타프가 한 일이다. 1965년부터 타프는 춤을 연습하고 가르쳤다. 오십 년이라는 세월 동안 타프는 조프리 발레단, 뉴욕시티 발레단 그리고 자기 소유의 발레단 등을 위해 백삼십 가지 이상의 춤을 개발했다. 또한 두 번의 에미상과 한 번의 토니상, 그리고 맥아더 펠로십을 받기도 했다. 오늘날 트와일라 타프는 미국에서 최고의 안무가로 꼽는다.

이것이 어느 창조적인 천재 이야기처럼 들린다면 전체적인 그림을 파악하지 못한 셈이다. 2003년 타프는 『천재들의 창조적 습관』에서 자신은 사람들이 생각하는 만큼 독창적이지 않다고 고백했다. 사실 그녀는 도둑이다. 타프가 가르친 모든 것은 어쨌든 다른 누군가의 것에서 비롯했다. 뉴욕에서 춤을 추기 시작했을 무렵 그녀는 당시 활동하던 뛰어난 춤꾼을 연구하는 데 온 힘을 쏟았다. 전문가들을 모방했고 그들의 모든 움직임을 따라 해 배울 수 있는 모든 것을 배웠다.

"저는 수업을 들을 때 베낄 준비를 하고 그 사람들 뒤에 서 있었어요. 그리고 발놀림을 따라 했어요. 제 근육이 그들의 기술, 스타일, 그리고 타이밍 자체를 기억하도록 하는 거죠."

타프는 춤 솜씨를 갈고닦는다는 것은 독창적인 기술이 아니라 다른 사람이 하는 것을 따라 하는 데서 시작한다는 점을 이해했다. 그녀는 움직임을 모방했고 수년간의 연구 끝에 완전한 자신만의 스타일을 만들어냈다. 적어도, 사람들은 그렇게 생각했다. 타프는 "그것이 바로 근육 기억muscle memory이 가진 힘이다. 단순한 재창조에서 진정한 창조로 나아가도록 길을 닦아주는 것이다"라고 했다. 어떤 영역에서 권위를 세우는 방법은 이미 권위를 지닌 사람의 기술을 터득하는 것이다. 그러다 시간이 흐르면 결국 자신만의 스타일이 나온다.

몇 세기에 걸쳐서 작가들은 자기가 가장 좋아하는 작가의 표현을 베끼는 것에 가까운 행위를 한다. 헌터 S. 톰슨은 자신의 우상 F. 스콧 피츠제럴드의 작품으로 그렇게 했다. "그런 식으로 쓰면 어떤 결과가 나올까"라는 생각에 『위대한 개츠비』의 몇 페이지를 손으로 베꼈다. 톰슨은 또한 한 인터뷰에서 다른 어떤 자료보다 성경에서 더 많은 단어와 표현을 훔쳤다고 고백하기도 했다. 표현 방식이 마음에 들었기 때문이었다. 위대한 예술가는 독창성을 발휘하려고 노력하지 않는다. 거장과 동료의 작업을 따라 한다. 표현과 붓질 하나하나까지 기술이 몸에 밸 때까지 따라 한다. "기술은 행동으로 체화됩니다." 트와일라 타프는 이렇게 이야기했다. 우리는 모방으로 창조한다. 그리고 그렇게 할 때 기술은 우리 기억 속에 또렷이 박힌다.

처음 작가로 일을 시작할 때 나는 목소리를 찾고 싶었다. 그러나 내 방식으로 쓰려고 노력할 때마다 결과가 좋지 못했다. 필연적으로 글을 쓸 때 내가 어떤 책을 읽었든지 간에 책의 목소리를 무의식중에 담는다. 오랫동안 나는 진정한 작가에게는 무언가 다른 부분이 있다고 생각했다. 작가들은 선천적으로 재능을 가지고 태어나며 언제든 종이 위에 쓸 준비가 된 문체를 가졌다고 믿었다. 결국 이는 사실이 아니었다. 우리는 다른 사람의 목소리를 흉내내며 목소리를 찾는다.

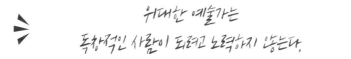

위대한 예술가는
독창적인 사람이 되려고 노력하지 않는다.

예술가는 거장과 동료 모두를 모방한다
———

우리는 모두 누군가에게서 아이디어를 빌려온다. 오스틴 클레온은 자신의 책에서 "좋은 예술가는 무에서 무가 나온다는 것을 이해한다. 모든 창의적인 일은 기존의 것을 토대로 한다. 어떤 것도 완전히 독창적일 수는 없다"라고 했다. 이런 식의 도둑질을 계속할 때 우리는 결국 자신만의 스타일을 만들어낸다. 그리고 또한 창의적인 도둑질은 우리가 우선 받고 그 후에 세상에 되돌려 보내는 선물이 된다. 도둑질은 예술가와 대중이 이전에 살다 간 위대한 거장을 기억하는 방법이다. 그리고 당신의 작품을 지켜보는 모두를 위한 선물이다.

트와일라 타프는 창작의 중요한 진실을 구체적으로 보여준다. 훔치기 때문에 예술가가 아니다. 예술가이기 때문에 훔치는 것이다. 타프는 다른 사람에게 빌려온 것을 훨씬 능가했다. 왜냐하면 결국 자신이 창조해야 한다는 것을 알았기 때문이다. 그리고 본능적으로 자신이 아직 창작할 수 있는 능력이 없다는 것을 알았다. 따라서 연구하고 연습하고 궁극적으로 세상 사람이 처음 보는 무엇인가를 만들어냈다. 이것이 진짜 도둑과의 차이점이다. 다른 사람의 것을 자신만의 방식으로 끌어와 자신의 것으로 만들어내는 법을 모르는 독창적이지 못한 해커와는 다르다.

예술가와 모방자의 차이점은 예술가는 자신이 받은 영향력을 바탕으로 차곡차곡 발전해나가는 반면에 모방자는 그저 흉내만 낸다는 데 있다. 그렇다, 우리는 모두 다른 사람이 하던 것을 하며 시작하지만 그 기술에 통달한 이는 거기서 멈추지 않는다. 그 기술이 내면화될 때까지 따라 하는 것을 멈추지 않는다. 그래야 세상이 '독창적'이라고 부르는 무엇인가를 만들어낼 수 있다.

예술가는 절대로 굶어 죽지 않는다

도둑 간의 의리

물론 여기에서도 도덕적 해이의 상황이 발생한다. 그리고 창의적인 도둑이라는 개념을 오도하지 않기 위해 이를 꼭 명심해야 한다. 어느 순간 누군가가 당신의 작품을 훔쳐내어 자신의 것인 양 행세하려 들 수도 있다. 그러나 이는 창의성이 아니다. 비겁함이다. 모방자가 되지 않고 의미 있고 독창적인 작품을 만들어내는 방법은 무엇일까? 잘나가는 모든 예술가가 따르는 행동강령, 올바르게 도둑질하는 방법이 있다. 그리고 우리는 이를 따르는 현명함을 갖춰야만 한다.

창작을 위해서는 좋은 작품을 고르는 세심한 눈이 있어야 한다. 당신이 훔치려는 작품에서 뛰어난 부분을 찾아내야만 한다. 말로는 쉬운 일이다. 우리는 올바른 영향력을 연구해야 한다. 즉, 자신의 기술로 가능한 한계를 더 넓히려고 노력하는 진정한 거장이 우리에게 미치는 영향력을 말이다. 이것이 바로 짐 헨슨이 언제나 TV를 들여다보며, 코미디언과 인형극의 달인을 보며, 할머니와 함께 바느질하고 만화책을 읽으며 한 일이다. 이것이 바로 트와일라 타프가 모든 춤꾼의 춤사위를 따라 하며 한 일이다.

이런 영향을 보고 배우고 결국 빌려올 때는 이들을 존경하는 마음을 바탕으로 삼아야 한다는 것을 잊지 말자. 영향을 미치는 사람들에게 당신이 그들에게서 배우고 영감을 얻는다는 사실을 알려주자. 당신의 것인 양 행세하기 위해서가 아니라 이를 토대로 발전하기 위해 빌려오는 것이라는 당신의 동기를 설명해주자. 그리고 가능한 한 출처를 밝히고 그 사람의 이름을 언급하자. 이는 당신의 신용을 떨어뜨리는 일이 아니다. 당신에게 영향을 미치는 사람과 대중에게 당신의 가치를 높여주는 일이다. 미켈란젤로와 마찬가지로 다른 사람의 작품을 따라 하는 능력을 보여줌으로써 당신이 숙제를 마쳤다는 것을 증명할 수 있다.

훔칠 때는 선배의 작품을 단순히 '복사해서 붙이기' 해서는 안 된다. 일단 형식을 파악하면 모든 영향을 새로운 방식으로 짜 맞추도록 하자. 창조하기 전에 기획해야 한다. 그렇게 해야 다른 사람의 작품을 몰래 베껴 당신의 작품인 척하지 않는다. 다른 사람의 작품을 기반으로 삼아 더 나은 작품을 만들 수 있다.

너무 많은 작가가 독창성의 굴레에 갇혀 의미 있는 작품을 전혀 만들어내지 못한다. 그러나 이는 잘나가는 작가의 방식이 아니다. 〈샘과 친구들〉이 1961년 마지막 방송을 마쳤을 때 이제는 부부가 된 짐과 제인 헨슨은 그 다음 단계로 넘어갈 수 있는 완벽한 자세를 갖추고 있었다. 이들의 경력은 〈더 머펫〉, 〈세서미 스트리트〉 그리고 〈프래글록〉 등 더 과감한 작품으로 채워지고 후대에 창조의 전설로 남았다. 이 듀오는 몇 년 전 연예계가 자신들에게 후하게 베푼 것을 이제는 되갚고 있음을 깨닫는다. 그러나 이제 그들은 훔치는 사람이 아닌 털리는 대상이 될 것이다. 왜냐하면 이들은 독창적인 사람이 되려고 무리하는 대신 다른 이들의 것을 새롭고 흥미로운 방식으로 다시 만들어나갔기 때문이다. 그리고 세계는 짐과 제인 헨슨의 작품을 언제까지나 기억할 것이다.

예술가는 절대로 굶어 죽지 않는다

창조성은 훔치는 데서 시작되지만 거기에서 끝나지 않는다. 창작은 과정이 올바르다면 흥미로운 결과물을 만들어내고 그때가 되면 다른 이들은 당신의 결과물을 훔치려 들 것이다. 그때 비로소 당신은 과업을 마쳤다는 것을 안다. 더는 도둑이 아닌 도둑질을 당하는 사람이 된 것이다.

창조는

훔치는 데서 시작되지만

거기에서

끝나지 않는다.

Chapter 03

젊은 미켈란젤로가 배우는 법

굶어 죽는 예술가는
스스로 충분한 재능이 있다고 믿는다.
잘나가는 예술가는
거장을 스승으로 삼는다.

가장 중요한 것은 조기교육이다.
– 베르길리우스

티아 링크Tia Link는 대학은 갔지만 나중에 자신이 무슨 일을 하고 싶은지 알 수 없었다. 많은 친구가 법학대학원에 진학할 예정이었다. 전도유망한 선택이었다. "변호사가 되고 싶지 않아도 변호사 자격증은 정말 쓸모가 많아." 친구들은 그렇게 말했다.

"그리고 결국 그 말은 전혀 사실이 아니었어요. 당신은 그냥...변호사가 되고 마는 거예요."

그럼에도 티아는 친구의 조언에 따라 스탠퍼드 법학전문대학원에 들어갔다. 졸업한 후에는 대형 법률회사에서 일하기 시작했고 곧 일에 찌든 자기 모습을 발견했다. 티아는 회사를 그만두고 여행을 떠났다. 여행에서 돌아온 뒤에는 법과 관련한 것 빼고 무슨 일이든, 다른 직업을 찾을 수 있길 바라면서 말이다. 그러나 첫 직업이 그저 다음에 벌어질 일을 위한 준비 단계일 뿐이란 것을 미처 몰랐다. 그리고 그 모든 것이 자신이 향하는 곳에서 유용하게 쓰일 것이란 사실도.

여행에서 돌아온 티아는 결국 법조계로 돌아와 월 스트리트에 있는 초단타매매 전문 법률회사에 들어갔다. 그곳에서 두 번째 남편 벤을 만났다. 첫 번째 결혼에서 도망치듯 시작한 사랑이었지만 새로운 결혼 생활은 금방 삐걱거리기 시작했다. 그 시점에서 이 젊은 변호사는 자기 인생을 다시 되돌아보려 잠시 걸음을 멈추었다. 지금까지 벌어진 일에서 자신이 저지른 잘못을 깨닫는 한편, 하루하루 살아가는 인생에서 왜 그리도 "절절하게 불행한지" 이해하려 노력했다. 티아는 직업에 전혀 만족하지 않았다. 그리고 바스러져 가는 남편과의 관계에서 행복을 느낄 수 있을까 기대하며 집으로 돌아오지만 전혀 그러지 못했다. 어떤 것도 제대로인 것이 없었다.

그러는 가운데 티아가 언제나 관심을 가져온 대상이 있었다. 바로 연기였다. 어렸을 적 티아는 연극을 좋아했다. 언제나 좋아하는 영화를 보며 감동했고 영화와 같은 방식으로 누군가에게 영향을 미치는 것은 어떤 것일까 궁금해했다.

"제가 연기를 잘할 수 있을지 전혀 알 수 없었어요. 그리고 과연 연기하는 걸 좋아할지조차 알 수 없었죠."

예술가는 절대로 굶어 죽지 않는다

그래도 티아는 시도해봐야만 했다. 재미로 연기 수업을 들었다. 연기가 무엇인지 알고 싶어서였다.

첫 수업이 끝난 후 그녀는 사랑에 빠져버렸다. "어떤 느낌이었냐면, 제가 있어야 할 곳이라는 느낌이었어요."

모든 것을 이해하기 시작했다. 티아는 변호사가 되기 위해 딱히 연습한 것이 아니었다. 법학전문대학원은 완전히 다른 소명을 찾기 위한 준비 과정이었다. 변호사가 되는 것과는 완전히 다른 길이었다. 엉겁결에 티아는 연기자가 되려는 연습을 했다. 그리고 이제 미처 깨닫지 못한 평생의 꿈을 현실로 만들기 시작했다.

"지금까지 일어난 많은 일이 내가 지금 성공할 수 있도록 도와줬어요. 변호사를 하면 모두가 무언가를 속이려 한다는 걸 배워요. 그리고 저는 자신감 넘치는 모습이 어떤 것인지 배웠죠."

연기자로의 전환은 매우 순조롭게 이뤄졌다. 티아는 논리적이고 계산적인 세계에서 너무 오랫동안 일했다. 그래서 다시 꿈을 꾸는 것이 쉽지는 않았다. 창조적인 일을 한다는 것이 무엇인지 사람들이 하던 이야기가 메아리처럼 되돌아왔다. 가장 처음 들린 이야기는 그녀가 성공하지 못하리라는 것이었다. 내면의 목소리는 계속 '이런 걸 할 수 있을 거로 생각하다니 미쳤구나. 이런 일을 시작하기엔 넌 나이가 너무 많아'라고 이야기했다.

그러나 진실은 예술가가 되겠다고 결심하자마자 수습 기간이 시작되었다는 것이다. 티아는 이미 그 길에 접어들었다. 이제 필요한 것은 그저 다음 발걸음을 내딛는 것이었다.

티아가 연기에 가지는 호기심은 전혀 논리적이지 않았다. 그렇기 때문에 어떻게 이를 진행해야 할지 몰랐다. '이 일을 하고 싶은 것이 확실해?' 티아는 자신에게 계속 물었다.

이 시점에서 티아는 말도 안 되는 생각에 모든 것을 걸 수도, 아니면 두려움 때문에 꼼짝도 하지 못할 수도 있었다. 다행히도 둘 모두를 선택하지 않았다. 티아는 시간을 들여 자신의 꿈을 향해 다리를 놓았다. 가진 시간을 최대한으로 활용해 이 년간 연기와 변호사 일을 동시에 했다.

티아가 스스로 만들어낸 비공식적인 수습 기간이었다. 변호사로 계속 일을 하면서도 여기저기서 오디션을 보며 서서히 시작했다. 그러나 연기에 몰두할수록 연기를 더욱 좋아하게 되었고 무대에 서기도 더 쉬워졌다.

내가 티아와 이야기를 나눈 날 그녀는 뉴욕시에서 열린 한 공연 리허설장에서 나오는 길이었다. 지금 티아는 전업 배우로 활약하며 지난해에만도 열다섯 편의 영화에 출연했다. 그리고 그 사실에 여전히 놀란다.

"저에겐 아직도 완전히 신나는 일이에요. 이제 연기는 제 직업이 되었는데도 일처럼 느껴지지 않아요. 저는 이 일이 매우 즐겁고 만족스러워요."

티아를 그 자리에 데려다 놓은 것은 어떤 고귀한 꿈이 아니었다. 그것은 바로 올바른 방향으로 향하는 점진적이고 끈질긴 행동이었다. 티아는 어떻게 수습생이 될 수 있는지를 배웠다.

예술가는 절대로 굶어 죽지 않는다

수습생의 원칙

우리는 창조적인 성공을 떠올릴 때 극단적인 관점에서 생각하는 경향이 있다. '성공하거나' 못하거나 아니면 '성공에 달려나갈 때 함정이 있거나' 아니거나. 그러나 진실은 좀 더 복잡하다.

우리는 '결정적 기회'라는 말을 좋아한다. 별이 일렬로 늘어서고 뜻밖의 행운이 당신을 찾아와 바로 성공하는 그 멋진 순간을 말이다. 우리는 그러한 순간을 기다린다. 때로는 아주 오래 기다리기도 한다. 하지만 진실은 다음과 같다. '결정적 기회'는 미신이라는 것이다.

물론 우리는 어느 시점에서 운이 좋을 수도 있다. 그러나 행운은 변덕스러운 존재이며 반복되기란 거의 불가능하다. 이런 특별한 순간이 찾아왔을 때 이를 놓쳐서는 안 되지만 그렇다고 기대해서도 안 된다. 창조적인 성공은 근면 성실한 노력과 인내의 결과물일 가능성이 훨씬 높다. 굶어 죽는 예술가는 자기에게 올 결정적 기회를 기다린다. 잘나가는 예술가는 기교를 연마하는 수습생이 된다.

이것이 바로 티아 링크가 법학전문대학원 시절과 이후에 무의식중에 해온 일이다. 그녀는 수습생의 기술을 배웠다. 의식적으로 하기에 수습 기간은 힘겹다. 힘겨워야만 한다. 그래서 견딜 수 있는 사람이 극히 드물다.

티아는 "제 노동관이 분명 도움이 되었어요. 배우는 게으르고 배역이 생기길 기다리며 제멋대로 지낸다는 견해가 존재하는 것도 분명해요. 말할 수 있는 건, 전 그 어느 때보다 더 열심히 일했다는 거예요"라고 말했다.

수습생이 하는 일이 무엇일까? 해야 할 일이라면 무엇이든. 이것이 정답이다. 수습생이 되는 것은 선택이며 오늘 당신이 연습하기 시작해야 할 태도이기도 하다. 좋은 수습생에게는 참을성과 인내, 그리고 겸손함이 있다.

당신은 참을성이 많다. 결정적 기회가 지금 바로 오지 않더라도 꾸준히 연습한다면 결국은 성과를 볼 수 있으리라는 것을 깨닫기 때문이다.

당신은 인내가 강하다. 이 길이 쉽지 않고 수많은 시련이 있으리라는 것을 알기 때문이다. 그러니 당신은 정진할 때 처음 몇 차례의 역경에 그만둬버린 대부분의 사람보다 오래 버틸 수 있다.

당신은 겸손하다. 얼마나 더 멀리 가야 하는지를 알며 이러한 태도는 거장의 관심을 끌 것이다. 그리고 거장은 당신에게 투자하고 당신이 성공하는 모습을 보고 싶어 할 것이다.

수습생은 포기하지 않을 뿐만 아니라 다른 사람은 하려고 하지 않는 일을 한다. 이는 어려우면서 생색도 나지 않는 일이다. 하지만 이를 받아들일 때 종국에는 그 일을 더 잘한다. 우리가 스스로 성공할 자격이 있다고 믿는 순간 성공은 우리를 피해간다.

행운이 찾아오기를 마냥 기다릴 수는 없다. 끊임없이 노력해야 한다. 행운은 우리에게 휴식을 가져다주겠지만, 발전하려는 기술과 의지는 당신이 계속 나아갈 수 있도록 해줄 것이다.

수습생은 여러 가지 형태가 있을 수 있겠지만 분명한 것은 단 한 가

예술가는 절대로 굶어 죽지 않는다

지, 실제로 수습을 받아야 한다는 것이다. 혼자서는 훌륭한 예술가가 될 수 없다. 도움이 필요하다. 이제는 "성공할 수 있을 때까지 베껴라"라고 이념만 맹신하는 아마추어는 필요하지 않다. 우리에게는 더 많은 장인이 필요하다. 자신만의 가게를 열기 전에 십 년간 연습해온 초밥 요리사가 있다. 누군가의 캐디로 일하며 수천 시간을 견뎌온 골프 선수가 있다. 십 년간 대부분을 팝 가수 밑에서 공부해온 음악가가 있다. 그러한 경험은 즐겁지 않다. 하지만 미래를 위해 매우 소중한 훈련이다. 우리는 언제나 연습하고 진급하기 위해 노력해야 한다.

거장이 되기 전에 우선 수습생이 되어야 한다.

과감하게 거장에게 다가가기

———

젊은 미켈란젤로는 유명한 피렌체 예술가 도메니코 기를란다요에게 접근하며 아마 가슴이 벅차올랐을 것이다. 당시 미켈란젤로는 그저 십 대 소년에 지나지 않았고 피렌체에서 가장 유명한 화가에게 자신을 가르쳐달라고 부탁할 참이었다. 그리고 미켈란젤로의 아버지 로다비코는 어린 아들에게 가정의 생계를 짊어지라고 압박했다.

우리는 거장이 되기 전에 우선 수습생이 되어야 한다.

미켈란젤로는 공포와 존경이 뒤범벅된 채로 기를란다요를 만났다. 많은 피렌체의 젊은이가 거장을 만나는 것만으로도 영광으로 여겼겠지만 소년은 바라는 것이 더 있었다. 소문에는 미켈란젤로가 이 거장에게 수련을 받고 싶다고 대담하게 부탁했을 뿐만 아니라 돈까지 받으며 일하겠다고 요구했다.

이는 정말 충격적인 사건이었다. 르네상스 시대에 수습생은 돈을 받지 못했다. 기회라고 생각해 오히려 교육을 받을 때 돈을 내기까지 했다. 당시 기를란다요의 화실에 있던 이들은 모두 극도로 겁에 질려 이 광경을 바라보았다. 처음 느낀 감정이 분노든 흥미든 그 무엇이었든 간에 기를란다요는 제안을 기꺼이 받아들여 미켈란젤로를 포함해 모든 사람을 놀라게 했다.

미켈란젤로는 스승이 필요한 것이면 무엇이든 가리지 않고 기를란다요를 도왔다. 화실에서 미켈란젤로가 연마한 기교만큼이나 중요한 것은 그 정도 위상을 지닌 예술가가 되는 것이 어떤 의미인지를 배웠다는 것이다. 화실을 운영하는 책임감, 수습생을 훈련시키는 어려움, 그리고 후원자를 대하는 사교적인 역학 관계까지 말이다. 대부분 수습 기간에 우리가 할 일은 보고 듣고 그 과정에 참여하는 것이다. 직접 해보며 경험하고 그렇게 배운 것을 내면화해야 한다.

기를란다요에게 미켈란젤로를 가르치는 것은 어떤 의미였을까? 모든 수습생 중에서 가장 두드러지는 젊은이가 여기에 있었다. 나이는 다른 수습생보다 한두 살 정도 많았다. 무엇보다도 기를란다요는 미켈란젤로에게 봉급을 주었다! 기를란다요가 소년에게 숙제를 내주거나, 이 소년이 화실을 돌아다니는 모습을 볼 때마다 아마도 이런 생각을 떠올렸을 것이다. '쟤는 나에게 무언가를 부탁할 수 있는 대담함을

갖춘 애야.'

미켈란젤로는 자유 시간에 기를란다요의 스케치와 그림에 특별히 접근할 수 있도록 허락을 받았다. 그는 마음대로 작품을 모사하고 스승의 기교를 배웠다. 그리고 왜 아니겠는가. 무리 가운데서 우뚝 서는 과감성과 능력이 분명히 있는 제자에게 어찌 관심이 가지 않겠는가? 그러한 학생이 있다면 무시하기가 더 어렵지 않겠는가? 기를란다요는 자기 작품을 따라 그린 미켈란젤로의 그림을 보며 그 결과물이 원본만큼이나 좋다는 것을 눈여겨봤다. 그런데 미켈란젤로가 이전에 따로 수습을 받은 적이 없다면 어떻게 이런 일이 가능한 것일까?

수습생이 된다는 것은 마음가짐에서부터 시작한다. 기를란다요의 화실에 들어오기 아주 오래전부터 미켈란젤로는 연습했다. 그는 결정적 기회를 기다리지 않았다. 그저 그림을 그렸다. 이는 미켈란젤로가 어렸을 적부터 누구에게서든 배울 기회가 있으면 배웠다는 의미이다. 그는 자신이 예술가가 되고 싶다는 것을 알았다. 그러나 어느 정도 재능을 타고났든지 간에 혼자 힘으로는 훌륭한 예술가가 될 수 없다는 것도 알았다. 아무리 천부적인 재능이라 할지라도 성실한 연습에는 견줄 수 없다. 미켈란젤로에게는 매일 채석장에서 일하는 친척이 있었고 덕분에 기술을 배웠다. 이 기술은 훗날 그에게 크나큰 의미가 된다. 미켈란젤로는 가르침을 주는 모든 사람에게서 배우는 학생의 자세를 갖추었다.

미켈란젤로가 수습을 받은 지 일 년이 지난 후, 후원자 로렌초 데 메디치는 기를란다요에게 학생 중 두 명을 메디치궁에 상주할 예술가로 보내달라고 요청했다. 과감성과 능력을 모두 지닌 대담한 젊은이 말고 누가 또 머릿속에 떠올랐겠는가? 이 젊은 예술가가 거장과 보낸 시간은 짧지만 강렬했고 궁극적으로 미켈란젤로를 피렌체에서 가장 유망한 예술가로 바꿔놓았다.

메디치가에 입성했을 때 그는 베르톨도 디 조반니 밑에서 배웠다. 베르톨도 디 조반니는 거장 도나텔로의 제자였다. 젊은 미켈란젤로는 곧 자신이 엄청난 이들과 어울리게 되었다는 것을 깨달았다. 로렌초 는 니콜로 마키아벨리를 비롯해 많은 사회 유명인이 참석하는 만찬을 자주 가졌다. 다시 한번 미켈란젤로는 학생의 자세로 돌아가 배울 수 있는 모든 것을 흡수하고 예술에 이를 적용했다.

분명 우리는 수습 기간에 연습으로 배울 수 있는 기술의 중요성을 간과할 수는 없다. 그러나 기술만으로는 영향력 있는 사람의 관심을 끌기에는 부족하다. 당신은 배우려는 자세를 갖추어야 한다. 그리고 능력뿐만 아니라 잠재력을 드러내야 한다.

이쯤에서 과감함이 들어가야 한다. 수습생이 되겠다는 부탁을 할 수 있을 뿐만 아니라 해야 할 일을 하겠다는 의지를 보이는 과감함 말 이다.

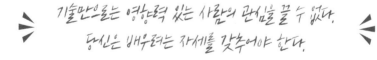

기술만으로는 영향력 있는 사람의 관심을 끌 수 없다. 당신은 배우려는 자세를 갖추어야 한다.

수습생이 된다는 것은 그저 과한 부탁을 할 줄 아는 것이 아니다. 일

예술가는 절대로 굶어 죽지 않는다

을 진지하게 받아들이고 계속 성장할 수 있는 근면함을 갖추는 것이다. 무리 중에서 당신을 돋보이게 하는 것은 도움을 청하는 대담함이 아닌 배우고 실천하려는 겸손함이다.

오늘날의 수습 제도

———

르네상스 시대에 전통적인 수습 기간은 약 십 년이었다. 수습생은 거장 밑에서 공부를 마칠 때쯤이면 칠 년이라는 세월이 지나 있었다. 남은 삼 년간 수습생은 직인職人이 되어 자신의 가치를 세상에 증명하려면 독립해야만 했다. 이는 여름방학 동안 대학생이 경험하는 인턴십과는 전혀 다른 차원의 문제였다.

아주 극소수의 수습생만이 '거장'의 단계에 오를 수 있다는 것에 주목하자. 성공한 사람과 결국 해내지 못한 사람 간의 차이는 두 가지 요인에서 비롯한다. 누가 그들을 도왔고 얼마나 열심히 노력했느냐이다. 좋은 스승을 만나는 것은 큰 이득이었다. 그들이 성공할 수 있도록 올바른 사회적 인맥을 찾아 줄 수 있는 사람을 알기 때문이다. 그리고 그런 사람을 알지 못하거나 최선을 다하지 못했다면 어려운 상황에 처한다. 결국 인내심이 관건이다.

그러나 이는 아주 오래 전의 이야기이다. 그렇다면 오늘날의 수습 제도는 어떻게 운용되는가? 우선, 예전에 비하면 훨씬 격식을 덜 차리게 되었다. 그럼에도 잊지 말자. 여전히 수습 제도는 활발히 살아있다. 뭐, 물론 새로운 형식으로 말이다.

수습 제도의 첫 단계는 가르침을 받을 만한 거장을 찾는 것이다. 그런 사람을 찾았다면 가능한 한 그들이 하는 모습을 최대한 흡수해야 한다. 그들이 쓴 모든 것을 읽으며 하는 모든 일을 지켜보고, 그들이 파는 것이라면 무엇이든 사들인다. 당신의 목표는 거장의 작품에 익숙해지는 것이다.

그러고 나서는 당신은 그들이 이야기하는 것을 그대로 따라야 한다. 조언을 따르고 원칙을 적용하고 방식을 수행해야 한다. 처음에는 그들이 모르게 이렇게 하자. 기교를 모방하기 위해 할 수 있는 모든 일을 하자. 스타일을 제대로 배워 거장들이 감탄하게 하자. 그리고 기교를 보이는 것을 두려워하지 말자. 거장은 이를 기분 좋게 받아들이고 당신에게 끌릴 가능성이 높다. 그리고 당신을 돕고 싶어 할 것이다.

이때가 바로 당신이 거장에게 도움과 개입과 조언을 청할 시점이다. 그 전까지는 아니다. 우선은 사례연구를 하고 그다음에 도움을 청해야 한다. 거장에게서 무언가를 '얻어내려' 하지 말자. 당신이 과제를 모두 끝마쳤고 그들을 본보기로 삼아 잘 연습하며 이제는 좀 더 원하는 것이 있다는 것을 보여주자.

미켈란젤로가 스스로 수습생의 자격이 있다는 것을, 기를란다요가 투자한 시간을 배로 갚을 수 있다는 것을 증명할 때 쓴 방법이 바로 이것이다. 이것이 바로 훌륭한 수습생이 하는 일이다. 당신은 사례연구 그 자체가 됨으로써 거장의 작품에 이상적인 대변인이 될 수 있다. 당신은 거장의 작품을 구현하고 세상에 알려 거장의 모든 활동을 홍보하고 명성이 더욱 높아지도록 도울 수 있다.

예술가는 절대로 굶어 죽지 않는다

티아 링크는 자신이 좋아하지 않는 일을 하며 삼 년을 보냈다. 왜냐하면 진정한 기술을 갈고 닦을 기회를 얻기 위해서는 돈이 필요했기 때문이다. 사실상, 이러한 일에는 시간이 필요하다. 그리고 너무 서두를 경우 과정에서 중요한 교훈을 놓칠 수도 있다.

수습 생활의 마무리

수습 제도가 주는 여러 이점이 있지만 그럼에도 이 기간이 영원히 계속될 수는 없다. 어느 시점에서는 졸업해야 한다. 수습 기간에 방점을 찍고 혼자만의 길을 추구해야 한다. 그렇지 않으면 결국 독창적인 것은 아무것도 만들어내지 못한 채 전혀 새롭지 않고 빈약한 결과물만 남는다. 게다가 수습 제도는 보통 돈을 적게 받기 마련이다. 결국 여기에 갇히다 보면 굶주릴 수도 있다는 것이다.

모든 것을 준비하고 계획한다고 해도 다음 단계로 이어지지 않는 순간이 올 수도 있다. 성공하기 위해서 진지하게 작업에 임해야 하는 바로 그 단계 말이다. 다음 단계로 넘어갈 수 있는 부름을 받았을 때 당신은 이에 맞게 응해야 한다. 그러한 순간에 당신은 조금 필사적인 심정을 가져야 한다. 티아 링크가 배우가 되기 위해 변호사 일을 그만두기 직전에 가진 그러한 마음가짐으로 말이다.

티아는 이를 "제 마음의 60퍼센트 정도는 드디어 내 꿈을 좇을 수 있단 생각에 흥분했었어요. 10퍼센트는 그저 변호사 일을 그만 둘 수 있다는 점에 안심했고요. 20퍼센트는 제가 혹시 큰 실수를 저지르는 것인가 두려웠고 10퍼센트는 가난해질 수 있다는 점에 신경이 곤두섰죠!"라고 묘사했다.

그래서 티아 링크는 어떻게 했을까? 직장을 때려치우고 다시는 돌아보지 않았을까? 전혀 그렇지 않았다. 그런 바보 같은 일은 저지르지 않았다. 티아는 좀 더 나은 선택을 했다. 우리가 따라야만 하는 길이다. 그녀는 수습 기간에 접어들었고 여전히 본업을 놓지 않은 상태에서 삼 년간 자신의 꿈을 좇았다.

지금 당신이 하는 일이 궁극적으로 원하는 일이 아니란 것을 깨달았을 때 아마도 이와 비슷한 절망감에 빠질 수도 있다.

우리는 절망감을 피해야 할 악惡으로 보는 경향이 있다. 누군가가 절망에 빠졌을 때 우리는 그것을 감지하고 멀리하려 한다. 그러나 이와는 약간 다른 절망이 있다. "만약 잘 풀리지 않으면 다른 길을 찾을 거야"라고 말하는 절망이다. 그리고 이런 절망은 열정으로 바뀐다. 이열정은 올바른 목표물을 향해 나아가는 강력한 수단이 된다.

그러한 때가 찾아오면 자신에게 물어보자. 나는 내 수습 생활을 아직 끝마치지 못했는가?

티아 링크가 마침내 변호사를 그만두고 배우로 변신했을 때 그녀는 모든 의문에 대한 답을 찾은 것은 아니었다. 그러나 이제 앞으로 나아가야 할 때라는 것을 알았다. 상사에게 이제는 본격적으로 연기 생활을 하고 싶다고 말했을 때 티아는 모든 일을 제대로 인수인계할 때까

예술가는 절대로 굶어 죽지 않는다

지는 계속 직장에 머무를 것이라고 장담했다.

그러나 티아는 재빨리 덧붙였다. 언제까지나 머무를 수는 없다고 말이다. 왜냐하면 "바쁘게 살아야만 했기 때문"이었다.

티아는 수습 생활 동안 본업으로 일한 변호사를 그만두었다. 이제는 배우가 되기 위해 전문적이고 헌신적으로 나아가야 할 시간이었다. 한때 나름의 방식으로 티아를 괴롭힌 직업은 일종의 훈련이었다. 변호사로 일한 세월 덕에 티아는 앞으로 다가올 미래를 준비할 수 있었다. 그리고 그제야 자신이 그동안 거장 밑에서 훈련을 받아왔다는 것을 깨달았다. 이제 티아는 자기 자신이 될 자격이 생긴 것이다.

티아는 서른다섯 살 생일을 맞이하기 직전에 법조계를 떠났다. 연기를 시작한 첫해에 그녀는 적어도 다섯 개의 광고를 찍고 장편영화 한 편과 단편영화 세 편에 출연했다. 그리고 두 가지 수업을 새로 듣기 시작했다.

"한결 마음이 가벼워요. 더 행복해요. 전화 통화를 해야 할 필요도 없고 이메일로 어떤 일이 나에게 주어질까 불안에 떨 필요도 없지요. 이것이 가장 큰 변화예요. 매일 매 순간 느끼던 불안감이 사라졌어요." 티아는 한 오디션과 다른 오디션 중간에 전화로 나에게 말했다.

배우가 된다는 것은 자기 자신을 포함해 가족 모두를 놀라게 한 선택이었다. "저는 저를 창조적인 사람이라고 생각해본 적이 없어요." 몇 년간 티아는 안정적이라는 이유로 변호사를 계속했다.

"더 일찍 일을 그만두고 싶었어요. 하지만 무엇을 위해 일을 그만둬야 할지를 몰랐죠. 사회는 사람들이 안정적인 방법으로 여러 가지를 탐색할 기회를 주지 않았어요. 공포에 떨거나 따지지 않고 '난 그냥 약간 다른 일을 해보고 싶어'라고 말할 수가 없는 거죠."

티아에게 언제 배우가 되기에 알맞은 시기라는 것을 알았냐고 묻자 "알맞은 시기라는 것은 없어요. 마침내 배우가 되는 것이 그렇지 않은 것보다 더 타당해졌을 뿐이죠"라고 했다.

티아 링크의 이야기는 우리에게 용기를 주지만 쉽게 결말을 떠올리는 전래동화 같은 이야기는 아니다. 그보다 이 이야기는 미처 예상하지 못한 수습 생활에 관한 이야기이다. 여기에는 늦은 밤까지 리허설이 이어지고 아침이 오면 다시 본업으로 돌아가야 하는 인고의 시간이 포함된다. 물론, 공연 시즌에만 한정되어 벌어지는 이야기였지만 그럼에도 역시나 힘겨운 시간이었다. 그 기간에는 그녀가 도움을 받는 마법 같은 일도, 휴식을 취할 겨를도 거의 없었다. 티아는 전형적인 수습 기간을 경험했다. 당신의 창조적인 여정이 이보다는 더 나을 것이라고 기대해서는 안 된다. 이 점을 기억하자. 수습 기간에는 참을성과 인내 그리고 겸손이라는 세 가지 특성이 필요하다.

당신은 거장에게 접근할 정도로 용감해야 하지만 동시에 그의 시간을 낭비하지 않을 만큼 열심히 해야 한다. 일이 계획대로 진행되지 않을 때 해야 할 일을 먼저 끝내자. 그리고 일이 순조롭게 풀리지 않을 때 인내심을 가지자. 결과물이 어떠하든 간에 이를 계속 보여주자. 기회는 언제 올지 모르지만 결국 우리는 근면 성실함으로 평가받을 테니까.

기회는 언제 올지 모르지만
결국 우리는 근면 성실함으로 평가받는다.

예술가는 혼자 성공할 수 있다고 믿고 스승이 필요하지 않다고 무시하다가 굶주림에 처한다. 반면에 잘나가는 예술가는 자신의 부족함을 인정할 만큼 겸손한 동시에 이를 드러낼 정도로 과감하다. 위대한 작품은 운에서 나오는 것이 아니다. 수련을 받으려는 의지에서 시작한다.

Chapter 04

아마존 창업자의 전략적 고집

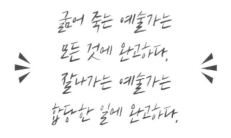

우리는 비전에 완고하다.
우리는 지엽적인 부분에 유연하다.
– 제프 베조스

젊었을 적 F. 스콧 피츠제럴드는 결혼을 일찍 하고 싶은 욕망을 억눌렀다. 위대한 작가가 되기로 결심했기 때문이었다. 그렇게 발버둥 쳤지만 결국 1918년 앨라배마주 몽고메리에서 군인으로 근무하던 중한 여성과 사랑에 빠진다.

미국 남부 어느 유명한 집안의 여섯 자녀 중 막내 젤다 세이어는 미래가 불투명한 작가 지망생과 결혼하는 것이 꺼려졌다. 젤다를 만난지 한 달 뒤 피츠제럴드는 투고한 원고를 거절하는 출판사의 편지를 받았다. 그러면서도 출판사는 원고를 수정해서 다시 보내보라며 피츠제럴드를 격려했다. 젤다는 피츠제럴드와 서로 편지를 주고받았지만 다른 남자들과 만남을 그만두지 않았다.

전쟁이 끝나고 피츠제럴드는 군대에서 전역했다. 그리고 구혼자이자 작가로서 자신을 증명할 수 있기를 간절히 바라면서 맨해튼으로 왔다. 신문사 취직에 실패한 뒤 피츠제럴드는 광고 회사 배런 콜리어에서 일하기 시작했다. 그곳에서 일주일에 35달러씩 받으며 전차 광고를 만들었다.

그러나 작가가 되겠다는 꿈을 절대 포기하지 않았다. 밤마다 동화, 시, 유머 등 돈이 될 만한 것이라면 무엇이든 써댔다. 젤다는 여전히 성공하지 못한 피츠제럴드에게 별다른 감흥이 없었다. 그럴수록 젤다에게 매달렸다.

그동안 피츠제럴드는 중요한 능력을 갖추었다. 작가가 되기 위해 필요한 능력이자 오늘날 창작할 때 쉽게 간과하는 능력이었다. 1919년 봄, 피츠제럴드는 이 능력을 아주 훌륭하게 활용했다. 19개의 이야기를 쓰고 122번의 거절 편지를 받았다. 월세방 전체에 수북이 쌓일 정도로 거절 편지를 수없이 받고 또 받았다.

계속되는 거절에도 피츠제럴드는 단념하지 않았다. 그리고 자신을 채찍질했다. 그에게는 모든 예술가가 지닌 비밀 무기가 있었다. 바로 고집이었다. 젊은 작가에게 이 시기는 실패와 실망의 시기였다. 하지만 절대 멈추지 않겠다는 담대한 반항심 덕에 견딜 수 있었다. 피츠제럴드는 포기하지 않았다. 사랑도 글 쓰는 일도 말이다.

모든 예술가에게는 비밀 무기가 있다, 바로 고집이다.

피츠제럴드가 젤다에게 편지로 스크라이브너 출판사가 첫 번째 소설 『낙원의 이쪽』을 받아주었다는 이야기를 알리자, 마침내 결혼을 승낙했다. 결혼식은 책을 출간하고 일주일 후에 열렸다.

그 후 사 년간 피츠제럴드는 고집을 벗 삼아 또 다른 장편소설 한 편과 여러 편의 단편소설을 펴냈고 문학적인 명성과 상업적인 성공을 모두 일궈냈다. 아내와의 결혼을 쟁취할 수 있게 해준 고집 덕에 피츠제럴드는 미국에서 가장 뛰어난 젊은 작가가 되었다. 이제 단편소설 하나를 쓸 때마다 2천 달러를 받았고 일 년에 50만 달러씩 벌어들였다. 고집은 피츠제럴드를 든든히 지켜주었다.

1923년 세 번째 장편소설을 쓰기 시작하면서 어느 때보다 자신의 새 프로젝트에 자신감을 보였다. "예술적인 관점에서 이건 내가 해온 모든 일 가운데 가장 최고가 될 거예요." 피츠제럴드는 편집자 맥스 퍼킨스에게 이렇게 편지를 썼다. 그러나 글을 쓰면 쓸수록 자괴감은 점차 커졌다. 그는 자신의 소설을 친구에게 "이야기가 점점 더 최악으로 되어간다"라고 평가했다.

피츠제럴드는 혼자만의 세계에 틀어박혀 자기 작업의 세세한 모든 부분에 집착했다. 그리고 이는 자신감을 갉아먹기 시작했다. 새로운 소설의 출간일이 다가오자 그는 신경질적으로 변했다. "『위대한 개츠비』로는 너무 약해." 이 신경질적인 작가는 책의 제목을 언급하며 원래 제목 대신 "웨스트 에그로 가는 길"이나 "높이 뛰어오르는 연인" 같

예술가는 절대로 굶어 죽지 않는다

은 제목에 표를 던졌다. 피츠제럴드는 이 책이 여성에게 매력이 없을 것이며 좋지 않은 평가를 받을 것으로 생각했다. 그래서 인세를 받을 만큼 책을 많이 팔지 못할까 봐 걱정했다.

예상했듯 공포는 현실이 되었다. 『위대한 개츠비』는 1925년 4월 10일에 출간되었다. 뉴욕의 한 신문에는 "F. 스콧 피츠제럴드의 최신작은 쓰레기"라는 제목으로 서평이 실렸다. 나머지 문학계도 마찬가지로 비판적이었다. H. L. 멩켄은 이 책을 "그저 그럴듯하게 미화한 신변잡기"라고 부르며 피츠제럴드를 '그 어릿광대'라고 칭했다. 루스 스나이더는 더욱 노골적으로 "우리는 『위대한 개츠비』를 읽고 난 후 피츠제럴드 씨가 오늘날 미국의 위대한 작가 중 한 명이 아니란 걸 꽤 확신하게 되었다"라고 평했다. 『위대한 개츠비』는 작가가 바라던 만큼의 성공을 거두지 못했다. 그리고 전작의 반만큼도 팔리지 않았다.

실패는 위대한 작가를 무너뜨렸다

────

그 후 피츠제럴드는 글을 쓰는 것이 더욱 힘겨웠다. 사생활 역시 완전히 망가졌다. 그는 1936년 젤다를 정신병원에 입원시켰고 딸의 생계를 책임지기 위해 떠나야만 했다. 실패 때문에 절망에서 제대로 회복하지 못한 채 극본을 쓰기 위해 할리우드로 이사했다. 훗날 후회할 결정이었다. 그는 나머지 인생 동안 알코올중독과 싸웠고 1940년 마흔네 살에 심장마비로 세상을 떠났다.

피츠제럴드가 사망할 무렵 『위대한 개츠비』는 실질적으로 절판되었고 어느 서점에서도 찾아볼 수 없었다. 그가 받은 마지막 인세는 13 달러였다. 대부분은 스스로 자기 책을 사들이면서 나온 것이었다. 한 때 촉망받던 소설가 피츠제럴드는 자신이 '매문賣文'이라고 취급하던 일을 하며 생을 마감했다. 그리고 자신을 실패자라고 생각하며 눈을 감았다.

전략적인 고집

———

우리는 불리한 상황 속에서도 장기적인 목표를 위해 인내하고 열정을 유지하는 능력이 필요하다. 또는 앤절라 더크워스가 말하는 소위 '그 릿'이 필요하다.

한 유명한 연구논문에서 더크워스는 그릿을 "도전에 맞서 맹렬히 노력하고 계속되는 실패와 역경, 부진함에도 오래도록 노력과 열정을 유지하는 것을 포함한다. 그릿이 충만한 사람은 무엇인가를 성취하려 고 마라톤처럼 접근한다. 그 사람의 강점은 체력이다. 실망이나 지루 함이 누군가에게는 경로를 바꾸고 손을 떼야 할 때라는 신호가 되지 만, 그릿이 충만한 사람은 끝까지 버텨낸다"라고 했다.

F. 스콧 피츠제럴드의 비극적인 이야기는 꼭 그렇게 흘러가야만 했 을까? 더크워스의 정의로 봤을 때 피츠제럴드는 말년에 그릿이 결여 된 것이다. 아마도 성공에 눈이 멀거나 사사로운 것에 정신이 팔린 피 츠제럴드는 곧 찾아올 실패에 미처 준비하지 못했을 것이다. 글 쓰는 직업을 가진 사람이면 누구나 겪는 슬럼프를 돌파할 인내심이 없는

상태에서 실패는 실제로 이 젊은 작가를 파괴했다.

피츠제럴드는 잘못된 것에 고집을 부렸다. 그리고 초창기에 겪은 좌절을 참고 견디게 해준 처음의 그릿을 잃었다. 예술가가 해야 할 일은 완벽해지는 것이 아니라 창조하는 것이라는 큰 그림을 잊은 것이다. 이것이 바로 창작하는 사람이 쉽게 빠지는 위험이다. 특히나 자신의 대표작이 될 것이라고 믿는 작업을 하는 와중이라면 말이다. 그런 작업은 우리를 갉아먹고 사사로운 것에 비정상적으로 집착하게 한다.

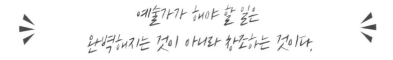

피츠제럴드가 『위대한 개츠비』를 출간했을 때 그는 자기 소설에 큰 기대를 품었다. 사소한 부분에까지 기대를 걸었기 때문에, 이 소설이 실패했을 때 완전히 망가질 수밖에 없었다. 우리는 실망에서 자신을 보호할 방법이 필요하다. 작품에 쏟아질 비판에 대비해 마음을 강하게 먹을 그런 방법 말이다.

이를 위해 우리가 해야 할 일은 아무것에나 완고해지는 것이 아니다. 전략적인 고집이 필요하다. 오직 성공만을 위해 고집을 부려서는 안 된다. 올바른 것에 고집을 부리고 이를 강인함으로 바꿔놓아야 한다. 그렇지 않으면 큰 그림을 잃은 자신을 발견할 수도 있다.

실제로 피츠제럴드는 실패했다고 생각할 필요가 없었다. 그는 실패하지 않았으니까. 성공적으로 출간된 두 편의 소설과 함께 그 시대에 가장 돈을 많이 버는 작가였다. 그리고 그의 소설은 어니스트 헤밍웨이를 비롯해 훗날 엄청난 부와 명예를 거머쥔 여러 사람에게 영감을 주었다. 비극적인 인물이었지만 피츠제럴드를 위대하게 만든 것은 비극이 아닌 고집이었다. 피츠제럴드는 수도 없이 거절당하고도 다시 한 번 하얀 종이를 마주하는 고집을 부렸을 때 최고의 작품을 쓸 수 있었다. 그러나 평론가들이 가시 돋친 말로 상처를 주었을 때 고집은 피체제럴드가 일찌감치 펜을 꺾도록 만들었다. 그릿이 있었다 해도 인생을 구하지는 못했겠지만, 그릿이 있었다면 계속 글을 쓸 수 있었을 것이다.

고집스러우면서도 유연하게

———

1994년 프린스턴대학교 졸업생이자 월 스트리트의 성공 신화인 서른 살의 한 청년은 우연히 놀라운 통계 하나를 보았다. 그리고 과감하게 직업을 바꿨다. 월드와이드웹이라는 새로운 네트워크가 매년 2,300퍼센트씩 성장했다. 이것이 무슨 뜻일까? 대부분 사람은 그저 어깨를 으쓱하며 지나쳤지만 비교적 젊은 나이의 제프 베조스는 기회를 포착했다. 통계자료를 본 지 48시간 만에 베조스는 이후 아마존닷컴이 된 존재를 만들기 시작했다.

아마존에 대한 아이디어는 처음에 이해하기 쉽지 않았다. "인터넷이 뭔데?" 그의 아버지가 물었다. 1994년 당시 이 벤처기업이 수익성이 있을지, 아니면 미래의 굶어 죽을 예술가에게 그저 아슬아슬한 표현

　　　　　예술가는 절대로 굶어 죽지 않는다

수단이 될 뿐인지 알 수 없었다. 그러나 베조스는 다음과 같은 모토로 기업을 운영하기 시작했다. "우리는 비전에 완고하다. 우리는 지엽적인 부분에 유연하다"라는 모토는 오늘날까지 아마존 활동을 정의한다.

모토는 사업가 기질이 있는 창의적인 사람에게 기업을 경영할 때도 대담하게 해야 한다는 의미이다. 이 기업에서 일하는 15만 명의 직원은 아마존의 열네 가지 리더십 원칙에 따라 일한다. 원칙은 직원이 주인 의식으로 창의적이고 혁신적인 사람이 되도록 한다. 기업의 일원으로서 직원들은 '기업가는 남에게 이해받지 못해도 이를 편안히 받아들여야 한다'고 생각하는 베조스의 철학을 이해한다. 그래서 매우 편안한 마음으로 새로운 무엇인가를 시도한다.

아마존 역시 비참할 정도로 실패를 겪곤 했다. 16개월간 TV 광고를 하느라 수백만 달러를 썼고 투자 대비 수익률은 끔찍하도록 낮았다. 온라인 경매를 시도하다 이베이에 참패하기도 했다. 어떤 이들은 아마존 프라임을 투자금도 회수하지 못한 실패라고 부르기도 했다. 그러나 베조스는 이를 마케팅 비용이라고 재정의 내렸다. 그리고 결국 아마존의 실패는 그저 지엽적인 것에 불과하며 아마존은 지엽적인 것에 유연하다고 말한다.

베조스가 한번은 아마존 파이어 스마트폰을 이렇게 말한 바 있다.

"만약 사람들이 그게 큰 실패였다고 생각한다면 지금 저희는 훨씬 더 큰 실패를 만들어내는 중이에요. 농담이 아니고요. 우리가 지금껏 해온 모든 중요한 일에는 엄청난 위험 부담과 끈기, 배짱이 필요했어요. 그리고 일부는 성공했고 대부분은 실패했죠."

베조스는 열여덟 살 때 2백만 명을 위한 호텔과 놀이공원, 마을을 만들고 싶다는 말을 했다고 한다. 바로 저 멀리 우주에 말이다. 말하자면 언제나 우주여행에 관심을 가져왔다. 그는 어떻게 해야 우주에 갈 수 있을지 몰랐다. 그리고 이를 알아내기 위해서는 창의적인 생각이 필요하다는 것을 알았다. 베조스에게는 비전이 있었다. 그러나 세부적인 것은 여전히 명료하지 못했다.

아마존 덕에 세계에서 다섯 번째로 부유한 사람이 된 이 고집스러운 기업가는 방법을 찾아냈다. 그리고 일상의 책임을 이어가는 와중에 새로운 회사 '블루 오리진'을 설립했다. 우주 기업은 "그라다팀 페로키테로Gradatim Ferociter"라는 라틴어로 된 슬로건과 함께 출발했다. "한 걸음 한 걸음씩, 용감하게"라는 슬로건은 우리는 결국 어느 날 지구를 떠날 수 있을 것이라는 의미를 담을 뿐만 아니라 우리 모두 어떻게 예술가로 성공할 수 있을지를 묘사한다.

기업가로서 베조스는 비판에 매우 익숙하다. 그는 우리가 모두 창작을 위한 고난과 실패를 겪으면서 이런 비판을 마주한다는 사실을 안다. 그러나 이러한 비판을 겪을 때 우리가 어떻게 하는지가 그 어떤 것보다도 성공을 결정한다. 굶어 죽는 예술가는 모든 것에 고집을 부린다. 이 예술가들이 작업실에서 노예처럼 일하고 작품 하나하나를 쏟아내고 무언가 실패할 때마다 점점 분노를 키우는 모습을 상상해보자. 무모한 짓이란 똑같은 일을 끊임없이 반복하면서도 결과가 달라지길 기대하는 것이다. 그리고 이것이 굶어 죽는 예술가 정신의 실체이다. 실수를 고집한다.

예술가는 절대로 굶어 죽지 않는다

그러나 잘나가는 예술가는 지엽적인 것에 유연하지만 비전에 완고하다. 이들은 칭찬이나 비난을 사사로이 받아들이지 않는다. 다만 작품 활동을 계속하기 위해 인내를 가진다. 성공은 자신에게 달린 일이 아니란 것을 염두에 두고 창작을 계속한다. 이들의 뒤를 좇고 싶다면 똑같이 해야 한다. 지엽적인 것에 집착하지 않고 전략적인 고집을 부릴 수 있도록 해야 한다.

'예스'라고 말하기

스물네 살에 잭 프리차드Zach Prichard는 테네시주 내슈빌 외곽의 한 레코드 회사에서 일했다. 고등학교 시절 잭은 가족과 함께 플로리다주 펜서콜라에서 테네시로 이사했다. 그리고 그 지역에서 미들 테네시 주립대학교에 진학해 음악 산업을 공부했다. 낮에는 쇼핑몰 매대에서 달력을 팔고 밤에는 수업을 들으며 대학교를 마쳤다.

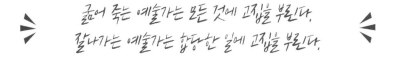

굶어 죽는 예술가는 모든 것에 고집을 부린다.
잘나가는 예술가는 합당한 일에 고집을 부린다.

2005년 여전히 학교에 다니며 음반 회사에서 일하고 있었다. 그 일은 잭에게 오랜 꿈이었지만 곧 악몽이 되었다. 잭이 맡은 업무는 기대와는 달리 대부분 행정 일이었다. 곧 일 때문에 불행해졌다. 그리고 더 나은 일이 자신을 기다리지 않을까 궁금해했다.

2010년 9월의 어느 날, 잭은 가장 좋아하는 작가에게 온 단체 메일을 읽었다. 작가 도널드 밀러는 베스트셀러인 자신의 영적 회고록을 장편영화로 만들기 위해 고군분투하고 있었다. 이메일에는 프로젝트를 위한 예산이 바닥을 보이며 실패가 코앞이라고 썼다. 한 투자자가 발을 빼는 바람에 추가 자금을 확보하지 못한다면 밀러는 〈블루 라이크 째즈〉의 영화화를 중도에 엎어야 했다.

꿈도 희망도 없는 직장에 숨이 턱 막혀오던 잭은 컴퓨터 화면을 들여다보다가 이 상황에서 무엇인가를 해보기로 했다. 잭은 친구에게 전화해 영화제작을 마치는 데 필요한 10만 달러를 모금하자고 했다. 크라우드펀딩 서비스인 킥 스타터를 활용해보자는 아이디어를 떠올렸고, 사업은 한 달 내로 시작하자고 했다. 유일하게 필요한 것은 베스트셀러 작가의 승낙이었다. 이들은 밀러에게 이메일로 제안서를 보냈다. 웹사이트를 만들고 SNS 캠페인을 펼치며 캠페인을 홍보하기 위한 부수적인 일을 도맡겠다는 내용이었다. 캠페인의 이름은 "블루 라이크 째즈를 구해주세요"였다.

몇 시간 만에 작가는 답장을 보내 좀 더 정보를 알려달라고 요청해 왔다. 그날 밤 잭은 이메일을 읽었지만 너무 긴장해서 답장을 쓸 수가 없었다. 답장을 미뤄두고 거의 한 시간 동안 마음을 가라앉힌 후에야 부인 트레이시에게 마음이 너무 쿵쾅거린다고 이야기할 수 있었다. 부인은 "지금 바로 일을 시작해야 할 것 같아요"라고 말했다.

온몸의 감각에 따라 일단 잠을 청해야 할 것 같았지만 왠지 잭은 그냥 자러 갈 수가 없었다. 자정이 되기 전에 잭과 친구는 늦은 밤 회의

예술가는 절대로 굶어 죽지 않는다

를 위해 모였다. 그리고 화이트보드를 빼곡히 채워가며 전략을 짜고 계획을 세웠다. 둘은 이 모든 것을 정리해서 해가 뜨기 직전 도널드 밀러에게 이메일 제안서를 보냈다. 제안서에는 영화 프로젝트를 살리기 위해 할 수 있는 모든 것과 실행 방법이 담겨있었다. 이전까지 해본 적 없는 일이었다. 베스트셀러 작가와 일해본 적도, 대규모 크라우드펀딩 캠페인을 진행해본 적도 없었다. 그리고 이것을 생각해낸 이들이 바로 잭과 친구였다. 어쩌면 무모한 짓일지도 몰랐다. 그러나 이는 도널드 밀러가 감탄할 만한 고집이었다.

그때까지 가장 성공적인 크라우드펀딩 캠페인으로 모인 돈은 약 8만 달러였다. 그리고 단 한 번의 비슷한 경험도 해본 적 없던 초짜들의 계획은 기록을 깨는 것이다. 어떤 어려움에도 굴하지 않고 할 수 있다는 믿음으로 시작한 고집스러운 작업이었다. 그러면서도 잭이 한동안 열망하던 일종의 분출구이기도 했다. 새벽 다섯 시에 제안서를 마지막으로 다듬고 이메일로 보낸 그 순간에는 아무 생각이 없었다. 그는 잠깐 눈을 붙이고는 샤워하고 출근했다. 그날 온종일 알 수 없는 희열을 계속 느꼈다.

하루가 채 지나기도 전에 잭은 밀러에게서 함께하고 싶다는 답장을 받았다. 그리고 그렇게 캠페인을 시작했다. 그 후 30일간 잭과 친구는 어느 때보다 열심히 일했다. 부족한 부분이 있으면 끈기로 메웠다. 아침 일찍, 밤늦게, 그리고 주말에도 일했다. 직장에서 일하는 시간이 아니라면 아무 때나 블로그와 SNS에 캠페인에 관한 포스팅을 했다. 또한 미디어와 인터뷰했고 전 세계에서 날아오는 이메일에 답했다. "마치 대통령 선거운동 같았어요." 잭은 이렇게 회상했다.

모든 고된 노력의 결과는 4천 495명의 후원자와 34만 5천 992달러의 후원금이었다. 그리고 영화 프로젝트를 되살리는 데 성공했다.

"우리는 그날 모든 기록을 깼어요. 킥 스타터 역사상 가장 큰 프로젝트였고 크라우드펀딩으로 가장 많은 후원금을 모은 영화였어요. 그해 최고의 프로젝트였죠."

캠페인이 성공적으로 끝난 후 잭은 영화제작과 관련해 또 다른 일을 제안받았다. 감독은 잭에게 펀드 모금을 도와준 팬을 위해 영화제작 과정의 뒷모습을 사진으로 찍어달라고 부탁했다. 잭은 다룰 줄도 모르는 카메라 한 대를 받았다. 그리고 다시 한 번, 잭은 자신의 능력과 동떨어진 업무에 뛰어들었다. 고집스러운 시행착오 끝에 카메라를 익혔고 이는 또 다른 기회로 이어졌다. 잭은 계속 영화 프로젝트에 참여할 수 있었고 마침내 또 다른 영화제작 업무를 맡았다.

킥 스타터 캠페인을 함께한 잭과 친구는 이 영화를 마친 후 '레토릭 Rhetorik'이라는 영화제작 회사를 설립했다. 몇 년간 광고와 뮤직비디오, 그리고 기타 멀티미디어 프로젝트를 함께 진행하다가 마침내 길을 달리해 서로 별개의 회사를 운영했다. 지난번 내가 잭과 이야기를 나눴을 때 그는 NFL 스타 조 델라니의 비극적이지만 영웅다운 죽음에 관한 다큐멘터리 〈30 포 30 30 for 30〉을 마무리 짓는 중이었다. 이제 잭은 가장 잘 나가는 영화 편집인이 되었다.

나는 잭에게 그날 밤 자리에서 벌떡 일어나 이메일을 보내는 대신 그냥 잠자리에 들었으면 어땠을까 생각한 적 있는지 물었다. 그래도

예술가는 절대로 굶어 죽지 않는다

여전히 지금과 같은 일을 했을까? "당연히 아니죠. 그건 정말 일생에 한 번 올까 한 기회였어요. 그리고 우리 둘 다 그걸 알았죠."

우리는 예술가가 고집스럽다는 이야기를 듣곤 한다. 그리고 분명 예술가는 고집쟁이다. 그러나 이것이 언제나 나쁜 것은 아니다. 고집스러움은 예술을 생계와 연결할 때 필수 요소가 된다. 당신이 전략적으로 고집을 부리는 것은 세상에 당신의 작업을 신뢰해도 되는 한 가지 이유를 제시하는 것이다.

언제 그만둘 것인가

———

미켈란젤로는 1505년 2월 교황 율리우스 2세의 무덤 장식을 만들던 당시 서른 살이었다. 실물크기 조각 40개와 다른 장식으로 꾸며진 3층 높이의 무덤은 곧 사람들이 꼭 봐야 할 명소가 될 것이었다. 이 작품을 향한 예술가의 꿈은 너무나 거창해서 미켈란젤로는 "자신을 사로잡는 광기"를 느꼈다고 고백할 정도였다.

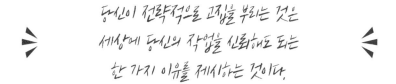

당신이 전략적으로 고집을 부리는 것은
세상에 당신의 작업을 신뢰해도 되는
한 가지 이유를 제시하는 것이다.

그러나 교황이 이 일에 흥미를 잃자 미켈란젤로는 분노한다. 1506년 두어 달 동안 교황이 전혀 관심을 보이지 않자 미켈란젤로는 교황의 허락 없이 로마에서 도주한다. 이는 교황의 권위에 반하는 행위로, 그렇게 범법자가 된 미켈란젤로는 피렌체 성주의 보호 아래 망명 생활을 해야만 했다.

교황 율리우스 2세는 이 반항적인 예술가를 다시 불러들였다. 교황과 미켈란젤로는 불화가 발생한 부분을 협의하고 작업을 계속하기로 결론을 내렸다. 미켈란젤로는 교황에게 용서를 구하며 마치 속죄하는 양 동상을 조각했다. 갑자기 떠나버린 사건의 중심에는 존중받고 싶은 욕구가 담겨있다. 그리고 역사상 처음으로 예술가가 작품에 조건을 내건 것이다. 역사학자 윌리엄 월리스는 "미켈란젤로와 교황 율리우스 2세는 예술가와 후원자 간의 관계를 재정립했다"라고 했다.

1506년과 1507년에 미켈란젤로는 지치고 과중한 업무에 시달리는 예술가처럼 보인다. "나는 엄청난 불편함과 피로를 견디며 사네." 미켈란젤로는 1507년 11월 자신의 동생에게 이렇게 썼다. "나는 거의 밤낮 없이 일해. 그리고 정말 힘들고 어려운 노동을 하지." 미켈란젤로와 피츠제럴드의 차이가 있다면 미켈란젤로는 편지를 그쯤에서 마치지 않았다는 것이다. 대신, 자기 속의 고집을 끄집어내어 이를 그릇으로 치환한 후 이렇게 결론 내렸다. "내가 그걸 점차 완성해가니까 그것만으로도 충분해."

1508년 봄, 교황은 미켈란젤로에게 무덤 장식이 아닌 시스티나 성당 천장화를 그리는 일을 새로 맡겼다. 무덤 장식이 끝날 무렵이었지만 미켈란젤로는 이를 중단하기를 거부했다. 그리고 무덤 장식을 좀

　　　　　　　　　　예술가는 절대로 굶어 죽지 않는다

더 감당할 수 있을 만한 크기로 줄이고 틈틈이 돌아와 작업했다. 또한 작업을 시작한 지 사십 년 만인 1545년에 드디어 이를 완성했다. 미켈란젤로는 수십 번도 그만둘 수 있던 일을 포기하지 않았다. 이것이 바로 진정한 예술가의 그릇이다. 미켈란젤로는 함께 일하기에 쉽지 않은 사람이었을 것이다. 교황과 다른 영향력 있는 후원자의 말에 반항하기도 했을 것이다. 그러나 마치 당나귀처럼 고집이 셌고 그렇기 때문에 수많은 걸작을 남겼다. 고집부리기는 미켈란젤로가 자신의 작품이 빛을 발하도록 배운 수단이었다.

우리는 고집을 피해야 할 대상으로 생각하곤 한다. 고집은 때로 충동적인 행동으로, 아니면 속내를 그대로 드러내는 모습으로 나타나기도 한다. 그리고 나중에 그런 행동의 결과를 마주할 수밖에 없기도 하다. 그러나 이는 예술가가 성공하기 위한 결정적인 요소이기도 하다. 스티브 잡스의 '현실왜곡장*'은 이를 보여주는 중요한 예다. 앤디 헤르츠펠트가 1981년 애플사에 막 입사했을 당시 이야기를 들어보자. 앤디는 10개월 안에 최초의 매킨토시 소프트웨어를 출시하는 기한을 놓고 동료 버드 트리블과 논쟁을 벌였다. "그건 불가능하다고요." 앤디는 말했다. 여러 사항이 기준에 정확히 맞아 떨어져야 하는데 고집스러운 CEO 눈에 그러기란 쉽지 않았다. "(잡스와) 함께라면 현실은 언제든 바뀔 수 있어요." 버드가 앤디에게 말했다. "잡스는 실질적으로 누구에게나 무엇이든 설득할 수 있어요. 그가 없으면 벌어질 수 없는

---

* 다른 사람이 이야기하면 비현실적인 주장도 그가 이야기하면 곧 현실이 될 것 같은 착각을 일으킨다는 뜻

일이죠. 하지만 현실적으로 스케줄을 짜는 게 힘들긴 해요."

어떤 고집은 한 사람을 끝까지 밀어붙이며 죽음에 이르게 할 수도 있다. 인내심을 가지지 못하고 자신의 실패에 갈피를 잃어버린 피츠제럴드가 그러했다. 반면에 미켈란젤로는 자신의 고집을 그릿으로 바꿨고 율리우스의 무덤 작업이 초기에 취소되었음에도 평생 그 작업에 숨을 불어넣었다. 그리고 결국 70세에 이를 완성했다.

대부분 사람은 자기 능력의 아주 일부만 사용하는 경향이 있다. 반면에 앤절라 더크워스 말에 따르면 "일부 뛰어난 사람은 자신을 한계까지 밀어붙인다." 이것이 바로 행동으로 드러난 그릿이며 그 효과는 일에 대한 집중도와 강도가 높아질 때 드러난다. 인생의 한 영역에서 당신이 부리는 고집은 다른 영역에서 성공할 수 있는 이유가 된다. 고집을 제대로 부리는 방법을 배운다면 말이다.

몇 년간 미켈란젤로가 부리는 고집은 골칫덩이였다. 그러나 철이 들면서 이는 그의 자산이 되었다. 그리고 자존심 대신 창작에 기여했다. 고집은 당신에게 관련한 문제, 즉 명예와 평판 등에서는 방해가 된다. 그러나 당신의 작품 활동을 발전시킬 때는 유용한 도구가 된다.

성공할 만큼 고집스러울 것

———

F. 스콧 피츠제럴드가 사망한 지 삼 년 후인 1943년 2월에 미국 전시도서위원회*는 새로운 인쇄 기술로 『위대한 개츠비』 15만 부를 찍어

* 제2차 세계대전 당시 미군의 사기를 북돋우기 위해 독서를 장려하던 비영리단체

내 해외에 파병된 군인들에게 보냈다. 제2차 세계대전 동안 세계 곳곳에서 읽힌 이 소설은, 많은 군인이 이야기를 가슴에 묻고 고향으로 돌아오면서 유명해졌다.

1950년대에는 짧은 분량 덕에 『위대한 개츠비』가 고등학교 영어 수업에서 소개되었고 이는 더 큰 성공으로 이어졌다. 1960년이 되자 이 책은 일 년에 5만 부씩 팔렸고 이러한 추세는 지금도 계속된다. 그리고 여러 차례 영화화될 때마다 판매량은 급증한다. 지금까지 『위대한 개츠비』는 2천 5백만 부 이상 팔렸다.

아이러니하게도 피츠제럴드의 책은 작가 자신이 버티지 못했을 때조차 버텨냈다. 그러나 만약 피츠제럴드가 그토록 일찍 포기하지 않았다면 어떻게 되었을까? 그에게 좀 더 그릿이 있었다면, 좀 더 집요했다면, 그리고 고집을 부릴 줄 알았다면 어땠을까? 몇 년 만 더 버텼더라면 피츠제럴드는 『위대한 개츠비』가 오늘날처럼 베스트셀러가 되는 모습을 볼 수 있었을 것이다. 그리고 자신의 고집을 끈기로 바꿀 수 있었다면 또 어떤 작품을 우리에게 선사했을까?

때로 우리는 창의적인 사람이 성공하는 모습을 볼 때 이러한 눈부신 성공을 단지 운이 좋았을 뿐이라든지 순전히 재능 덕이라고 일축한다. 그러나 두 가지 설명 모두 정확하지 않다. 주목을 받을 만한 걸작은 오직 운이나 재능이 아닌 의지에 달렸다. 당신 작품이 성공하는 것을 볼 만큼 오래도록 매달릴 수 있는가? 비난의 화살이 날아와도 계속 나아갈 수 있는 충분한 그릿을 가졌는가? 아니면 실패의 기미만 보여도 용기를 잃을 것인가? 잭 프리차드에게는 크라우드펀딩 캠페인을 운영해본 경험도 없었고 더군다나 미디어와 일해 본 경험은 더욱 없었다. 그러나 잭에게는 고집이 있었기에 나머지를 이뤄낼 수 있었다. 그 결과는 킥 스타터로 진행된 중 가장 큰 규모의 크라우드펀딩 캠페인이었다.

얼마나 많은 사람이 성공이 보장되지 않은 프로젝트를 추진하기 위한 기금 모금의 기회를 가져보려고 충동적으로 밤샐 수 있을까? 잭은 이 가운데 어떤 것을 위해서도 대가를 받지 않았다는 점을 잊지 말자. 잭은 몇 달 동안이나 밤과 주말을 모두 반납하며 자원봉사를 했고 여전히 본업을 놓을 수가 없었다. 다행히 이러한 시도를 해보고 끝까지 지켜볼 수 있는 인내심이 있었다. 잭에게는 비전이 있었고 지엽적인 것에 흐트러지지 않았다. 그래서 성공의 기회가 오는 것을 보고 이를 잡을 수 있었다.

그러나 여기에서 오해하지 말아야 할 부분은 바로 이것이다. 잭이 성공한 것은 재능이 아니라 인내심 덕이었다. 당신의 작업이 성공을 거두는 것을 보고 싶다면 완고해야 한다. 역경을 마주하더라도 앞으로 계속 나아갈 의지가 있어야 한다. 표면적으로 고집은 골칫거리처럼 보일지 몰라도 창작 활동에서는 자산이 될 수 있다. 약간의 인내는 우리가 우수성을 추구할 수 있는 기폭제가 되며 불후의 명작을 만들어내는 데 필요한 그릿을 준다.

그러나 훌륭해지고 싶다는 욕망이 창작 활동 자체를 지배하지 않도록 주의해야 한다. 지엽적인 것에는 유연하지만 비전에는 완고해지자. 제프 베조스가 말했듯이 말이다. 작업을 위해서는 약간의 고집도 필요하지만 고집이 예술가에게 완전히 새로운 것은 아닐 것이다.

관건은, 성공할 만큼 충분히 고집스러운가에 달렸다.

당신은

성공할 만큼 충분히

고집스러운가?

Part II

시장

우리를 바깥세상으로 끌어내는 것들

Real Artists
Don't Starve

일단 사고방식을 바꾸면 이제는 시장에 태클을 걸어야 한다. 이 시점부터 우리는 창의적인 사람에서 창작하는 사람이 되는 문턱을 넘는다. 이 지점에서 우리는 전문가가 되는 것이며 실제 세계가 어떻게 돌아가는지를 배운다. 그리고 우리는 인맥을 쌓고 대중에게 재능을 홍보한다. 이 일을 잘 해낸다면 사람들은 그저 관심만 주는 것이 아니라 우리에게 돈을 지급할 것이다.

Chapter 05

트럭 운전사 엘비스 프레슬리가
유명한 가수가 된 이유

굶어 죽는 예술가는
눈에 띌 때까지 기다린다.
잘나가는 예술가는
후원자를 찾아낸다.

샘 필립스 *Sam Phillips* 가 없었더라면
나는 여전히 목화밭에서 일했을 것이다.
– 조니 캐쉬

1948년 9월, 프레슬리 가족은 일자리를 찾아 미시시피주 투펠로에서 테네시주 멤피스로 이사했다. 이들은 공영주택에 살면서 생계를 꾸려나가기 위해 힘겨운 나날을 보냈다. 밤이 되면 외동아들은 마당에 앉아 서툰 솜씨로 기타를 치면서 블루스를 불렀다. 그리고 또 다른 삶을 꿈꿨다. 비슷한 시기에 멤피스의 또 다른 남자가 자신만의 꿈을 키웠다.

유니언 애비뉴 706번지에서 샘 필립스가 운영하는 선스튜디오는 무명의 음악가들과 계약을 맺는 것으로 유명했다. 선스튜디오의 슬로건은 "우리는 무엇이든, 어디에서든, 언제든 녹음한다"였다. 이 신생 스튜디오는 이미 비비 킹*, 하울링 울프**, 그리고 아이크 터너***와 비슷한 음악가를 발굴해냈다. 그러나 흑인음악을 백인 청중에게 선사하겠다는 필립스의 비전은 여전히 현실과는 먼 이야기였다. 필립스에게는 다른 목소리가 필요했으나 아직 눈앞에 나타나지 않았다.

1954년 어느 날 열아홉 살의 트럭 운전사가 필립스의 스튜디오에 나타났다. 재능 있는 새 가수를 찾지 못하던 음반 제작자는 노래 한 곡을 녹음하는 데 4달러씩 받았다. 멤피스에 있는 모든 가수가 이 스튜디오에 돈을 내고 싶어 안달했다. 그날 어머니를 위해 노래를 녹음하려고 스튜디오에 온 이 젊은이도 마찬가지였다. 첫 방문 후 몇 달이 지나고 젊은이는 이번에 자기 자신을 위해 노래를 부르려고 다시 찾아왔다. 그는 이를 '개인적인' 녹음이라고 했다. 젊은 가수는 안부 인사를 한다면서 계속 스튜디오에 들렀다. 필립스의 비서 마리온 키스커는 특히나 이 소년에게 마음을 빼앗겼다. 훗날 그녀는 소년을 늘 불안해하고 말을 더듬었다고 기억했다. 그러다 필립스가 소년에게 베푼 가장 큰 일이 있었다. 필립스는 소년을 '흥미로운 가수'로 보고, 어느 날 그에게 전화한 것이다.

몇 달 후 기타리스트 스코티 무어가 자기 밴드에 참여할 가수를 찾는다며 추천해달라고 부탁했다. 필립스가 추천할 만한 가수가 아무도

* 미국의 블루스 가수 겸 기타리스트
** 1950년대 일렉트릭 블루스 음악 발전에 기여한 미국 뮤지션
*** 미국의 가수이자 작곡가, 음반 프로듀서 및 영화배우

예술가는 절대로 굶어 죽지 않는다

없다고 대답하자 마리온이 미시시피에서 온 젊은 가수 이야기를 꺼냈다. 이름이 뭐였더라? 엘비스였나? 이들은 엘비스를 스튜디오로 부르기로 했다.

처음부터 마리온의 의견에 동의하는 사람은 없었다. 소년은 노래를 꽤 잘하기는 했지만 필립스나 무어 모두 특별한 점을 발견하지 못했다. 오디션을 본 지 3시간 후 이들은 잠시 쉬는 시간을 가졌다. 여러 곡을 불러보았지만 그다지 소득이 없었기 때문이었다. 필립스와 무어는 자기들이 쓴 노트를 비교해보며 둘 다 이 젊은 가수는 자신들과 맞지 않는다고 결론 내렸다.

쉬는 시간에 엘비스는 기타를 집어 들고 연주를 시작했다. 거친 기타 연주가 톡톡 튀는 스타카토 음을 만들며 자신만의 리듬을 만들어 냈다. 그리고 엘비스는 노래를 시작했다. 마치 오래되고 영원히 잊힐 뻔한 기억처럼 노래가 입에서 흘러나왔다. 아서 크러덥의 〈That's All Right Mama〉라는 노래였다. 방을 뛰어다니며 엘비스는 블루스 톤으로 가사를 뱉어냈다. 에너지가 온 방으로 퍼져나갔고 곧 기타리스트와 베이시스트가 여기에 동참해 연주를 시작했다. 몇 분 전만 해도 거의 실패하는 분위기로 흘러가던 오디션이 이제는 힘이 넘쳤다. 녹음실에서 테이프를 정리하던 필립스는 하던 일을 멈추고 노래에 귀를 기울였다. 그리고는 트리오 연주를 중단했다.

"뭐 하는 거죠?" 필립스가 물었다.

"우리도 모르겠어요."

"좋아요, 좀 뒤로 물러나 볼래요? 연주하기 좋은 장소에서 다시 한

번 연주해보세요."

음을 가다듬기 위해 수차례 연습이 필요했다. 그러나 이날 밤 세 명의 음악가는 녹음을 완성했다. 그것보다 더 중요한 것은 기타 연주를 하는 젊은 트럭 운전사가 마침내 자신을 믿어주는 누군가를 찾았다는 점이다. 다음 날, 샘 필립스는 싱글 음반을 들고 지역 라디오 방송국을 찾아갔다. 성만 같을 뿐 친척은 아닌 친구 듀이 필립스가 디제이로 일하는 곳이었다. 듀이는 블루스에 대한 샘의 사랑을 이해하는 사람이었다. 그리고 새로운 음악가를 멤피스에 데뷔시키는 것을 좋아했다. 듀이는 새로운 음반을 들었고 그 노래가 마음에 들었다. 그리고 그날 밤 방송에서 노래를 틀었다. 〈That's All Right Mama〉는 다음 날 해가 뜨기 전까지 적어도 네 번 이상 방송되었다. 이후 사람들은 이 노래를 틀어달라고 매일 신청했다.

세 명의 음악가는 샘 필립스를 매니저 삼아 투어를 시작했다. 이 년 안에 엘비스 프레슬리는 이름을 널리 알렸고 수만 명을 위해 연주했다. TV에 출연하고 영화를 찍었으며 수백만 명의 청중을 만났다. 믿을 수 없을 만큼 짧은 시간 내에 이 젊은이의 꿈은 현실이 되었다. 엘비스가 공식적으로 녹음한 첫 노래는 심지어 그가 작곡한 곡이 아니었음에도 스타로 만들어주었다. 처음에 엘비스를 거절한 제작자 필립스는 그가 음반 계약을 맺을 수 있도록 도왔다. 그리고 한때 엘비스에게 무관심하던 세계는 전과 달리 열광했다.

이는 하룻밤 만에 거둔 성공에 관한 전형적인 동화이다. 누군가 자신을 찾아주길 원하는 젊은 예술가에게 들려주는 그런 식의 이야기이다. 우리는 "열심히 연습만 하면 돼. 그러면 언젠가 행운이 찾아올 거야"라고 이야기한다. 그러나 이는 잘못된 조언이다. 그저 연습이 전부가 아니기 때문이다. 당신에게는 후원자가 필요하다.

후원자의 원칙

창작에서 품질은 주관적이다. 그림이 좋은지 나쁜지 어떻게 결정하겠는가? 무엇 때문에 그 노래는 아름답게 들리는가? 객관적으로 말해 이러한 것은 측정이 어렵다. 그렇다면 우리에게 필요한 것은 예술에 관한 권위이다. 우리는 밥 딜런은 천재이며 빈센트 반 고흐는 시대를 앞서간 예술가라고 말해줄 누군가가 필요하다. 그렇지 않으면, 우리는 그러한 결정을 홀로 내리고 때로는 누가 천재인지를 잘못 판단한다.

▶ ◀   *연습이 전부는 아니다. 후원자가 필요하다.*

우리는 다른 사람의 의견보다, 때로는 나 자신의 의견보다도 전문가의 의견을 믿는 경향이 있다. 이러한 현상을 무시할 때는 위험을 감수하는 셈이다. 감정가가 아닌 이상 보통 어떤 음악을 들을지, 또는 무슨 책을 읽을지 알아보는 데 시간을 쓰고 싶지 않다. 우리는 대부분 특별한 감정가 집단에 무엇이 좋은 것인지를 배운다. 감정가 집단은 도시경제학자 엘리자베스 커리드가 '테이스트메이커*'라고 부르는 열혈

* 취향을 만들고 유행을 퍼트리는 사람

팬이다. 테이스트메이커는 어떤 것이 좋은 예술인지 알려줄 뿐만 아니라 우리가 예술가로 성공할 수 있도록 도와주는 역할을 한다.

물론 새로운 것은 아니다. 이는 심지어 르네상스 이전까지도 거슬러 올라가는 오래된 이야기이다. 당시 후원자와 예술가는 권위 있는 작품을 세상 밖으로 인도하는 것을 도왔다. 모든 종류의 창작에는 언제나 성공을 도울 관대한 후원자가 필요하다. 그리고 당신의 예술을 세상에 알리고 싶다면 당신에게도 후원자가 필요하다.

수많은 창조적인 천재 뒤에는 모든 것을 가능하게 한 보이지 않는 영향력, 즉 후원자가 존재한다. 후원자는 창의적인 재능을 가진 사람이 성공할 수 있도록 돕기 위해 부와 영향력을 빌려준다. 후원자가 아니라면 창의적인 사람이 누릴 수 없을 기회를 제공한다. 이것이 바로 후원자의 원칙이다. 다수의 관중에게 다가가기 전에 오직 한 명의 관객에게 먼저 다가가야 한다는 의미이다. 모든 예술가에게는 후원자가 필요하다. 후원자 한 명 없이 성공을 거두기는 극도로 어렵다. 후원자가 한 명 있다면 가능성뿐만 아니라 확실함도 얻을 수 있다.

 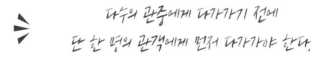

다수의 관중에게 다가가기 전에
단 한 명의 관객에게 먼저 다가가야 한다.

굶어 죽는 예술가는 후원자가 필요하다는 사실을 무시한다. 후원자가 있더라도 영향력을 빼앗긴다고 느낀다. 반면에 잘나가는 예술가는 후원자의 원칙을 존중하고 이를 유리하게 활용한다. 창작하는 모든 사

예술가는 절대로 굶어 죽지 않는다

람은 아직 자신을 모르는 관중에게 능력을 보증해줄 영향력 있는 사람이 필요하다. 그러나 후원자를 그냥 만나는 것이 아니다. 후원자를 찾아내야 한다. 이것이 바로 엘비스 프레슬리가 샘 필립스를 만나면서 배운 교훈이다. 샘을 만나기 전까지 엘비스는 그저 웃긴 옷을 입고 그럭저럭 노래를 잘하는 아이였다. 그러나 음반 제작자를 휘어잡은 후 세계적인 유명인이 되었다. 모든 것이 변한 시점은 엘비스가 샘을 처음 만난 그때가 아니었다. 엘비스가 자신을 믿어도 좋다고 필립스에게 확신을 준 그날 밤이었다.

중요한 작품을 만들려면 지지자가 필요하다. 당신의 잠재력을 보고 작품을 믿어줄 그런 사람 말이다. 돈이 문제가 아니다. 기회를 주고 어쩌면 알맞은 사람에게 연결해줄 누군가가 필요한 것이다. 작가가 책을 쓰기 전에 선금을 주는 출판인이 바로 후원자이다. 실리콘밸리에서 스타트업 기업에 투자하는 벤처 투자가 역시 후원자이다. 목사에게 월급을 주는 교회, 그리고 전 세계 비영리단체를 지원하는 기부자 역시 마찬가지이다. 후원자는 그저 예술을 가능하게 하는 역할만 하는 것이 아니다. 이들은 때로 우리가 당연하게 받아들이며 사는 세계를 가능하게 한다.

후원자는 사람의 역사에서 잊히고 가끔은 역사책에도 담기지 않는다. 그리고 우리가 저지르는 최악의 실수는 후원자의 존재를 인지하지 못하거나 중요성을 간과하는 것이다. 우리가 할 일은 후원자가 다가오기를 기다리는 것이 아니다. 우리는 후원자가 어디에 있든 간에 찾아내어 관계를 일궈내야 한다.

생각보다 가까운 곳

엘비스가 죽은 지 몇 년 후, 샘 필립스는 한 인터뷰에서 예술가를 발굴하는 자신의 방식이 이제는 통하지 않는다고 한탄했다. 음반 제작자가 매력적이고 능력 있는 새 가수를 찾기 위해 매주 술집에 앉아 하염없이 시간을 보낼 수는 없다고 필립스는 말했다. 그렇다면 오늘날 후원자는 어디에 있을까? 우리가 성공하도록 영향력을 미칠 수 있는 테이스트메이커를 어떻게 찾을 수 있을까? 아직 존재하기는 하는 것일까? 물론 아직도 존재한다. 돈이 없으면 예술을 할 수 없다. 그리고 후원자가 없다면 예술가가 될 수 없다. 그러나 이러한 사람은 생각보다 가까운 곳에 있다. 새로운 르네상스 시대에 후원자는 영향력을 지닌 일부 엘리트 계층이 아니다. 모두 우리 주변에 존재한다.

대학을 졸업하고 첫해에 나는 밴드에서 공연하며 미국 전역을 여행했다. 밴드의 리더를 맡아 미리 공연을 준비하고 이벤트기획자, 주최자와 함께 일하면서 모든 사람이 제시간에 공연장에 도착하는지 감독하는 일을 했다. 이는 내가 '길 위의 삶'을 꿈꿀 때 그리던 영광스러운 경험은 아니었다. 고된 일과 기나긴 하루, 다 식어버린 음식의 연속이었다. 그러나 모든 것을 가능하게 해준 한 가지 요소가 있었으니, 바로 혼자가 아니라는 사실이었다. 도시에서 도시로 옮겨 다니면서 우리 밴드는 기부를 받거나 밥을 먹는 대신 공연을 보여주었다. 언제나 다른 사람이 베푸는 관대함의 덕을 보았다. 어디에 가든 좋은 음식과 따뜻한 침대를 제공해주고 심지어는 따뜻한 물로 샤워할 수 있게 해주

예술가는 절대로 굶어 죽지 않는다

는 사람을 만났다. 일 년간 다른 사람들의 선의 덕에 살아갈 수 있었다. 이들의 집에 머물고 음식을 먹고 마음껏 음악을 했다.

그 당시 우리가 하는 모든 것은 돈이 들었다. 차를 움직이는 기름, 길 위에서의 식사, 그리고 재워줄 사람을 찾지 못했을 때 머물 호텔까지 말이다. 이 모든 것은 누군가가 돈을 내야만 하는 것이었다. 하지만 여섯 명의 밴드 단원과 나는 어떤 것도 걱정할 필요가 없었다. 신경 써주는 사람들이 있었기 때문이었다. 이들은 계산을 대신 해주고 비용을 부담했다. 우리를 위해 행사를 주최하고 집에 데려다주었다. 이들은 먹여주고 돌봐주는 사람이었으며 가능한 한 도움을 주려고 특별히 애를 썼다. 그 덕분에 음악에 집중할 수 있었다.

이 사람들은 우리의 후원자였다. 그러나 이들은 부유한 전문가나 영향력 있는 리더가 아니었다. 그저 우리가 하는 예술이 꽃필 수 있도록 재산을 내어준 평범한 사람이었다. 어디에 가든지 그곳에는 이들이 있었다. 분명 유명한 테이스트메이커와 인연을 맺는 것은 가치가 있다. 그러나 때로 당신에게 필요한 후원자는 바로 당신 앞에 있는 사람일 수도 있다.

이들은 아마 눈에 잘 띄지 않을 것이다. 그러나 찾으려는 의지만 있다면 언제나 도움을 받을 수 있다. 엘비스의 경우 샘 필립스는 그저 길 하나만 건너가면 되는 곳에 있었다. 우리 밴드의 경우 매 공연에서 만나는 사람이 후원자였다. 주변에 있는 모든 사람이 후원자며, 이들은 성공할 수 있도록 도와주려는 사람이다. 그러나 이들을 알아보고 우리에게 투자할 가치가 있다는 것을 증명하는 것은 우리의 몫이다.

배우려는 자세

미켈란젤로가 여전히 도메니코 기를란다요 밑에서 일하는 수습생이던 시절, 하루는 새로운 조각상을 마무리하며 바깥에서 일하고 있었다. 옷을 잘 차려입은 한 남자가 젊은 예술가에게 다가왔다. 그러고 나서 그가 어린 사슴의 얼굴을 조각하는 모습을 지켜보더니 작품에 대해 물었다. 미켈란젤로가 골동품처럼 보이는 사슴 조각을 만드는 중이라고 대답하자, 의문의 손님은 오래된 조각품이라면 이빨 몇 개가 빠져야 할 것 같다고 제안하고는 사라졌다. 그리고 그다음 날 돌아와 사슴 입속에서 이빨 몇 개가 사라진 것을 보았다.

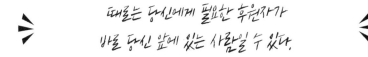

때로는 당신에게 필요한 후원자가
바로 당신 앞에 있는 사람일 수 있다.

의문의 손님은 다름 아닌 로렌초 데 메디치였다. 피렌체에서 가장 부자이자 예술계의 엄청난 후원자였다. 얼마 지나지 않아 로렌초는 미켈란젤로를 자기 궁전에 와서 작업하도록 불렀다. 남은 청소년기 동안 소년은 자신의 거침없는 꿈을 넘어서 예술과 권력가들 사이에 둘러싸여 지냈다. 이는 미켈란젤로가 처음에 단 한 명의 관객에게 다가간 덕이었다. 이것이 바로 실제 적용된 후원자의 원칙이다. 아무것도 없이 후원해달라고 손을 내밀 수는 없다. 당신 기술이 지닌 경쟁력과 배우려는 의지를 동시에 보여주어야 한다. 힘을 가진 사람은 다른 사람에게 영감을 주고 투자하는 것을 좋아한다. 그러니 그 사람들을 편안하게 해주자. 굶어 죽는 예술가는 눈에 띌 때까지 기다리지만 잘나가는 예술가는 후원자를 찾아내어 자신의 작품이 투자받을 가치가 있다는 것을 보여준다.

나는 예전에 대형 출판사 사장 마이클 하이엇Michael Hyatt을 만나서 이를 처음으로 느꼈다. 우리는 테네시주 프랭클린에 있는 한 동네 스타벅스에서 만났다. 드물게 따뜻하고 햇볕이 내리쬐는 11월 오후 4시였다. 당시 우리 둘은 우연히 같은 동네에 살았다. 몇 년간 나는 그의 일을 본보기로 삼았다. 젊은 작가인 나에게 도움이 될 현명한 사람이라고 생각했기 때문이었다. 그리고 마이클이 바쁜 사람이라는 것을 알았기에 그에게 글 일부를 샘플로 보내고 시간이 있으면 아무 때나 만나달라고 요청했다.

우리는 창가에 앉아 블랙커피를 홀짝이며 약 한 시간가량 이야기를 나눴다. 주로 마이클이 나에 대해 질문을 던졌다. 미처 예상하지 못한 질문이었다. 생각지도 못한 친절함이었지만 나는 아무런 준비도 하지 않은 상태에서 탈탈 털린 셈이었다. 그를 만나고 돌아와 나는 시간을 내줘서 고맙다는 이야기와 함께 그의 조언을 어떻게 적용하는지를 보여주는 이메일을 써 보냈다. 시간이 지나면서 우리는 정기적으로 연락을 주고받았고 마이클은 계속해서 내 글에 관심을 보였다.

마이클의 출판계 인맥 덕에 내 경력은 속도가 붙기 시작했다. 마이클은 나를 영향력 있는 사람들에게 소개하기 시작했고 가능한 모든 곳에서 내 글에 힘을 실어주었다. 당시 나는 내 행운을 믿을 수 없었다. 어려울 것처럼 보이던 관계가 우정이 되었고 나는 놀라울 정도로 성장했다. 언젠가 마이클은 내가 블로그에 올린 글 몇 개를 자기 팔로워가 볼 수 있게 공유했다. 그 친절에 감동해 "계속 이렇게 하실 필요까지 없어요. 이젠 그만하셔도 돼요"라고 메시지를 보냈다.

"제프, 무슨 말을 하는지 도통 모르겠네요. 당신 글이 훌륭하기 때문에 공유하는 거예요. 그리고 당신 글이 좋다고요."

나중에 나는 마이클에게 처음에 커피를 마시자고 한 제안에 응해준 이유가 무엇이냐고 물었다. 그러자 마이클은 글을 읽고 마음에 들었기 때문이라고 대답했다. 그는 편안하다는 이유(우리는 같은 동네에 살았다)와 내가 가진 잠재성(이미 나는 글을 쓰는 중이었다), 그리고 내 쪽에서 간절함을 내보이지 않았다는 점(나는 그저 그와 커피를 마시고 싶었을 뿐이었다)에서 쉽게 나에게 '예스'라고 말했다고 했다. 결론적으로 나는 마이클이 이런 식으로 만난 첫 사람도 아니고 마지막 사람도 아니었다.

영향력을 지닌 사람은 남을 돕고 싶어 한다. 이들은 다른 이에게 투자하고 싶어 한다. 그리고 당신이 시간을 투자할 가치가 있는 사람인지 알고 싶어 한다. 즉, 당신의 능력이 확실히 드러나야 한다. 그렇다면 해야 할 일은 작업에 착수하는 것이다. 왜냐하면 후원자를 얻을 수 있는 가장 좋은 방법은 잠재력을 보여주는 것이며, 능력을 가장 잘 보여주는 방법은 바로 당신의 작업 그 자체이기 때문이다. 이는 당신이 갑자기 놀라운 능력을 갖춰야 한다는 뜻이 아니다. 후원자가 필요한 대부분 예술가는 그렇지 않다. 그러나 이는 당신이 창작하는 중이어야 한다는 의미이며, 무엇보다도 중요한 것은 배우려는 의지가 있어야 한다는 것이다.

배우려는 자세를 갖출 때 우리에게 영향을 미치고 작업이 널리 퍼지도록 도와줄 사람의 흥미를 끌 수 있다. 결국 미켈란젤로가 로렌초에게 간 것이 아니라 로렌초가 다가온 것이다. 후원자가 이 젊은이의 가치를 인정하게 한 것은 예술가의 배우려는 의지였다. 그리고 마찬가지로, 당신이 후원자를 만나게 해줄 같은 정신도 바로 이것이다.

본업을 활용하라

———

물론 다양한 종류의 후원자가 있기 마련이고 우리 모두 미켈란젤로처럼 어느 날 부유한 투자자가 작업실에 나타나는 행운을 누릴 수 있는 것은 아니다. 그러나 후원자는 언제나 주변에 있으며 때로는 직장에 있을 수도 있다. 이것이 카비르 세갈Kabir Sehgal이 예술가로 전직할 때 전 직장인 투자은행에서 깨달은 교훈이다.

조지아주 애틀랜타에서 자란 카비르는 음악과 사업, 그리고 정치에 이르기까지 모든 일을 다 해보고 싶었다. 대학교를 졸업한 후 카비르는 JP 모건에 취직했고 빠르게 승진했다. 그곳에서 팔 년을 일하는 동안 다섯 권의 책을 쓰고 그래미상을 받은 여러 장의 앨범을 제작했으며 미 해군 예비역 부대에서 근무했다. 그러면서도 여전히 직장에서는 상당한 수익을 만들어냈다. 이것이 어떻게 가능했을까? 카비르는 자신의 본업을 하고 싶은 예술에 대한 일종의 후원자로 삼았다. 언제나 카비르는 자기 자신을 창의적인 사람이라고 생각했다. 그러나 예술을 하기 위해 고통을 받아야 한다고는 절대 생각하지 않았다. 다른 사람과는 다르게 카비르는 직장을 그만두지 않았고 잘 모르는 세계로 뛰어들지 않았다. 대신 작품을 살아남기기 위해 우리가 해야만 하는 일을 했다. 그는 자신의 현 상황과 환경을 방해물이 아니라 목표를 이루기 위한 수단으로 활용했다.

르네상스 시대의 후원자는 예술가에게 어떤 작품을 원하는지 요구하지 않고 아낌없이 부를 쏟아붓는 사람이 아니었다. 대부분 이들은 어떤 작품을 원하는지 세세한 설명이 담긴 주문서를 건넸다. 다시 말해, 당신에게 후원자가 있더라도 마찬가지로 상사를 모시는 셈이다. 그러니 현재의 상사를 이용해 작품 활동의 후원자로 삼는 것은 어떨까? 상사가 그렇게 생각하지 않더라도 말이다. 새로운 르네상스 시대에 이러한 기회는 수도 없이 많다. 그리고 잘나가는 예술가가 되기 위한 원칙을 따를 때 당신이 원하는 작품을 만들 시간과 공간을 확보할 수 있다.

한번 상상해보자. 은행에서 일하는 데 필요한 능력은 따로 있다. 예를 들어, 글을 쓰는 능력과는 매우 다르다. 그러나 카비르는 글을 쓰고 싶은 마음이 정말 간절했기 때문에 바쁘고 부담이 큰 스케줄을 이어가면서도 글을 쓰는 방법을 찾아냈다. "감사부는 제게 책을 쓰는 방법을 알려주었어요." 지루하기 짝이 없는 업무 덕에 글 쓰는 것을 연습할 수 있었다는 의미이다. 이렇게 카비르는 월 스트리트에서 일하면서 다섯 권의 책을 쓸 수 있었다.

본업을 활용하는 이러한 접근법은 예술가가 생계를 유지해야 하는

예술가는 절대로 굶어 죽지 않는다

어려움 없이도 더 나은 작업을 할 수 있는 유연성과 자유를 준다. 카비르는 예술에 돈이 든다는 것을 알았다. 그리고 그는 창작 활동으로 충분히 생활비를 벌 수 있다는 보장이 없었다. 따라서 자신의 예술에 자금을 지원할 수 있도록 본업을 활용했고 그동안 돈을 받으며 글쓰기를 연습했다. 카비르는 자신은 돈을 벌 필요가 없다고 주장하면서 현 체제에서 벗어나려고 애쓰지 않았다. 대신, 소득 없는 예술가는 예술을 할 수 없다는 현실을 인정하고 환경을 유리하게 이용했다.

금융계에서 일하면서 카비르는 투자가를 위해 매일 보고서를 작성해야 했다. 업계 용어로 빼곡하고 지루한 시황보고인 경우가 대부분이었다. 그러나 하이쿠俳句* 형식으로 보고서를 쓰면서 기술을 연마하는 기회로 사용했다. 덕분에 창의성을 좀 먹을 수도 있었을 업무에서 창의력을 살릴 수 있었고 직장 동료 사이에서 돋보였다. 이 전략에서 탄생한 흥미로운 부산물이었다. 때로는 당신의 본업을 활용하는 것이 창작을 위한 돈벌이가 될 뿐만 아니라 본업을 더 잘하는 결과를 낳기도 한다.

많은 사람이 창작의 꿈을 꾸지만 이를 위한 충분한 자유나 시간을 확보하지 못할까 봐 걱정한다. 이들은 소설을 쓰거나 전국을 돌아다니며 밴드 연주를 하기 위해서는 직장을 그만둬야 한다고 잘못 생각한다. 어떤 경우에는 이것이 진실일 수도 있다. 그러나 카비르의 이야기는 이러한 고정관념이 틀렸음을 증명한다. 카비르는 자신의 상황을 창의적으로 사용했고 결과는 성공이었다. 아마도 직장을 그만뒀을 때

* 총 17자로 이뤄지는 일본 고유의 단시

보다 더 나은 결과였을 것이다. 그렇다고 카비르가 돌연변이인 것은 아니다. 그는 월 스트리트에서 일하는 예술가와 창의적인 인재가 많다고 이야기한다. 그러나 창의력을 그대로 보존하면서 그곳에 머무는 사람은 거의 없다고 한다.

카비르가 기고한 기사에 따르면 월 스트리트는 "창의력이 죽어 나가는 곳"이다. 그러나 분명 카비르의 경우에는 이것이 사실이 아니었다. 극도로 경쟁적인 금융계에서 결국 일하는 사람은 모두 의욕이 넘치고 똑똑하다. 그리고 가끔은 자신의 열정이 어디를 향하는지 미처 알기 전에 돈 잘 버는 직장에 뛰어든다. 많은 사람이 인생에서 정말로 원하는 것이 무엇인지 깨달으면 그 열정을 좇아 월 스트리트를 떠난다. 카비르가 글을 쓰고 싶어 하는 자기 자신을 알아차렸을 때 마주한 갈림길이었다. 그럼에도 다른 너덜너덜해진 영혼과 다른 점은 후원자와의 관계를 지속했다는 것이다.

이상에 못 미치는 자신을 발견했을 때 어떻게 하겠는가? 직장을 그만두고 혼자 힘으로 독립하려 하겠는가? 절대 그러지 말자. 주위를 살펴 가장 가까운 곳에 있는 후원자를 찾아내자. 후원자가 설사 당신의 직장이라 하더라도 말이다. "흥미를 좇으면서 돈을 받으세요. 일에만 지나치게 집중하지 말고 이상과 목표에도 집중하세요." 카비르가 말했다. 당신에게 올바른 시각만 있다면 어떤 직업이든 예술을 위한 수단이 될 수 있다. 고용주를 창작 활동의 방해물이 아닌 창작을 위한 재원으로 생각할 때 이들은 우리의 후원자가 된다.

후원자를 찾아서

―――

앨라배마주 플로렌스 출신인 샘 필립스는 흑인과 백인이 밭에서 함께 일하는 모습을 보면서 자랐다. 이는 그에게 잊을 수 없는 기억을 남겼다. 인종차별이 좀 더 심한 테네시주 멤피스로 이사한 후 그는 어린 시절 들은 노래를 만들고 싶었다. 음악이 사람을 하나로 만들어주길 바라는 마음에서였다. 그러나 필립스는 자신이 사랑하는 음악을 대중에게 선사하는 데 어려움을 겪었다. 전도사가 필요했다.

그리고 엘비스가 등장했다.

엘비스 프레슬리는 자신을 믿어줄 누군가를 찾아 스튜디오를 두드렸다. 그러나 필립스 역시 누군가를 기다렸다. 그리고 흑인음악을 부를 수 있는 백인 소년을 만났을 때 필립스는 특별한 무엇인가를 찾았다는 것을 알았다. 이 만남에서 시작한 협력은 음악계를 영원히 바꿔놓았다.

일반적으로 창작의 성공을 이야기할 때 우리는 예술가의 천재성을 매우 강조하는 경향이 있다. 천재성이 엘비스 같은 가수를 록스타로 만들어주는 것으로 생각한다. 그러나 후원자 없이, 재능을 지원해줄 사람 없이, 대부분의 창작은 그다지 널리 퍼져나갈 수 없다. 창작은 팀 활동이다. 예술가와 후원자, 가수와 제작자, 배우와 매니저가 한 팀을 이룬다. 한 명에게는 재능이 있고 다른 한 명은 지지자가 된다. 그렇다. 예술가에게는 후원자가 필요하다. 그러나 우리가 때로 간과하는 사실은 후원자 역시 예술가가 필요하다는 점이다.

그래, 예술가에게는 후원자가 필요하다. 그러나 후원자 역시 예술가가 필요하다.

그렇다면 우리는 어떻게 주변의 영향력 있는 사람과 테이스트메이커를 찾을 수 있을까? 이미 다른 예술가에게 투자하는 사람, 경험과 지혜를 지닌 사람을 찾는 데서 시작해보자. 그리고 이들에게 접근해보자. 후원자를 찾는 것은 거장을 찾는 것과 같다. 기회가 닿는 곳에 머물러야 하며, 우리는 그 사람의 시간을 낭비하지 않을 만큼 확실한 능력을 개발해야 한다. 문을 두드릴 때 그들이 제공해주는 것을 받을 수 있는 준비가 되어있어야 한다. 아마도 우리는 후원자를 너무 멀지 않은 곳에서 찾을 것이다. 어쩌면 후원자는 우리 집 뒤편에, 길 건너편에, 아니면 길모퉁이를 돌자마자 있을 수 있다. 때로는 직장에서 찾을 수도 있다. 어느 때는 우리가 대수롭지 않게 여기던 인연, 데면데면하던 친구나 지인이 성공으로 이끌어줄 후원자가 되기도 한다. 우리는 그저 그들을 알아보면 된다.

이는 우리가 사는 시대를 이해하면서 시작한다. 지금 우리는 주목받기 위해 기다려야 할 필요가 없다. 이제는 그렇게 하려는 의지만 있다면 스스로 돌파구를 마련하고 성공을 계획하는 것이 가능한 시대이다. 작품을 널리 알리도록 도와줄 수 있는 사람에게 당신의 경쟁력을 드러내라. 기회를 기다리는 대신 직접 찾아 나서자. 다가오는 사람에게 배우고 스스로 바뀌려고 노력할 때 후원자를 찾는다.

그러나 한 가지 분명히 해두어야 할 것이 있다. 혼자서는 성공할 수

예술가는 절대로 굶어 죽지 않는다

없다는 점이다. 우리는 모두 작업에 투자할 누군가가 필요하다. 샘 필립스가 없었다면 우리는 엘비스 프레슬리를 만나지 못했을 것이다. 제리 리 루이스나 하울링 울프도 만나지 못했을 것이다. 조니 캐쉬는 언젠가 "샘 필립스가 없었더라면 나는 여전히 목화밭에서 일했을 것"이라고 말한 바 있다. 엘비스와 많은 사람을 스타로 만들어준 것은 음반 제작자의 인맥, 라디오 디제이와 홍보 전문가, 음악가와 몇 년에 걸쳐 쌓아온 네트워크였다.

후원자 없이 행운을 빌며 주사위를 던져도 세상은 그러한 도박에 그다지 친절하지 않다. 〈That's All Right Mama〉가 라디오에서 흘러나오던 그날 밤, 젊은 음악가 리 덴슨Lee Denson은 키웨스트에서 공연하고 있었다. 라디오로 그 노래를 듣는 순간 그는 귀를 의심할 수밖에 없었다. 겨우 몇 년 전 자기가 기타를 가르치려고 애쓴 바로 그 엘비스 프레슬리란 말인가? 코드 잡는 법도 제대로 모르던 그 젊은이? 그리고 이곳에서 리 덴슨은 젊은 음악가라면 응당하는 일을 했다. 순회하며 공연하고 생활비를 메꾸고, 그러면서도 일은 제대로 풀리지 않았다. 당연히 제대로 되지 않았을 것이다. 덴슨에게는 샘 필립스가 없었으니까. 그리고 창조적인 성공은 그것이 관건이다.

Chapter 06

천재 미치광이 고흐가
선택한 네트워크

> 굶어 죽는 예술가는
> 어느 곳에서나 창의력을 발휘할 수 있다고 믿는다.
> 잘나가는 예술가는
> 이미 창작이 이뤄진 곳으로 향한다.

창의적이고 싶다면
의문이 이끄는 곳으로 향하라.
– 루이스 라무르 *Louis L'Amour*

제1차 세계대전 당시 한 젊은 위생사가 적십자에서 근무한 뒤 집으로 돌아왔다. 앞으로 어떤 인생이 펼쳐질지 알 수 없었다. 박격포 폭격으로 입은 부상과 마음속 상처에서 회복하려는 열아홉 살의 청년이었지만 앞날은 불투명했다. 이탈리아 전방에서 그는 한 간호사와 사랑에 빠졌다. 하지만 그녀는 다시는 편지에 답장하지 않았고 다른 남자에게로 가버렸다. 곧 이러한 경험은 그를 세계에서 가장 유명한 소설가로 만들어줄 서사의 기반이 되었다. 그러나 당시의 어니스트 헤밍웨이는 그저 갈피를 잃은 청년이었다.

헤밍웨이가 일리노이주의 오크 파크는 자신이 있을 곳이 아니란 것을 깨닫는 데는 그다지 오래 걸리지 않았다. 친구의 조언에 따라 헤밍웨이는 캐나다 신문사 토론토 스타에서 저널리스트로 일했다. 일 년 후 시카고로 다시 이사했고 그곳에서 해들리 리처드슨과 사랑에 빠진다. 둘은 결혼하고 유럽으로 이주할 계획을 세우기 시작한다. 그즈음 헤밍웨이는 소설가 셔우드 앤더슨을 만나 파리로 가면 세상에서 가장 재미있는 사람들을 만날 수 있을 것이라는 조언을 듣는다.

파리에서 헤밍웨이는 해외 특파원으로 돈을 버는 한편 원고도 쓸 수 있다고 생각했다. 헤밍웨이 부부는 검소하게 살아야 하겠지만 여행은 다닐 수 있을 것이었다. 젊고 지칠 줄 모르는 젊은 부부에게는 꿈처럼 들리는 이야기였다. 결혼식을 올린 지 얼마 지나지 않아 젊은 소설가와 신부는 짐을 꾸려 배에 올랐고 새로운 삶을 시작하기 위해 길을 떠났다.

파리 라틴지구에 도착했을 때 헤밍웨이는 자기와 비슷한 지식인과 이민자로 구성된 작은 공동체를 알았다. 셔우드 앤더슨의 소개 편지 덕에 부부는 머지않아 유명해질 작가와 예술가를 많이 만났고 이 중 몇몇과는 가장 가까운 친구가 되었다.

센강 좌안 지구에 머물면서 헤밍웨이는 작업의 기틀을 잡아주고 한 세대의 문체를 결정지은 위대한 인물 '파파Papa 헤밍웨이'로 거듭날 수 있게 해준 영향력 있는 사람을 만날 수 있었다. 그러나 당시 지인들은 그저 헤밍웨이의 이웃이자 여느 사람과 마찬가지로 삶의 돌파구를 찾으려 애쓰는 동료 예술가였다.

매일 아침 젊은 소설가는 센강을 산책하며 어부가 물에서 물고기를 잡아 올리는 모습을 보았다. 이는 미시간 호수에서 보낸 어린 시절 여름날의 추억을 떠올리게 했다. 가끔 그는 한 카페에 들러 몇 시간이고 글을 썼다. 그리고 크림커피나 밀 맥주를 홀짝이며 자신의 유년기를 글로 옮겼다. 헤밍웨이가 경험한 모든 것이 글의 일부가 되었다.

여가 시간에 헤밍웨이는 글 쓰는 데 조언을 얻고자 시인 에즈라 파운드와 함께 복싱 연습을 했다. 라 클로즈리 데 릴라 같은 카페에서 헤밍웨이는 때로 제임스 조이스와 조우하거나 F. 스콧 피츠제럴드와 마주쳤다. 그리고 피츠제럴드는 그를 편집자 맥스웰 퍼킨스에게 소개해주었다. 저녁에는 거트루드 스타인이 머무는 플뢰뤼스가 27번지로 걸어 내려와 옷을 사는 것보다 그림을 사는 것이 왜 중요한지에 대한 스타인의 이야기에 귀를 기울였다.

모두 파리에서 일어난 일이었다.

헤밍웨이는 그 무리 안에서 이십 대의 대부분을 보냈다. 훗날 '잃어버린 세대The Lost Generation'라고 불리는 이들이었다. 얼마 안 되는 돈으로 살아가야 했지만 재기 넘치는 사람들과 늘 함께였다. 파리의 작은 구역에서 생활하면서 1920년대의 전도유망한 소설가는 매우 소중한 것을 배울 수 있었다. 그리고 이는 모두 글을 쓰는 자산이 되었다. 나중에 헤밍웨이는 이 경험을 자전소설 『해는 또다시 떠오른다』에 녹여냈다. 그리고 세계적인 명성을 얻는다. 파리에서의 삶 이전에 헤밍웨이는 분명 재능이 있었지만 전혀 유명하지 않았다. 그러나 칠 년 후

미국으로 돌아갔을 때, 어니스트 헤밍웨이는 널리 알려졌다.

파리에서 만난 모든 사람을 떠올려봤을 때, 헤밍웨이가 셔우드 앤더슨의 조언에 귀를 기울이지 않았다면 그렇게 변할 수 있었을까? 파리에서 보낸 시간은 어떻게 그러한 차이를 만들어냈을까? 아마도 시간이 아니라 장소의 문제였을지도 모른다.

현장의 원칙

어느 날 리처드 플로리다 교수가 펜실베이니아주 피츠버그의 카네기 멜론대학교 캠퍼스를 거닐었다. 그리고 사람들이 탁자 하나를 빙 둘러싸는 것을 보았다. 그 가운데 몇몇은 오스틴에 소재한 한 소프트웨어 회사의 이름이 박힌 파란 티셔츠를 입었다. 플로리다 교수는 학생들을 채용하러 왔냐고 물었다. "아뇨, 전혀 아니에요." 이들은 그냥 시간을 보내기 위해 오스틴에서부터 여기까지 왔다는 것이었다. '좀 이상한데.' 플로리다 교수는 생각했다.

그날 오후, 교수는 거기에 섞여 있던 한 학생이 그 회사에 채용되었다는 이야기를 들었다. 지금까지 학과를 졸업한 학생 중 가장 높은 연봉의 계약이었다. 플로리다 교수는 온몸에 문신과 피어싱을 한 그 학생에게, 피츠버그에서 누릴 수 있는 다양한 문화시설도 없는 텍사스주 한가운데의 소도시로 가는 이유가 무엇이냐고 물었다. "오스틴이니까요!" 궁극적으로 계약을 성사한 것은 바로 이 도시였다.

학생이 오스틴에 끌린 이유는 피츠버그가 자랑하는 세기의 산업이 있기 때문이 아니었다. 번창하는 음악의 현장이자 문화적 다양성, 그리고 화려한 밤 문화 때문이었다. 더 큰 도시에 있는 다른 IT 기업에서 온 제안을 뿌리치고 이 젊은이는 진보적인 정치와 다양한 문화로 유명한 이곳으로 마음을 정했다. 왜냐하면 최고의 작품 활동을 할 수 있는 곳이 바로 여기라고 믿었기 때문이었다. 그는 리처드 플로리다 교수가 '창조적 계급Creative Class'이라고 부르는 무리 중 하나였다. 창조적 계급이란 사회를 구성하는 중요한 부분으로 급부상하는 전문가 집단이다. 성장하는 창조적 노동자 집단은 이제 전 노동력의 삼분의 일을 차지한다. IT 사업부터 시작해 연예계, 언론계, 금융계, 그리고 제조업과 예술계에 이르기까지 창조적 계급은 다양한 산업 분야에서 활동한다. 그리고 창조적 계급의 일원에게 가장 중요한 문제는 바로 위치이다.

어떤 장소에는 그곳을 특별하게 하는 요소 '잇 팩터it factor'가 존재한다. 우리는 경이로운 예술과 잘 디자인된 건물로 가득 찬 로마나 파리와 같은 건축학적으로 아름다운 도시에서 이를 볼 수 있다. 다른 장소는 특정 산업을 위한 인큐베이터의 역할을 한다. 예를 들어 실리콘밸리에서 시작한 IT 혁명이 그러하다. 우리는 어떤 곳이 다른 곳보다 매력적이라는 것을 직감으로 파악한다. 이는 물론 창작에서 특별히 적용되기도 한다. "경력에서 성공하기 위한 가장 중요한 요인은 우리가 살기로 한 장소예요." 리처드 플로리다 교수는 말했다.

이것이 바로 현장의 원칙이다. 장소와 사람은 생각하는 것보다 성공을 좌지우지한다는 의미이다. 지역은 상관없다. 장소가 문제이다.

예술가는 절대로 굶어 죽지 않는다

사회심리학자 미하이 칙센트미하이에 따르면 "창조성은 새로운 아이디어가 눈에 띄는 데 노력이 덜 드는 장소에서 생겨날 가능성이 더 높다."

굶어 죽는 예술가는 어느 곳에서나 작업할 수 있다고 생각하지만 잘나가는 예술가는 살고 일하는 장소가 작업 자체에 영향을 미친다는 사실을 안다.

우리는 예술가로 이해받는 곳에 있고 싶다. 작업과 삶의 방식이 존중받는 곳에서 살고 싶다. 가수이자 소설가 패티 스미스는 1970년대에 뉴욕이 왜 예술가에게 매력적인 곳인지에 대한 질문을 받자 "이곳은 생활비가 싸요. 정말 싸죠. 우리 같은 사람이 많아요. 비슷한 생각을 하는 사람이 정말 많아요"라고 대답했다. 우리는 나와 비슷한 사람이 있는 곳으로 향한다. 그리고 이러한 현장은 우리의 작업이 꽃필 수 있게 해준다. 창조성이 넘치는 현장을 적절히 활용했을 때 창작을 위한 강력한 원동력이 나올 수 있다.

20세기 초 파리가 그러한 현장이었다. 물가가 저렴하고 전통에 얽매이지 않은 생활에 관대했으며 예술가에게 매력적이었다. 그러니, 때는 1921년. 진지한 소설가가 되고 싶은 초짜 저널리스트는 무엇을 해야 할까? 헤밍웨이는 배를 잡아타고 파리로 가서 예술가와 이민자가 사는 공동체에 합류한다. 스스로 창조적인 현장에 뛰어들어 시대를 앞서가는 문인과 어울린다. 그리고 그러한 장소가 내어주는 기회의 도움을 받았다. 파리 없이 우리는 헤밍웨이를 만나지 못했을 것이다. 그리고 현장 없이 창의적인 천재를 얻을 수 없다.

현장은 네트워크를 이끌어낸다

행크 윌리스 토머스Hank Willis Thomas는 취업하지 않으려고 대학원에 입학했다. 그러나 2000년에 사촌 한 명이 살해당하자 행크는 그 사건을 정리하려고 사진과 시각예술을 활용하기 시작했다. 행크는 "예술은 제가 애도하는 과정 일부였어요"라고 말했다.

▶▶   *현장 없이는 창의적인 천재를 얻을 수 없다.*   ◀◀

캘리포니아예술대학에서 스스로 창작에 몰두하면서 마음을 치유했다. 2004년 공부를 끝마칠 무렵 행크는 이제 '진짜' 직업을 가질 때라고 생각했지만 대학원에서 놀라운 교훈을 얻으면서 결국 예술가로 성공한다.

"대학원의 역할은 당신이 네트워크를 쌓을 수 있도록 도와주는 것이죠." 행크는 설명했다.

예술을 공부하는 학생이던 행크는 뜻하지 않게 모든 예술가에게 필요한 무엇인가를 얻었다. 이것 없이는 성공하기 어려운 그런 필수적인 것이었다. 네트워크는 치어리더로 짜인 팀 이상의 것이다. 네트워크는 각 구성원이 성공할 수 있도록 도와주는 기술과 자원을 제공하는 다양한 개인의 모임이다. 결국 모든 예술도가 예술가가 되는 것은 아니다. 누군가는 큐레이터 또는 지역사회 조직가, 아니면 후원자가 된다. 그리고 거의 모든 예술도가 예술 산업에 기여하는 방식으로 일

예술가는 절대로 굶어 죽지 않는다

종의 사고파는 사업가가 된다. 이들은 모두 행크가 예술학교에서 만난 사람이며 후에 네트워크가 된다.

졸업 후 행크는 친구들이 도약하는 모습을 보았고 이러한 인맥으로 어떻게 자신이 성공하는 데 영향을 미치는지를 보면서 놀랐다. 행크는 한 작품을 티시예술대학 학장의 아들에게 팔았다. 작품은 한 무리의 대학생이 액자를 드는 동안 다른 사람들은 그 모습을 기록하는 흑백사진이었다. 이는 예술가로서 처음 판매한 작품이었다. 그리고 현장과 네트워크로 맺은 인연의 결과였다.

입소문은 퍼져나갔고 놀랍게도 행크는 곧 작품을 팔아 생활했다. 이러한 초기의 성공은 몇 년 후 본업으로 자리 잡는 경력의 기반이 되었고, 행크는 뉴욕에서 널리 알려진 예술가가 되었다. 지금 행크의 작품은 미국 전역의 갤러리와 프로젝트 등에서 만나볼 수 있다. 행크는 막대한 수의 SNS 팔로워를 거느리며 매일 수십만 명의 팬에게 영향을 미친다. 이는 대부분 예술학교에서 만난 사람들 덕이다.

"내가 누린 엄청난 기회는 모두 친구에게서 나온 것이에요. 정말로 당신에게 필요한 것은 그저 한두 명의 좋은 친구예요. 왜냐하면 지지해줄 누군가가 있는지의 문제니까요. 그것이 바로 성공의 공식이에요."

잘나가는 예술가는 진공상태에서 성공할 수 없다. 이들은 스스로 적합한 장소로 와 그곳에서 기회를 유리하게 활용한다. 그냥 아무 곳에서나 창작하려 하지 않는다. 이는 바보 같은 짓이다. 어쨌든 모든 장소가 같지 않기 때문에 잘나가는 예술가는 마법이 일어나는 곳을 향한다. 그러나 이는 그저 새로운 도시로 이사하는 것 이상을 의미한다.

찾을 수 있다면 어디든 그 현장에 뛰어들어야 한다. 이는 성공하도록 도와줄 사람과 인연을 만들라는 의미이다. 다시 말해, 네트워크를 쌓아야 한다.

네트워크 없이 창작은 성공할 수 없다. 올바른 네트워크에 노출되는 것은 성공을 당길 몇 안 되는 일이다. 이는 예술가가 행동하고 말하리라고 전형적으로 기대하는 바에 어긋난다. 행크는 "내가 누린 엄청난 기회는 모두 친구에게서 나온 거예요"라고 말했다. 걸작은 천재의 손놀림 한 번에서 나오는 것이 아니라 공동체의 끊임없는 노력에서 나온다. 적합한 사람이 당신의 작업을 지지해줄 때 성공할 가능성은 더 커진다. 잘하는 것이 필수적이지만 그것으로 충분하지 않다. 기술은 창조적 성공의 전제조건이지만 재능은 등식의 일부일 뿐이다. 그 나머지는 네트워크이다.

> 걸작은 천재의 손놀림 한 번에서 나오는 것이 아니라
> 공동체의 끊임없는 노력에서 나온다.

네트워크는 익명성에 저항하기 위한 보험이다. 해당 분야에서 영향력 있는 사람에게 더 잘 접근할수록 작품은 더 널리 알려진다. 물론, 잘해야 한다. 그러나 잘하는 것만으로는 충분하지 않다. 기술은 당신을 적합한 사람 앞에 데려다주겠지만 네트워크는 범위를 극대화해준다. 그리고 창조적 성공은 작업을 지지해주는 사람과 잘 연결할 능력에 달렸다. 많은 사람이 필요한 것이 아니다. 행크가 말했듯 그저 몇 명의

예술가는 절대로 굶어 죽지 않는다

친구면 충분하다. 집단이 필요한 것이 아니라 네트워크가 필요하다.

이러한 관계에서 얻는 노출은 무엇보다 소중하다. 아무도 당신의 작업에 관심을 기울이지 않을 때 이러한 인맥은 당신을 굶주림에서 구해줄 것이다. 누구도 혼자 성공할 수 없다. 창조적 천재일지라도 말이다.

당신이 거절당할 때

———

빈센트 반 고흐는 이십 대 초반에 이 직업 저 직업을 전전했다. 처음에는 미술상이었고 그다음에는 학교 선생님이었으며 그 후에는 선교사였다. 매번 직업이 바뀔 때마다 새로운 마음으로 일했지만 열정은 그다지 오래가지 않았다. 반 고흐는 미성숙하고 무모했으며 다른 사람도 그렇게 생각했다.

그러다 스물일곱 살이 된 해, 반 고흐는 스스로 새로운 기술을 익혔다. 우선 그림 그리는 법을 배웠고 그다음에는 물감을 칠하는 법을 배웠다. 아무런 정식 훈련도 받지 않은 젊은 예술가는 자신의 기술과 씨름했고 짧은 시간 내에 인상적인 작품을 쉼 없이 내놓았다. 이전까지의 직업과는 다르게 이 일을 그만두지 않았다. 그리고 지금 반 고흐가 그린 그림은 세상에서 가장 가치 있는 작품으로 꼽힌다.

우리는 아마도 빈센트 반 고흐를 외로운 천재로 생각할 것이다. 자기 귀를 잘라버린 미치광이 예술가, 예술 때문에 고통받았고 결국 자살을 택한, 빈곤과 고독 속에서 살다 간 광인이라고 말이다. 더는 상상할 수 없을 정도로 전형적인 굶어 죽은 예술가이다. 그러나 문제는 이러한 묘사로는 불충분하다는 것이다. 반 고흐는 어느 정도 정신병을 앓았을지 몰라도 그의 예술이 성공한 것은 광기 때문이 아니었다. 반 고흐는 네트워크 덕에 성공했다.

전 세계에 이름을 알리기 전부터 고흐의 곁에는 그를 도와 유명한 예술가로 만들어준 한 무리가 있었다. 모든 예술가처럼 반 고흐는 자신의 작품을 인정해줄 게이트키퍼gatekeeper의 필요성을 느끼지 못했다. 그렇다면 돈 없고 실패한 선교사는 예술의 현장에서 어떻게 자신의 자리를 확보할 수 있었을까?

반 고흐가 화가로 일을 시작할 때, 그에게는 무엇을 성취하고 싶은지에 대한 이상이 있었다. 그러나 그림은 엉성하고 애매한 느낌 때문에 주류 예술 비평가의 취향에는 맞지 않았다. 반 고흐는 너무 많은 물감을 썼고 색깔과 질감을 표현하는 데 신중하지 못했다. 작품을 뭐라고 단정 짓기가 어려웠다. 어떤 이는 반 고흐의 그림은 어린아이가 그린 것 같다고 말했다. 심지어 어머니마저 비판했다. 그렇다면 고흐를 지지한 사람은 누구였을까?

그 시작은 남동생 테오였다. 테오는 성공한 미술상이었다. 반 고흐는 인생이 힘겨울 때마다 테오가 보낸 편지를 읽고 앞으로 나아갈 수 있었다. 고흐가 화가가 되기로 했을 때 테오는 형에게 생활비를 내어주고 머물 곳을 마련해주는 한편 고흐의 작품을 다른 사람에게 알렸다. 테오는 후원자이자 홍보 담당자였다.

반 고흐의 경력은 대부분 실패와 거절로 점철되었다. 하지만 반 고흐는 파리로 이사해 자신과 비슷하게 거부당하는 화가 무리를 만나면서 자신이 속할 곳을 찾는다. 이 무리는 반 고흐가 시도하는 일을 응원했다. 어떤 면에서 고흐보다도 그의 예술을 더 잘 이해했다. 그들은 '인상파'라는 이름까지 달았다. 프랑스 인상주의 화가들은 반 고흐가 이미 향한 방향으로 더욱 도전하도록 이끌었다. 그리고 그 과정에서 고흐의 작업을 인정했다. 그들은 고흐에게 필요한 네트워크가 되었고 모든 것을 바꿔놓았다.

일단 모임의 구성원이 되자 반 고흐는 네트워크에 보답했다. 이 모임이 좀 더 공식적인 집단으로 발전하도록 돕고 '프티 불바르의 화가들The Painters of the Petit Boulevard'이라는 이름을 붙였다. 남동생의 인맥을 활용해 친구들의 작품이 화랑에 전시되도록 도왔다. 그리고 몇 년 후 인상주의 화가의 예술적 천재성이 인정받을 때 고흐 작품 역시 여기에 이름을 올린다.

고흐를 도와준 사람들이 없었다면 잔혹한 인생은 그를 철저히 파괴했을 것이다. 고흐에게 인생은 쉽지 않았지만 테오의 지원 덕에 굶어죽지 않을 수 있었다. 그리고 인상주의 화가들은 다른 사람이 고흐를 거부할 때 격려하고 도전하게 했다.

반 고흐는 서른일곱 살이라는 젊은 나이에 죽었지만 수천 개의 그림을 남겼다. 많은 예술가가 평생 그리는 작품과 맞먹는 숫자였다. 반 고흐가 죽은 뒤 고작 몇 달 후 남동생 테오 역시 부인 요한나에게 그림으로 가득 찬 집 한 채를 남기고 죽었다. 남편의 인맥과 네트워크 덕에 요한나는 대다수 작품을 팔았고, 작품은 주목을 받았다.

네트워크는 반 고흐가 죽고 오랜 세월이 흐른 뒤에도 여전히 그의 작품을 인정하고 지지했다. 그리고 우리가 고마워해야 할 대상은 고독한 예술가의 노력이 아닌 네트워크이다.

이렇게 창의적인 작품은 널리 퍼진다. 외로운 천재의 노력이 아닌 네트워크로 말이다. 기억하자. 반 고흐의 예술을 입증한 것은 공식적인 게이트키퍼의 모임이 아닌, '거절'이라는 한 가지 공통점으로 모인 사회 부적응자의 모임이었다. 그리고 이는 강력한 동기가 되었다. 인상주의 화가들이 기존 네트워크의 힘을 간과했다는 뜻이 아니다. 그랬다면 이는 자살행위였을 것이다. 이들은 그저 자신들의 노력을 새로운 네트워크를 만드는 데로 돌렸다. 그리고 이는 중요한 질문을 떠올리게 한다. 들어가고 싶은 네트워크가 당신을 원하지 않을 때는 어떻게 해야 할까?

이기지 못할 것 같은 게임을 할 때 가끔은 더 열심히 노력하는 것이 최선이 아닌 때가 있다. 누구도 다른 사람의 원칙에 맞춰 게임을 하느라 인생을 다 보내고 싶지 않다. 게임이 불공평할 때는 게임을 바꿔보자. 다른 도시로 이사하고 새로운 예술형식을 만들어내고 다른 네트워크에 뛰어들자. 끼고 싶은 무리에서 당신을 원하지 않는다면 당신만의 무리를 만들면 된다.

이것이 바로 인상파 화가들이 19세기 예술의 게이트키퍼에게 거부당할 때 한 일이다. 이들은 자신만의 화랑을 열고 사람을 초대했다. 한 세기가 흐른 뒤 사람들은 이들을 기억했다. 이들을 거절한 게이트키퍼를 기억한 것이 아니었다. 그리고 누구에게도 이해받지 못하던 젊은 네덜란드인이 파리의 그 현장에 합류했을 때, 드디어 자신의 작업을 이해하고 인정해주는 무리를 만났다.

예상 밖의 천재 집합소

———

현장의 원칙은 모든 장소가 같지 않으며 우리가 적합한 현장에 갈 때 네트워크는 따라오기 마련이라는 것이다. 그러나 이 '현장'은 모두 우리 주위에 있다. 어느 예술가에게 이는 뉴올리언스가 될 수도 있고 다른 예술가에게는 뉴욕이 될 수도 있다. 그러나 우리는 적합한 장소를 찾았을 때 높이 뛰어들어 현장의 일부가 되어야 한다. 그리고 그 기회를 놓친다면 많은 것을 잃을 것이다. 그러나 때로는 이런 현장이 우리의 기대와는 다를 수도 있다.

여행작가 에릭 와이너는 "천재는 사람이 아니라 장소이다"라고 말한다. 와이너는 피렌체와 실리콘밸리, 파리와 같은 가장 창의적인 지역을 찾아다녔다. 어떻게 이러한 장소가 창조성의 인큐베이터가 되었는지 궁금해서였다. 와이너가 발견한 놀라운 사실은 이는 예상에서 벗어난 곳이었다는 점이다. 아무도 이러한 장소가 이탈리아 르네상스, 개인용 컴퓨터의 탄생, 심지어 현대 예술 등에 이르기까지 세계에 기여하리라 예측하지 못했다. 이러한 창조는 바깥세상을 놀라게 했다. 그리고 이것은 우리 모두에게 희소식이다. 왜냐하면 장소를 혁신적이고 흥미롭게 하는 것은 타고난 우수성이 아니기 때문이다. 우리가 환경을 어떻게 활용할지를 안다면 어느 곳이든 천재가 모이는 장소가 될 수 있다.

천재는 사람이 아니라 장소이다.

트레이시 바이젤Tracy Weisel은 1970년대 중반 밴을 타고 미국을 가로
지르는 여행을 끝마친 후 여자친구 캐럴과 함께 애리조나주 제롬으
로 이사했다. 시대를 정의하는 활동과 자유의 정신으로 이 커플은 도
시 생활의 시끌벅적함에서 벗어날 수 있으리라는 희망을 안고 움직
였다. 제롬에서 트레이시는 도자기 구슬이 달린 매듭 팔찌와 목걸이
를 팔아 하루에 20달러를 벌었다. 둘은 생활비를 아끼고 작품을 팔아
검소하게 살아갔다. 그리고 천천히 자신들만의 삶을 만들어나가기
시작했다.

도자기를 팔아 번 돈으로 둘만의 보금자리를 마련하는 데 칠 년이
걸렸다. 마지막 이 년 동안 트레이시는 집 지을 자리 앞쪽 길에 작업
대와 물레를 만들었다. 그의 작업실은 1950년대 이후 제롬에서 처음
으로 새로 지어진 건물이었다. "저는 저만의 집을 만들고 싶었어요. 집
주인에게 시달리는 게 진절머리가 났거든요. 그래서 제 땅을 사들였
죠." 다른 예술가들이 낮은 물가 때문에 제롬으로 이사하기 시작했다.
그리고 이들의 작품은 관광객을 끌어들이기 시작했다. 그 이후 삼십
년이 지났고 관광객의 관심으로 트레이시는 줄곧 예술로 생계를 유지
한다.

우리는 트레이시를 그의 가게에서 만날 수 있다. 그곳에서 그는 유

리를 불고 공예품에 관한 이야기로 손님을 즐겁게 해준다. 트레이시는 '평범한 것들', 벌새 먹이통이나 와인 잔, 그 외 팔릴만한 것은 무엇이든 만든다. 그는 자신의 작업이 어쨌든 '순수예술'은 아니라고 생각한다. 그러나 트레이시가 하는 일은 창조적이고, 일 덕에 즐겁게 살고 싶은 대로 산다. "저에게 재미란 그런 것이에요. 간단하고 좋은 제품을 만드는 거죠." 트레이시는 어느 아침 전화로 이렇게 이야기했다.

애리조나에 있는 한 작은 마을의 응원 덕에 트레이시 바이젤은 다른 곳에서는 가능하지 않았을 방법으로 성공했다. 제롬에 있는 대부분의 상가 부동산은 제롬역사협회의 소유였다. 부동산이 절대 매물로 나오지 않았고 따라서 임대료 역시 거의 오르지 않았다. 세도나와 같은 도시에 비교하면 제롬의 임대료는 싼 편이었다. "이곳에선 예술가도 충분히 살 수 있었기 때문에 우리는 성공할 수 있었어요. 다른 도시에서는 그럴 수 없거든요."

트레이시와 캐럴이 이곳에 이사 왔을 때 제롬은 창작이 이뤄지는 중요한 곳이 아니었다. 오히려 예술가들이 그런 장소로 바꿔놓았다. 분명 제롬에는 장점이 있었겠지만 가장 큰 장점은 눈에 띄지 않는 곳이라는 것이었다. 생활비가 적게 드는 장소였고 단순하게 살길 원하는 예술가에게는 그 점이 매력이었다. 트레이시가 이사할 무렵 제롬은 경제적 침체기였다. "기본적으로 죽은 마을이었어요. 히피들이 찾아와 다시 숨을 불어넣을 때까지 말이에요." 트레이시는 회상했다.

이는 드문 일이 아니다. 예술가는 때로 쇠퇴한 동네로 이사 와 지역을 유명한 문화현장으로 바꿔놓는다. 리처드 플로리다 교수는 "경제

적 성장의 핵심은 그저 창조적 계급을 끌어들이는 능력에 있는 것이 아니다. 근본적인 장점을 창조적 경제 성과로 바꿔놓을 수 있는 능력에 달려있다"라고 보았다. 제롬을 특별한 곳으로 만든 것은 마을 자체라기보다는 이곳에서 자리를 잡은 예술가였다. 그러나 그것만으로도 충분하지 않다. 예술가는 그저 또 하나의 쇠락한 동네에서 가능성을 보았고 이를 유명한 장소로 바꿔놓았다. 창조적 계급은 마을로 들어와 그곳을 자신의 것으로 만들었고, 경제는 되살아나기 시작했다.

여기에서 교훈은 우리가 속하길 바라는 공동체의 끄트머리에서 서성이는 우리 자신을 깨달을 때 우리에게는 선택권이 있다는 것이다. 트레이시 바이젤이 그러했듯 우리는 작업이 성장하기에 필요한 장소를 만들어낼 수 있다. 따라서 다음의 '천재 집합소'가 어디가 될지 생각해볼 때 살면서 예상하지 못한 장소를 우선 살펴야 한다. 그렇다면 그곳에서 기회를 만들어낼 수도 있다.

당신이 있는 곳을 받아들여라

———

모든 사람이 즉흥적으로 다른 대륙을 가려고 배를 타거나 나라를 가로질러 갈 수는 없다. 그러기에 우리에게는 제약이 많다. 그러나 그렇다고 해서 흥미롭고 창의적인 작업은 하지 못하는 것일까? 가끔 우리가 속해야 할 현장은 바로 지금 우리가 서 있는 곳일 수 있다. 모든 헤밍웨이가 파리에 있다면 영국 하워스에는 브론테 자매가 있다.

예상 밖의 장소로 눈을 돌려 큰 기회를 만들어내자.

19세기 중반 하워스는 영국 북부에 있는 작은 마을이었다. 한 소설가는 이곳을 "방직공들의 오두막이 모인 더러운 마을. 이곳에는 죽음이 일찍 찾아온다"라고 묘사하기도 했다. 그곳은 끊임없이 바람이 불어대는, 나무 한 그루 찾아볼 수 없는 황량한 지역이었다. 그리고 브론테 가족은 그곳을 고향이라 불렀다.

패트릭 브론테는 아일랜드에서 온 야망 넘치는 목사였다. 한 지역 교구를 열기 위해 가족을 데리고 하워스로 왔다. 브론테에게는 여섯 명의 자녀가 있었다. 다섯 명의 딸 마리아, 엘리자베스, 샬럿, 에밀리, 앤과 아들 브랜웰이었다. 어머니는 첫째가 일곱 살이 되기도 전인 1821년 세상을 떠났다. 1824년 브론테 자매는 학교에 갔고, 그곳에서 무서운 학대를 경험해야 했다. 맏딸 마리아는 열한 살에 결핵 때문에 집으로 돌아간 후 세상을 떠났다. 같은 해 6월 엘리자베스 역시 같은 운명을 맞이했다.

패트릭 브론테는 남은 세 명의 딸을 학교에서 자퇴시키고 집으로 데려왔다. 그리고 이미 집에 있던 아들과 함께 세 자매를 가르치기 시작했다. 선생님 역할을 맡은 아버지와 함께 아이들은 성경 구절을 외우고 문법과 지리, 그리고 역사를 공부했다. 브론테 목사는 셰익스피어의 희곡과 존 밀턴의 『실낙원』 같은 문학작품을 읽어주었고 아이들은 단어 하나하나까지 모두 흡수해버렸다. 책장은 언제나 고전소설과 시로 넘쳐났다.

하루는 목사가 아이들을 위해 장난감 병정 세트를 사서 여행에서 돌아왔다. 네 남매는 상상 속의 왕국을 만들어냈고 작은 인형들로 가짜 세상에서 역할극을 했다. 환상의 나라 지도를 그리고 그것에 맞게 이야기와 시, 역사를 썼다. 이야기 짓기는 험난한 세계에 맞서 싸우는 자신들만의 방식이었고 이들을 하나로 묶어주었다.

브론테가 아이들은 커가면서 더욱 하워스를 중심으로 삶을 살았다. 세 자매는 교사와 가정교사로 짧은 기간 일했지만 결국은 하워스로 돌아왔다. 1845년의 어느 날 샬럿은 시가 쓰인 에밀리의 비밀 공책을 발견했다. 샬럿은 공책을 넘겨보며 놀라운 수준의 문체로 쓰인 시를 만났다. 이는 마치 트럼펫 소리처럼 샬럿의 마음을 뒤흔들었다. 곧 앤 역시 자신이 쓴 시를 보여주었다.

얼마 지나지 않아 세 자매는 남자처럼 보이는 필명으로 시집을 내기로 했다. 시집은 1846년 5월에 출간되었지만 겨우 두 권이 팔렸다. 여전히 세 자매는 글쓰기로 생계를 이어갈 수 있을 만큼 돈을 벌 수 있는지 궁금했다. 시는 분명 문학적 명성과 돈을 위한 수단이 될 수 없었기에 브론테 자매는 소설을 쓰기로 마음을 바꿨다.

시집을 낸 지 두 달 후, 세 자매는 각자 쓴 원고를 출판사에 보냈다. 앤과 에밀리의 원고는 채택되었지만, 샬럿의 원고는 일곱 번이나 거절당했다. 일곱 번째 시도에서 출판사는 샬럿에게 다른 원고가 있냐고 물었다. 샬럿은 또 다른 소설을 써두었다. 그녀와 비슷한 한 영국 여성에 관한 이야기, 바로 『제인 에어』였다. 앤과 에밀리가 출판한 두 권의 책은 『아그네스 그레이』와 『폭풍의 언덕』이었다. 세 소설은 모두 문학계의 고전이 되었다.

브론테 자매는 성공을 좇기 위해 다른 도시로 이사할 필요가 없었다. 오히려 이들은 헤밍웨이와는 정반대로 움직였다. 그러나 창조적인 성과는 그냥 이뤄지는 것이 아니다. 성과를 추구해야 한다. 그리고 작품이 널리 퍼지는 데 도움을 줄 올바른 네트워크 안에 들어가야 한다. 그렇다면 영국 교외에서 살면서 샬럿과 에밀리, 앤이 가진 인맥은 무엇일까? 분명 헤밍웨이가 파리에서 가까이 지내던 영향력 있는 예술가 무리는 아니었을 것이다. 브론테 자매에게는 아무런 현장도, 네트워크도, 특별한 기회도 없던 것으로 보인다. 그러나 여전히 이들의 작품은 오늘날까지 살아남았다.

브론테 자매는 어디에서 살았는가?

자매는 하워스 출신이었다. 마을은 너무 작아서 어쩔 수 없이 서로 붙어 지내며 매일 이야기를 나눠야만 했다. 살아남은 브론테 자매 가운데 가장 나이가 많은 샬럿은 어렸을 적에 거의 알아보기도 어려운 작은 글씨로 짧은 책들을 썼다. 샬럿은 원고들을 작은 바늘과 실로 묶어놓았다. 이 중 어떤 책은 육만 자에 달했다. 트레이시 바이젤과 그의 예술가 친구들처럼 브론테 자매에게는 서로가 있었고 부족한 기회는 스스로 만들어냈다. 이는 자생적인 천재 집합소가 되었고 세 자매는 이를 만들려고 어디로 갈 필요가 없었다.

몇 년간 나는 소설가가 되길 간절히 바랐지만 기회가 없다는 사실에 좌절했다. 그러다가 변화가 생겼다. 나는 내가 있는 곳을 받아들이기 시작했다. 나를 어디론가 초대해줄 누군가를 기다리는 대신 이미 창작이 이뤄진 곳을 찾아가기 시작했다. 내슈빌로 이사해 얼마나 많은 소설가, 작가, 그리고 사업가가 이 작지만 성장하는 도시에서 모습을 드러내는지 주목했다. 나는 다른 작가들이 시간을 보낸다는 커피숍에 갔다. 또한 기업가와 창작가가 모이는 지역 모임에 참석했다. 내가 이러한 현장에 더 많이 엮일수록 나는 더욱더 그 일부가 되었고 곧 시간이 지나 네트워크로 성장할 우정을 쌓았다.

때로는 우리에게 필요한 공동체가 바로 앞에 있을 수 있다.

움직이는 축제

————

어니스트 헤밍웨이는 한번은 파리를 '움직이는 축제moveable feast'라고 묘사한 적이 있다. 일단 함께 하는 방법을 알면 어디를 가도 파리에서처럼 될 수 있다는 의미였다. 전통적으로 창작은 당신이 사는 곳에서 이뤄지는 것이었다. 그러나 새로운 르네상스에서는 모든 것이 바뀐다.

가끔은 집을 떠날 필요가 없을 때도 있다. 가장 크게 성장할 수 있는 장소는 바로 지금 우리가 있는 이곳이다. 그러나 이는 가만히 서 있어도 성공할 수 있다는 의미가 아니다. 천재 집합소는 그냥 만들어지는 것이 아니다. 우리는 그곳을 만들고 육성해야 한다. 현장과 네트워크는 모두 우리 주변에 있지만 그것이 우리를 찾아오지는 않는다. 우리는 움직여야만 한다. 이것이 방을 가로지르는 것이든 지구를 도는 것이든 안식처에서 한 발 내딛으려는 의지는 우리의 예술이 번창하도록 도와줄 장소와 사람을 찾기 위한 첫걸음이 된다.

 때로는 우리에게 필요한 공동체가 바로 앞에 있다.

우선 이미 창조가 이뤄진 곳으로 향하자. 그곳에 등장해 눈에 띄도록 하자. 커피숍이나 학회에 가자. 아니면 모두 같이 새로운 도시로 가 봐도 좋다. 현장에 뛰어들어 성공하는 데 필요한 사람을 찾자. 헤밍웨이가 파리에서 핵심 인물을 찾았듯 당신도 해당 분야에서 영향력이 있는 사람과 게이트키퍼를 찾을 수 있다. 이들에게 깊은 인상을 심어주고 수습생이 되어 배움을 얻자. 이들을 끌어들어야 한다. 그래야 현장에서 당신을 반긴다.

그러나 이러한 인맥은 그냥 만들어지는 것이 아니다. 이미 그 현장에 인정받은 사람의 관심을 끌어야 한다. 어떻게 해야 할까? 어떻게든 도움이 되도록 하자. 다른 사람이 성공하도록 당신의 능력과 재능을 활용하자. 아부하라는 것이 아니다. 해야 할 일을 함으로써 가치를 증명하라는 것이다. 어니스트 헤밍웨이는 당시 가장 유명한 작가의 뒤꽁무니를 쫓아다니며 정보를 캐내지 않았다. 단지 친구가 되었고 도울 수 있는 일이라면 어떻게든 도왔다. 포드 매독스 포드를 위해 문예지 원고를 수정했고 거트루드 스타인이 책을 낼 수 있도록 도왔다. 빈센트 반 고흐 역시 비슷한 정도로 동료에게 헌신했다. 트레이시 바이젤도 마찬가지였다.

어떤 창의적인 분야에서도 성공은 속한 현장과 네트워크에 달렸다.

현장에 참여해 존재감을 드러내고 당신의 작업을 공유하자. 그러나 당신이 받는 것보다 더 많은 것을 내어줘야 네트워크를 형성할 수 있다. 네트워크는 그저 적합한 사람과 연결되며 만들어지는 것이 아니라 이들을 서로 연결해주면서 형성된다. 아는 사람이 누구인지가 중요한 것이 아니다. 당신이 누구를 돕느냐의 문제이다. 헌신하는 만큼 인연으로 맺어진 집단, 즉 네트워크를 만들 수 있다. 헤밍웨이가 파리를 두고 이야기했듯, 당신이 어디를 가든 함께 할 존재 말이다.

예술가는 절대로 굶어 죽지 않는다

Chapter 07

혼자서는 아무것도 할 수 없다

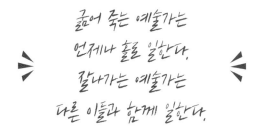

의미 있는 창조적 노력은 대부분 동업자가 필요하다.
– 필리프 프티

누군가 C. S. 루이스에게 친구이자 세계적으로 유명한 『반지의 제왕』
과 『호빗』의 작가 J. R. R. 톨킨에게 영향을 미쳤냐고 묻자 그는 웃음
을 터뜨렸다. "누구도 톨킨에게 영향을 줄 수 없어요. 차라리 밴더스내
치Bandersnatch에게 영향을 미친다고 해보세요." 밴더스내치는 『거울 나
라의 앨리스』에 등장하는 신화 같은 존재로 곧잘 분노하는 괴물이다.
함께 엮이고 싶지 않을뿐더러 분명 당신이 쉽게 '영향을 미칠' 생명체
는 아니다.

따라서 루이스가 이런 말을 했을 때 사람들은 그 말을 곧이곧대로 믿었다. 분명 톨킨은 자신만의 방식이 있는 작가였다. 새로운 언어를 창조해내고 가짜 신화를 만들어낸, 고독한 진짜 천재였다. 그리고 몇 년간 사람들은 그렇게 믿었다. '그 누구도 톨킨에게 영향을 미칠 수는 없어.' 하지만 이것이 이야기 전부는 아니다. 분명 루이스는 어떠한 강력한 방식으로 톨킨에게 영향을 주었다. 그리고 영향을 준 유일한 사람도 아니었다.

"한 무리가 있었어요. 열아홉 명의 남자였죠. 그리고 한 십칠 년간 일주일에 한 번이나 두 번 정도 함께 모였어요. 그리고 그 만남에서 특별한 마법이 일어났어요." 다이애나 글라이어Diana Glyer가 말했다. 글라이어는 아주사퍼시픽대학교에서 영어를 가르친다. 그리고 대부분 시간을 '잉클링스Inklings'에 관한 연구를 하는 데 쏟는다. 잉클링스는 톨킨과 루이스, 그리고 그들의 친구로 구성된 문학 친목 모임이다. 어느 날 오후 글라이어 교수는 이들이 몇십 년 동안 어떻게 일주일에 한 번씩 차를 마시고 파이프 담배를 피워대며 만났는지 이야기해주었다.

"이들은 작업하는 원고를 서로 바꿔 읽었어요. 그리고 밤이 깊도록 서로의 작품에 대한 의견을 나눴어요. 우리가 사랑하는 걸작들이 탄생한 것은 견고한 우정과 연대 덕이었어요. 제 생각에, 이들은 수많은 대학교 학생과 그다지 다를 바가 없어요. 무슨 작업을 하는지를 이야기하며 서로를 응원하고 돕고 격려하고 도전하는 거예요."

그러나 오랫동안 많은 사람이 잉클링스가 그토록 심오한 방식으로

예술가는 절대로 굶어 죽지 않는다

서로의 작업에 영향을 미쳤다는 것을 몰랐다. 글라이어는 고등학교 시절 처음으로 밴더스내치에 관한 루이스의 말이 뇌리에 박혀버렸다. "이 사람들은 어떻게 교류했을까? 서로 이야기하고, 진행하는 작업을 함께 살피고, 대략적인 원고를 함께 짰겠지. 그런데 그렇게 대화는 나눴지만 서로 영향을 준 것은 아니라고?" 글라이어는 당시 자기가 어떤 생각을 했는지 떠올렸다. 그렇게 해서 잉클링스의 세계에 뛰어들어 몇십 년의 세월을 보냈다. 글라이어는 작가들의 공동체가 20세기 최고의 문학작품에 어떻게 영향을 미쳤는지 탐구했다.

작가들이 서로 어떻게 영향을 미쳤는지는 글라이어 교수가 들려주는 이야기로 알 수 있다. 『호빗』이 예상외로 성공을 거두면서 출판사는 톨킨에게 소설을 하나 더 써달라고 요청했다. 그는 "뉴 호빗"이라고 이름 붙인 책을 쓰기 시작했지만 글은 쉽게 풀리지 않았다. 어느 날 톨킨은 친구 루이스에게 점심을 함께 하자고 제안했다. 그리고 지금 하는 원고 작업에 진절머리가 난다고 고백했다. "뭘 해야 할지 모르겠어. 나는 끝난 거 같아."

"문제는" 루이스가 대답했다. "호빗은 전혀 호빗 같지 않은 상황에서만 재미있다는 점이야." 이것이 루이스가 말한 전부였다.

"그렇게 친구와 함께 한 점심 덕이었어요. 톨킨이 기본적으로 질리고 갈피를 못 잡던 이야기는 친구의 한마디에 눈을 뜨게 되죠. 그리고 우리가 아는 훌륭하고 장대한 서사시 『반지의 제왕』이 탄생한 거예요. 저는 이게 영향력에 관한 꽤 강력한 증거라고 생각해요." 글라이어는 설명했다.

짧은 논평 하나로 C. S. 루이스는 친구의 작품이 나아갈 방향을 바꿔버렸다. 루이스 자신은 "스스로 현명해지기 위한 차선책은 현명한 사람 가운데서 사는 것이다"라고 하기도 했다. 창의적인 사람이 되는 것에 대해서도 같은 말을 할 수 있다. 우리는 혼자서 최고의 작품을 만들어낼 수 없다. 최고의 작품을 위해 다른 사람과 협업해야 한다.

협업의 원칙

———

비욘세의 여섯 번째 앨범 《Lemonade》는 2016년 4월 23일 발매되었고 작곡가 72명의 도움을 받았다. 사람들이 이를 알았을 때 엄청난 파문이 일었다. 어떤 트위터 사용자는 "비욘세가 매 앨범마다 오십 명에서 백 명의 작곡가와 프로듀서의 도움을 받는데도 그녀를 음악 천재라고 부르는 시대가 온 것인가?"라고 말하기도 했다. 또 다른 사용자는 "비욘세는 곡 하나를 쓸 때마다 '열다섯' 명의 작곡가가 붙는다. 그래도 사람들은 그녀가 천재라고 한다"라고 말했다.

▶▶ *우리는 혼자서는 최고의 작품을 만들어낼 수 없다.* ◀◀

이는 중요한 의문을 제기한다. 천재는 혼자 일하는가? 이러한 의견들이 암시하는 대답은 '그렇다'이다. 우리는 가끔 천지를 개벽하는 듯한 창작이 홀로 이뤄진다고 믿는다. 숲속 한가운데 덩그러니 자리한 오두막, 아무도 오지 않는 외딴 실험실, 아니면 도심 한가운데 다 허물어

예술가는 절대로 굶어 죽지 않는다

져 가는 빌딩에 있는 음악 스튜디오에서 말이다. 그러나 이것이 정말로 창의성을 발휘하는 방법일까?

우리는 전문적인 예술가를 외로운 창조가라고 보는 어떤 그림을 머릿속에 담아둔다. 고독한 천재는 혼자 힘으로 자신의 이상을 구현한다든지 오직 자기 생각과 탁월함만을 믿고 노예처럼 일한다. 그러나 이는 진짜 예술가가 어떻게 작업하는지를 총체적으로 잘못 이해하는 것이다. 창의성 연구의 권위자 키스 소여Keith Sawyer는 "혼자서는 창의적일 수 없다. 고립된 개인은 창의적이지 않다. 그것은 창의성이 발휘되는 방식이 아니다"라고 말했다.

비욘세가 얼마나 많은 협업자를 두었는지 팬들이 깨달았을 때 전반적인 정서는 그녀가 실제보다 과대평가를 받는다는 것이었다. 왜냐고? 비욘세는 그 곡들을 완전히 혼자서 쓰지 않았기 때문이었다. 이는 흔한 반응이다. 가장 좋아하는 소설가나 영화감독이 걸작을 혼자 만들지 않았다는 것을 깨달았을 때 우리는 실망하거나 심지어 환멸을 느끼기까지 한다. 우리가 집착하는 고독한 천재의 이야기에는 분명 무엇인가가 있지만 우리는 이를 잘못 이해한다. "그런 이야기는 정말 멋있죠." 다이애나 글라이어는 이렇게 말했다. 그러나 그러한 천재에 관한 상상은 글라이어의 말대로 "일반적으로 글쓰기나 창작이 이뤄지는 방식, 즉 공동 작업의 가능성을 작가나 다른 창작하는 사람에게서 앗아가는 것"이다.

카니예 웨스트의 앨범 《The Life of Pablo》는 백 명 이상의 작곡가가 참여하고 만들었다. 리아나의 앨범 《Anti》는 서른 명 이상의 작곡가가 공을 들였다. 이 가수들은 진정한 예술가가 아닌가? 우리가 예술가를 '외로운 천재'가 아닌 사람과 자원을 한곳에 모은 선지자로 보는 새로운 정의를 받아들일 때 성장할 기회가 생긴다. 새로운 르네상스에서 고립되어 일해서는 안 된다. 비슷한 생각을 하는 다른 예술가와 협업할 수 있는 더 많은 방식을 찾는 것이 관건이다. 우리의 성공은 다른 사람과 함께 잘 일할 수 있는 능력에 달렸다.

이것이 협업의 원칙이다. 천재성은 무리에서 나타난다는 의미이다. 굶어 죽는 예술가는 홀로 일한다. 그러나 잘나가는 예술가는 다른 사람과 협업한다.

무리에서 나타나는 천재성

창의적인 생산물은 때로는 우리가 원하는 것보다 더 느리고 더 힘겨운 고난의 시간이다. 그리고 때로는 우리를 낙담시킨다. 최고의 예술가, 아니 적어도 똑똑한 예술가는 다른 사람을 끌어들이는 경향이 있다. 다이애나 글라이어는 이를 "예술가의 인생은 그 어떤 분야라 하더라도 좌절로 점철되기 때문에 나아가는 길을 고쳐줄 사람이 필요하죠"라고 이야기했다.

최고의 걸작은 그냥 나오지 않는다. 왕성하게 활동하는 수백 명의 작가와의 인터뷰에서 나는 수많은 프로 예술가가 홀로 일하지 않는다는 것을 발견했다. 그렇다, 이들은 책을 마무리 짓거나 음반을 녹음하려고 혼자만의 장소에 틀어박힐지 모르지만 그 작업은 언제나

예술가는 절대로 굶어 죽지 않는다

공동체로 정제된다. 역사상 가장 중요한 창의적 성과 가운데 대부분은 개인이 발명한 것이 아니다. 몇몇 사람으로 구성된 작은 무리가 함께 일한 결과이다. 이러한 창작품은 마이클 패럴Michael Farrell이 '협업적 집단'이라고 부르는 존재 덕에 나온 것이다. 패럴은 연구에서 심리치료의 개발에서부터 프랑스 인상주의의 탄생에 이르기까지 모든 것을 이 집단의 공으로 돌렸다. 패럴은 천재성은 고립이 아닌 무리에서 생겨나는 경향이 있다고 주장했다. 이것이 잉클링스가 보여주는 진실이다. 그리고 오늘날에도 이는 여전히 유효한 이야기이다.

우리가 창작에서 관계의 중요성을 이해하기 시작하면서 다음과 같은 질문을 던져볼 수 있다. 이러한 인맥으로 무엇을 해야 하는가? 우리는 이를 잘 활용해야 한다. 그리고 이는 약탈적인 방식이 아닌 협업적인 방식으로 이뤄져야 한다. 옥스퍼드대학교에서 밤늦게까지 모임을 하던 잉클링스를 다이애나 글라이어는 '특별한 마법'이라고 묘사했다. 이 작가들은 영향력을 가졌다. 협업의 힘을 알았기 때문이다. 창의성은 혼자 하는 발명이 아닌 협업하는 창작에서 나온다. 집단은 창작이 성공할 기회를 제공한다. 그리고 이는 우리가 모두 만들어낼 수 있는 그런 마법이다.

사회 부적응 동지를 찾아라

플로리다 남부에 사는 젊은 흑인 남성 알프레드 헤어Alfred Hair가 1961년 고등학교를 졸업할 무렵, 헤어의 꿈은 서른다섯 살 전에 백만장자가 되는 것이었다. 그러나 아프리카계 미국인이 출세할 기회가 극히 적던 시대에 인종차별이 공공연한 미국 남부에서 알프레드 헤어는 어떻게 해야 했을까? 같은 시기에 백인 화가 A. E. 배커스A. E. Backus는 헤어를 포함한 한 무리의 어린이에게 미술을 가르쳤다. 헤어가 9학년인 시절부터였다.

창조성은 혼자 하는 발명이 아닌 협업하는 창작에서 나온다.

배커스는 헤어에게 그림의 본질을 가르쳤다. 그러나 새내기 예술가는 스승이 얼마나 돈을 버는지를 보고 기회를 발견했다. 배커스는 그림 하나 당 250달러를 받았다. 그러나 헤어는 스승이 그림 한 장을 그리는 동안 자기는 열 장을 그릴 수 있다고 생각했다. 그다음에 자기 그림을 25달러라는 합리적인 가격에 팔 수 있을 것으로 생각했다. 일이 잘 풀리면 스승과 똑같이 돈을 벌 수 있을 것이었다. 믿기지 않을 정도로 너무 훌륭한 계획이었다.

그러는 동안 어딘가에서 해럴드 뉴턴이라는 흑인 남성이 집마다 다니며 플로리다의 풍경 그림을 팔았다. 배커스에게 간접적인 영향을 받은 뉴턴은 직접 판매의 강자였다. 헤어는 일일이 고객을 찾아다니는 뉴턴의 판매 방식과 배커스가 벌어들이는 돈을 보고는 두 가지 전략을 결합해 집마다 찾아다니며 그림을 팔기 시작했다. 캔버스의 물감이 미처 마르기도 전에 돈이 주머니로 들어왔다.

예술가는 절대로 굶어 죽지 않는다

이십 대 초에 알프레드 헤어는 이미 캐딜락을 몰았다.

플로리다주 포트피어스의 사람들은 동네의 한 젊은이가 예술로 어떻게 명성을 날리는지 눈여겨보기 시작했다. 그리고 곧 다른 사람들도 이에 동참하고 싶어 했다. 매력적이고 카리스마 넘치는 젊은이던 헤어는 돈을 벌기 위한 모험에 스물여섯 명의 화가를 끌어들였다. 모두 아프리카계 미국인이었고 누구도 정식으로 미술 교육을 받은 적 없었으나 성공하겠다는 의지가 넘쳤다. 화가 집단은 곧 '플로리다 하이웨이멘Florida Highwaymen'으로 불렸다.

플로리다 하이웨이멘은 보편적인 미를 추구했다. 그러면서 무언가 독특한 점을 이 공동체에 부여했다. 이들은 젊고 에너지가 넘쳤으며 모두가 매우 가난했다. 헤어가 배커스에게 배운 것 이외에 이들에게는 오직 서로가 서로에게 스승이었다. 무리에서 유일한 여성 메리 앤 캐럴의 말에 따르면 이들은 "서로의 붓질에서" 배운 것이다.

밤이면 모두 모여 가능한 한 많은 그림을 그렸다. 그리고는 다음 날 밖으로 나가 그림을 팔았다. "그들은 부동산중개인과 주식중개인을 만나고 정부 청사 그리고 은행에 갔어요." 플로리다 하이웨이멘에 관한 책을 쓴 게리 먼로는 이렇게 말했다. "그리고 열다섯 점에서 스무 점의 그림을 팔았죠. (일과가 끝나면) 남은 그림은 전혀 없었고, 그저 두둑해진 주머니로 돌아왔어요." 누가 그림을 샀을까? 거의 모든 사람이었다. 플로리다 하이웨이멘의 그림은 1950년대에 낙원을 꿈꾸며 플로리다로 모여든 전후세대에게 관심을 끌었다. 즐거운 추억을 떠올리게 하는 장면과 밝고 다채로운 노을이 있는 하이웨이멘의 그림은 삶의 이상향을 이야기하고 안정감을 안겨주었다. 마치 모든 것이 괜찮아질 것이라고 말하는 듯했다. 그리고 먼로에 따르면 그림은 "불티나게" 팔려나갔다.

일부 화가에게는 돈이 동기가 되었다. 예술은 매일 마주해야 하던 끈덕진 가난에서 벗어날 수 있는 수단이었다. 그 삶을 떨치고 자기 자신을 위해 새로운 삶을 만들어나갈 기회였다. 먼로는 알프레드 헤어를 "자기가 원하는 만큼 좋은 그림을 빠르게 그릴 수 있었어요"라고 설명했다. "그러나 그렇게 해야 돈을 좀 더 빨리 벌기 때문에 빠르게 그리고 싶어 했던 것이죠." 이 집단의 다른 화가들은 그림으로 좀 더 의미 있는 작업을 할 수 있기를 갈망했다. 그러나 이유와는 상관없이 이들에게는 서로가 있었다. 그리고 이들은 예술적으로 성공하기 위해 공동체에 매우 의지했다.

하이웨이멘은 함께 연습했다. 함께 작업하고 길을 나섰으며 함께 그림을 팔았다. 매일 누가 가장 많은 그림을 팔 수 있는지 경쟁하기도 했다. 그러나 어찌 되었든 각 구성원은 이 공동체를 지탱하려고 열심히 일했다. 예술가들은 서로에게 배우고 영향을 미쳤다. 이 가운데 누구도 혼자서는 성공하지 못했을 심오한 방식이었다.

이는 1960년대 초반 미국 최남동부 지역에서 일어난 일이었다. 그리고 흑인 화가로 구성된 플로리다 하이웨이멘은 아직 시민 평등권 운동이 시도조차 못 한 사회적 관습에 도전했다. 이들은 어떤 장점도 타고나지 못했다. 그러나 그것이 서로를 찾게 했고 협업이 모든 차이를 만들어냈다. 개리 먼로는 알프레드 헤어를 "마틴 루터 킹이 그 유명한 '나에게는 꿈이 있습니다'라는 연설문을 막 쓰기 시작할 무렵 헤어는 이미 꿈을 이루었어요"라고 평가했다. 이 예술가들은 홀로 일할 형편이 안되었다. 너무나 절실히 서로가 필요했다. 사회의 거부는 이들을 하나로 묶었다. 이들은 경쟁할 때조차 협업했고 성공을 위해 서로를 격려했다.

플로리다 하이웨이멘은 몇십 년 동안 약 이십만 점의 그림을 그렸다. 작품들은 비록 당시에는 몇십 달러에 팔렸지만 오늘날 수천 달러의 가치가 있으며 스티븐 스필버그와 같은 유명인의 집에 걸렸다. 알프레드 헤어와 동료들은 우연이지만 정말 뛰어나고 흥미로운 것을 만들어냈다. 역사학자들은 이를 "20세기 최후의 예술운동"이라고 부른다.

플로리다 하이웨이멘은 사회 부적응자였다. 흑인에게는 사회적으로 출세할 기회가 거의 주어지지 않던 시기에 성공하기란 쉽지 않았다. 그러나 이들은 그러한 불공평함 때문에 성공을 놓치려 하지 않았다. 오히려 의지를 불태웠다. 이들은 자기들이 사회에서 소외되었다는 사실을 이용했다. 서로가 서로에게 기대도록 했다. 그리고 협업 덕에 이들은 각자 활동했을 때보다 더 큰 성과를 거둘 수 있었다.

혼자였다면 불가능했을 것을 공동체는 가능하게 했다.

경쟁이라는 추진력

————

우리는 대부분 고독한 천재가 작업실에서 홀로 걸작을 그리는 모습을 상상하기 좋아한다. 이는 우리가 '예술가'라는 단어를 들었을 때 떠올리도록 길들인 그림이다. 예술가는 홀로 일한다. 맞는가? 그러나 세상에 저항하는 인간이라는 이 그림은 대부분 근거 없는 이야기일 때가 많다. 사실 미켈란젤로조차 전형적인 '외로운 천재'와는 거리가 멀었다. 미켈란젤로를 이끈 것은 협업뿐만 아니라 경쟁이었다.

르네상스 시대의 이탈리아는 우리가 낭만주의 시대와 그 이후에 보는 독특한 예술가 사회가 아니었다. 파리 인상주의나 옥스퍼드대학교의 잉클링스가 보여주는 협업적인 공동체도 아니었다. 그 당시는 신하의 시대였다. 예술가나 정치인이 똑같이 권력을 손에 쥐려고 노력하는 때였다. 누가 내 주변에 있고 성공하려면 자원을 어떻게 이용해야 하는지 아는 것이 핵심이었다.

경쟁의식은 가끔 우리의 협업을 이끌어간다. 무슨 일이 벌어지는지 우리가 미처 깨닫지 못할 때도 마찬가지이다. 창의력을 발휘하려면 당신은 예상되는 것에서 벗어나야 한다. 이미 존재하는 것과 근본적으로 경쟁하여 새로운 무엇인가를 만들어낼 수 있어야 한다. 그러나 이를 홀로 할 수는 없다. 혼자 한다면 몹시 낙담할 것이다. 따라서 이상을 공유하고 작품에 공명하는 동료를 찾아야만 한다. 그 이후에 동료의 작업과 당신의 작업을 비교하는 것은 시간문제이다. 그러나 이는 나쁜 것이 아니다. 이렇게 발전한다. 모든 예술은 창작하는 사람을 진정한 장인으로 만들기 위해 어느 정도 건전한 경쟁이 필요하다. 여기에는 어느 정도의 진취성, 그리고 온순함을 넘어서면서도 거만해지지 않는 자세가 요구된다.

미켈란젤로는 그러한 경쟁 환경에서 성공을 위한 완벽한 후보였다.

예술가는 절대로 굶어 죽지 않는다

그는 다른 사람을 억누르려고 자기 자신을 내세우는 것으로 악명 높았다. 그리고 끊임없이 자기 자신을 증명하려고 노력했다. 특히나 이 모습은 1504년 미켈란젤로와 레오나르도 다 빈치 사이에서 벌어진 공개적인 경쟁에서 가장 두드러졌다. 당시 레오나르도 다 빈치는 좀 더 인정받는 예술가였고 미켈란젤로보다 두 배나 나이가 많았다. 최선을 다했음에도 미켈란젤로는 경쟁에서 졌다. 그러나 그 경험을 절대 잊지 않았다. 평생 선배보다 더 뛰어나려고, 그리고 이전 시대 거장의 작품을 능가하려고 고군분투했다.

가끔 우리는 모두 경쟁심을 느낀다. 친구의 성공 앞에서 아주 미묘한 질투를 느낀다든지 위협을 느낄 때도 있다. 그러한 감정을 떨쳐버리길 바라는 것은 소용없다. 대신 그 감정을 에너지로 활용하자. 더 나은 작품을 창조하고 완성하기 위해 당신을 이끌어가도록 하자. 다른 사람의 성공을 두려워할 필요는 없다. 마찬가지로, 다른 사람의 성공을 무시해서는 안 된다. 동료가 무엇을 하는지 관심을 기울이자. 그리고 관심으로 집중력을 강화해 스스로 발전할 수 있도록 하자. 걸작은 진공상태에서 탄생하지 않는다. 다른 사람이 하는 일을 인식해야 한다. 그리고 우리를 명민하게 하고 예술가로 계속 성장하도록 해주는 어느 정도의 경쟁심이 필요하다.

미켈란젤로가 경쟁에 참가하면서 처음으로 배운 교훈은 창의적인 사람을 함께 두거나 서로 겨루게 할 때 더 좋은 작품이 나온다는 것이다. 그리고 그는 훗날 중대한 작업을 맡으면서 이 교훈을 실천에 옮겼다.

1525년 여름, 미켈란젤로는 오십 살이었다. 그리고 메디치 예배당과 라우렌치아나 도서관을 작업했다. 또한 산 로렌초 성당의 총책임 건축가였으며 백 명이 넘는 석공을 거느렸다. 미켈란젤로는 엉망진창인 공사장과 큰 규모의 노동력, 그리고 복잡한 사업 모두 관리했다. 미켈란젤로는 죽기 전까지 사십 년간 수백 명의 일꾼을 거느렸다. 모든 세부적인 부분과 서류 한 장까지 일일이 챙겼고 이를 모두 기록했다. 심지어 원자재 구매까지 모두 살폈다.

미켈란젤로는 스티브 잡스나 짐 헨슨과 같은 방식으로 창작하는 예술가였다. 이들은 궁극적으로 자기들이 창작했다고 인정받는 모든 제품을 직접 만들지는 않았다. 그러나 모든 창작물에 누구보다도 책임을 졌다. 지도하고 관리하고 동료와 협업하는 능력은 창작에서 영감을 얻는 것만큼이나 예술 작업에서 중요하다. 그리고 이 역시 창조의 영역이다.

도움을 구하라

가끔 우리는 성공을 위해 조력해줄 친구를 무작위로 모으는 것으로는 부족할 때가 있다. 우리에게는 좀 더 형식적인 협력자 집단이 필요하다. 즉, 우리가 이상을 실현할 수 있도록 도와줄 팀 말이다. 그리고 이 역시 예술가의 임무이다.

제조와 디자인, 건설 분야에서 십오 년간 일한 후 캐롤라인 로빈슨 Caroline Robinson은 직장을 그만두고 새로운 사업을 시작했다. 캐롤라인은 평생 창조적인 일을 하는 사람이었으나 이제는 혼자 힘으로 세상

예술가는 절대로 굶어 죽지 않는다

밖에 나갈 때였다. 그리고 본능적으로 성공을 위해 자기 외에 다른 사람이 필요하다는 것을 알았다. 그녀는 '예술가의 느낌을 주면서도 여전히 돈을 잘 벌 수 있는' 직업을 가지려고 조심스레 계획을 세웠고 지도 제작자가 되기로 했다. "무모하게 뛰어든 거죠!" 그녀는 영국 콘월에 있는 집에서 발랄한 영국 억양으로 외쳤다. 그러다가 현실의 벽에 부딪혔다. "삼 개월이 지나자 저는 '어머나, 세상에. 내가 뭘 하는 거야? 아, 안 돼!' 이렇게 돼버렸어요."

지도 제작 회사 클리어 매핑 컴퍼니는 빠르게 성장했고, 성공하기까지는 그리 오래 걸리지 않았다. 캐롤라인은 이 성공에 눌려 창의성이 몽땅 날아갈 것 같은 위협을 느꼈다. 이제는 중요한 결정을 내릴 때였다. '그저 예술가'로 남을 것인가 아니면 팀을 꾸려나가는 법을 배워 필요한 도움을 얻을 것인가?

중요한 것은 캐롤라인이 다음에 한 일이다. 왜냐하면 우리 역시 경력에서 그러한 교차점을 만날 수 있으며 우리의 선택은 몇 년간, 어쩌면 수십 년 동안 일에 영향을 미칠 것이기 때문이다. 캐롤라인은 혼자힘으로 어려움을 돌파해나가지 않았다. 그 대신 친구와 가족에게 연락을 취하고 개인 네트워크를 최대한 활용해 도움의 손길을 얻어냈다. 우리는 캐롤라인과 같은 전업 예술가를 상상할 때 홀로 화판을 앞에 두고 꼭두새벽까지 심혈을 기울여 일하는 모습을 떠올린다. 그리고 최종 산물인 책과 지도, 그림을 상상한다. 우리가 무엇을 상상하든, 이는 캐롤라인 로빈슨이 고객이나 직원과 협업하며 실제로 시간을 보낸 방식과는 전혀 다르다.

지금 캐롤라인은 세 명으로 구성된 팀을 이끈다. 그녀는 자신의 임무가 사업을 키우기 위해 언제나 새로운 재능과 미래의 기회를 찾는 것이라고 한다. 캐롤라인은 자기와 자기 팀이 하는 일에서 중요한 것은 '누가 한 일인지'가 아니며 협업이 핵심이라고 말한다.

　　"아마 저는 주옥같은 아이디어를 떠올릴 거예요. 하지만 이에 집착하지 않아요. 다른 사람이 그 아이디어에 생명을 불어넣을 때 더 나은 제품을 만들어낼 수 있는 거죠. 저는 누가 창조적인 부분에 영향을 미치는지를 걱정하지 않아요. 가장 중요한 것은 고객을 위해 제대로 만드는 거니까요. 우리가 함께 일할 때 어쨌든 더 강력한 최종 결과물이 나오는 겁니다."

배후 인물 만들기

————

창의성에는 협업이 필요하다. 잉클링스의 훅 찌르는 비평에서 플로리다 하이웨이멘의 친밀한 경쟁, 그리고 미켈란젤로가 사십 년간 산 로렌초 성당 프로젝트를 끌어갈 때 보여준 계획적인 리더십까지, 우리가 이 예술가들에게 배우는 것은 다른 사람의 도움 없이 최고의 작품을 만들어낼 수 없다는 점이다. 그 작품은 책이 될 수도, 성당이 될 수도, 심지어 지도가 될 수도 있다. 무엇이든 간에 우리는 우리 일을 이해하고 책임감을 잃지 않게 해줄 공동체 없이는 최고의 성과를 낼 수 없다. 다시 말해, 우리의 예술에 공감해주고 더 잘할 수 있다고 용기를 심어줄 사람이 필요하다.

　　　　　　　　　　　　　　　예술가는 절대로 굶어 죽지 않는다

사 년 전, 나는 잘 모르는 세 사람과 모여 지역 기업 경영인의 또래 집단을 만들자고 의기투합했다. 우리는 각자 세 명의 다른 사람에게 모임을 함께 하자고 초대했고 그렇게 열두 명이 매주 모여 사업과 인생에 대해 토의했다. 그 이후로 쭉 만남을 계속한다.

이 만남은 유명인이나 성공한 기업가의 모임이 아니다. 초기 멤버는 대부분 그저 경력을 막 쌓은 단계에 있었다. 솔직히 우리를 가리켜 어느 곳에도 제대로 속하지 못한, 사회 부적응자 떼거리라고 해도 맞는 말이었을 것이다. 우리는 열두 명의 또래가 모인 모임을 형성했고 꿈과 희망을 서로 나누기 위해 만남을 시작했다. 나는 이 모임이 지난 십 년간 직업적으로, 그리고 개인적으로 성장하도록 도운 최고의 재산이라 단언한다.

내가 소설가이자 온라인 작문 교사로 사업을 꾸려나가는 것을 도와줄 직원을 마침내 뽑았을 때도 비슷한 일이 생겼다. 처음에는 쉽지 않았다. 혼자 일하는 데 익숙했기 때문이었다. 어쨌든 우리가 예술가에게 듣는 이야기가 이런 것이다. 그러나 내가 공동체의 필요성을 인정할수록 다른 사람과 일을 함께 하는 것이 얼마나 강력한지 알 수 있었다.

창의성은 협업이 필요하다

———

세상을 바꿔놓을 창작을 하고 싶다면, 혼자서는 할 수 없다는 사실을 받아들여야만 한다. 도움이 필요하다. 당신에게 맞는 부적응자 모임을 찾자. 그 모임에 대한 책임감을 활용하자. 그리고 더 좋은 작품을 만들 수 있도록 경쟁의식에 몸을 맡기자.

다이애나 글라이어는 개인적으로 『반지의 제왕』의 92퍼센트가 수요일 밤에 쓰였다고 주장한다. 왜냐하면 톨킨은 목요일에는 친구 루이스를 만나서 자기 글을 설명하기 때문이다. 루이스와 나머지 잉클링스 멤버는 톨킨에게 이야기를 어디까지 썼냐고 물었을 것이다. 그들은 "뭘 써왔니?"라고 물었을지도 모른다.

"그리고 바로 그런 기대예요. 그런 기대에는 혹독한 면도 있어요. 하지만 인정도 어려있죠. 이를테면 '너는 멋진 아이디어를 가졌어. 너는 너의 계획을 이야기해줬어. 너는 이걸 추진한다고 얘기했어. 어떻게 되어가니?'라는 식이에요. 그리고 다른 사람이 내 곁에 있다는 것을 알면 모든 것이 달라진다고 생각해요."

예술가는 절대로 굶어 죽지 않는다

Chapter 08

공개적으로 일하는 것이 중요하다

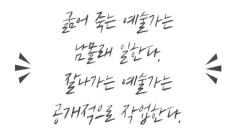

굶어 죽는 예술가는
남몰래 일한다.
잘나가는 예술가는
공개적으로 작업한다.

언제나 거장이 지켜보듯 연주하라.

– 로베르트 슈만

글자를 깨우치기 전부터 스테파니 핼리건Stephanie Halligan은 그림을 그렸다. 어렸을 적 꿈은 루니 툰*이나 디즈니의 애니메이터가 되는 것이었다. "내 친구나 가족에게 물어보세요. 저는 만화가가 되기 위해 태어난 사람이었어요." 그러나 어른이 되어 그녀는 창작 의욕을 잃었다. 고등학교 때부터 시작해 대학 시절 내내 스테파니의 걱정은 좀 더 현실적인 문제로 옮겨갔다. 어떻게 생계를 꾸려나갈 수 있을까? 생활비

* 워너 브라더스의 대표 애니메이션

를 마련하려면 무엇을 해야 할까? 어떤 직업을 가질까? 만화를 그리는 것은 이제는 우선순위에 들지 못했다.

3만 4천 579달러의 빚을 지고 대학교를 떠났다. 어린 졸업생은 금융 문해 관련 비영리단체에서 일했다. 학생과 저소득 가정이 돈을 저축하도록 돕는 기관이었다. 보람된 일이었지만 다른 많은 사람과 마찬가지로 목적의식으로 일을 시작했고 목적의식만이 그녀를 이끌었다. 일을 시작한 지 삼 년이 되자 열정은 한풀 꺾였고 무언가 빠진 듯했다. 중요한 무엇인가가.

일은 만족스러웠지만 여전히 더 많은 것을 원했다. 스테파니는 자신에게 결여된 것이 무엇인지 정확하게 말할 수는 없었지만, 그 느낌은 계속 떠나지 않았다. "창의적인 내가 갈 곳을 잃은 듯한 느낌이었어요."

스테파니는 자신이 빚에서 벗어난 경험을 자세히 설명하며 블로그를 하는 데 에너지를 쏟아부었다. 그리고 2012년 5일 '엠파워드달러'라는 프로젝트를 시작했다. 그녀는 이 년간 이 프로젝트에 몰두했다. 그리고 중요한 부분을 여기에 더했다. 바로 만화였다.

그림 그리는 재능을 이용해 스테파니는 자신이 쓰는 글에 삽화를 그려 넣기 시작했다. 이는 일종의 실험이었다. 그리고 정말 놀랍게도 노력은 성공을 거두었다. 그러나 그녀의 어머니는 스테파니가 이런 일을 한다는 이야기를 듣고 "당연하지!"라고 이야기했다. 당연한 이야기였다. 어머니는 스테파니가 작은 소녀이던 시절부터 늘 그림을 그리는 모습을 봤다. 그래서 이는 그다지 충격적으로 다가오지 않았다.

예술가는 절대로 굶어 죽지 않는다

우리는 자신의 재능을 알아차리기 매우 어려울 때가 있다.

때론 우리는 자신의 재능을 알아차리기 매우 어렵다.

이는 스테파니에게 중요한 시간이었다. "내 안의 무엇인가가 되살아났어요." 블로그 글에 만화를 더하는 것으로 젊은 예술가는 자신감을 되찾았다. 그리고 스테파니는 본업을 넘어선 무언가 가치 있는 일을 한다는 것을 알았다. 그러나 그 시점까지도 그림은 여전히 취미였다. 2014년 친구 노아는 생각하는 이상적인 하루는 무엇이냐고 스테파니에게 질문을 던졌다. 스테파니는 자신의 대답이 개인 재무관리보다는 만화를 그리는 쪽으로 기울어지자 무언가 바뀌어야 한다는 것을 깨달았다.

노아는 스테파니에게 도전 과제를 내주었다. 만화 그리기로 돈을 벌고 싶다면, 왜 그걸 하지 않는 거야? 앞으로 72시간 동안 만화를 팔아볼 수 있겠어? 이상한 도전이었다. 그러나 도전으로 스테파니는 들떴다. 만화를 72시간 동안 팔 수 있다고? 무엇이든 할 수 있었다. 스테파니는 뉴스레터 구독자에게 짧은 이메일을 보냈다. 삽화 세 개를 판매하겠다는 내용이었다. 이메일 제목은 "하나 하실래요?"였다. 각 삽화는 45달러였고 24시간 이내에 첫 작품을 팔았다.

"제 그림과 돈을 같은 선상에 놓아본 건 그때가 처음이었어요. 그때부터 지는 제가 해야 할 유일한 일은...마음을 쏟은 작품을 만들고 이를 세상에 내놓는 거라는 사실을 알았어요."

2015년 1월 1일, 스테파니는 '아트 투 셀프Art to Self'라는 두 번째 블로그를 열었다. 매일 그림을 그리겠다고 공개적으로 약속하는 개인 프로젝트였다. 이는 또한 스테파니가 처음에 전업 예술가가 되기로 마음먹은 이유가 무엇인지를 보여주는 증거였다. 즉, 작품 공유로 말이다. 지금 스테파니는 대학교와 비영리단체, 그리고 주요 은행을 위한 삽화를 그린다. 또한 신생 기업과 중소기업을 위한 화이트보드 애니메이션* 을 제작한다. 스테파니는 블로그에 만화를 공개하면서 점점 더 많아지는 방문자에게 영감을 준다. 그녀는 이를 '동기부여 만화'라고 부른다.

스테파니가 그린 만화 가운데 하나에는 '자신을 드러내세요'라는 설명을 단 하얀 유령이 등장한다. 그 밑에 스테파니는 이렇게 썼다. "나는 내 작품을 공개적으로 내놓는 것이 불안했다. 왜냐하면 사람들에게 내가 무엇을 하는지 알리고 싶은 만큼 노출되는 것이 걱정되었기 때문이다. 나 자신을 드러내는 데는 위험이 있었다. 다른 사람들이 너무 가까이에서 나를 보면 그들이 내가 사기꾼이라는 것을 아는 것처럼 말이다. 내 작업을 보여준다면 나는 비판이나, 더 심하게는 침묵에 상처받을 것 같았다. 그러나 나를 드러내는 무서움을 감수하자 더 큰 보상이 기다렸다. 인정을 받는다는 느낌, 주목을 받는다는 느낌, 내 이야기에 귀를 기울여준다는 느낌이었다. 그리고 무엇보다도 중요한 것은 내가 시선을 받을 만큼 가치 있다는 느낌이었다. 이는 위험을 감

---

* 화이트보드 위에 그림을 그리면 그 과정을 녹화한 후 이를 스톱모션이나 타임랩스로 독특한 효과를 주는 애니메이션

예술가는 절대로 굶어 죽지 않는다

수할 만큼 가치 있었다."

사람들이 볼 수 있도록 그림을 블로그에 올리지 않았다면 스테파니는 예술로 돈을 벌지 못했을 것이다. 여전히 언젠가 만화가가 되겠다는 꿈만 꾸었을 것이다. 그리고 우리는 모두 여기에서 배워야 한다. 홍보는 예술가가 피해야 할 대상이 아니다. 홍보는 예술가에게 꼭 필요하다.

작업을 공유하라

———

소설가 조르주 상드는 "가능한 한 많은 영혼에 (자신의 예술을) 전달할 적합한 표현 방식을 찾는 것"이 모든 예술가의 의무라고 했다. 좀 더 간단하게 말하자면, 예술에는 관객이 필요하다.

가끔 나는 작가들이 스스로 자신을 장사해야 한다는 점에 불평을 늘어놓는 것을 듣는다. 이들은 추잡하게 보이거나 '자기 홍보'를 하는 것처럼 보일까 봐 두려워한다. 우리는 예술을 순수하게 생각하기 때문에 예술에 끌린다. 그래서 우리가 명예나 성공에 너무 집착한다면, 그러한 야망이 예술의 순수함을 망칠까 봐 걱정한다. 우리는 좋은 작품을 만든다면 관객이 우리를 찾아올 것이라고 믿고 싶어 한다. 그러나 일은 그렇게 돌아가지 않는다.

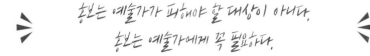

홍보는 예술가가 피해야 할 대상이 아니다.
홍보는 예술가에게 꼭 필요하다.

그저 예술을 한다 해서 관객은 오지 않는다. 오스틴 클레온은 "누군가에게 발견되고 싶다면 발견될만해야 한다"라고 했다. 반응을 보일 사람 앞에 작품을 내놓아야 한다.

하지만 어떻게 해야 할까?

우리는 모두 누군가와 공명할 수 있는 작품을 만들어야 한다. 우리의 예술은 애호가가 필요하다. 굶어 죽는 예술가는 조용히 혼자 일하면서 이를 추구한다. 언젠가 누군가에게 발견되길 남몰래 바라면서 말이다. 이 예술가는 관객의 필요성을 일축하고 대신 홀로 고통받기를 선택한다. 그러면서 누군가 자신이 천재인 것을 우연히 발견해줄 행운의 순간을 기다린다. 반면에 잘나가는 예술가는 다른 길을 선택한다. 즉, 공개적으로 작업하면서 자신의 작업을 공유한다. 추잡해지거나 자기 홍보에 집착하는 대신 그저 사람들에게 작업하는 모습을 보여준다.

스테파니 핼리건은 점진적인 과정으로 만화를 그리겠다는 꿈을 꾸는 사람에서 전업 예술가로 변신했다. 그리고 이는 자신의 작업을 공유하는 데서 출발했다. 사람들이 스테파니의 만화에 끌리는 것은 아낌없는 마음이 담긴 활동 덕이었다. 그리고 이는 모든 것을 가능하게 했다. 처음부터 블로그 독자가 많던 것은 아니지만 스테파니는 그것만으로도 괜찮았다. 왜냐하면 그 경험을 활용해 성장할 수 있기 때문이었다. 스테파니는 블로그에서 "한편으로는 내가 계속 책임감으로 예술 활동을 할 수 있는 것은 내 만족을 위해 시작한 프로젝트 덕이다. 그러나 동시에 사람들이 내 만화를 보는 것은 경이로운 일이다. 또한 블로그는 내가 경험하는 순간을 공유할 수 있는 장소이기도 하다. 이것이 내가 알아야 할 메시지이다"라고 썼다.

작업을 더 많이 공유할수록 고객은 더욱 늘어났다. 스테파니가 매일 그리던 그림 중 하나는 두 컷짜리 만화였다. 한 칸에는 스테파니가 유니콘을 타고 "영원한 자유!"라고 노래 부르는 사업가가 되는 꿈을 담고 다른 한 칸에는 대조적으로 우거지상을 한 그녀가 "난 아직 샤워도 못 했다고!"라고 말하며 노트북 위로 몸을 웅크리는 모습을 담는다. 이런 식의 솔직함 덕에 스테파니는 사람들에게 사랑을 받는다.

이것이 공개적으로 작업할 때 일어나는 일이다. 우리는 능력을 갈고닦을 수 있을 뿐만 아니라 우리가 공유하는 것에 관심을 가지는 관객을 끌어들일 수 있다.

이렇게 할수록 더 많은 것을 얻고 더욱 자신감을 얻는다. 결국 사람들은 주목하기 시작한다. 이는 모든 작업 과정을 다 공개해야 한다는 것이 아니라 결과물을 공개적으로 내놓아야 한다는 뜻이다. 그리고 우리가 그렇게 할 때 관객의 반응에 그저 깜짝 놀랄 것이다.

우리가 세상에 아이디어를 있는 그대로 보여줄 때, 사람들은 너그러움을 베푼다. 스테파니가 자신의 작업을 공유했기 때문에 사람들은 그녀가 보여준 것과 똑같은 솔직함을 드러냈다. 우선 그들은 관심을 보였다. 그러고 나서는 돈을 냈다. 모든 것은 언젠가 누군가에게 발견되길 바라면서 혼자서 일하지 않았기 때문이다. 대신, 그녀는 모든 잘나가는 예술가가 하듯이 했다. 공개적으로 작업한 것이다.

관객의 원칙

1900년대 초에는 온 유럽의 창의적인 인재가 파리 외곽에 풍차가 빼곡하게 들어선 동네에 모였다. 동네의 이름은 몽마르트르였다. 그 동네의 언덕 이름을 땄으며 '순교자의 언덕'이라는 의미였다. 그리고 이곳이 바로 현대 예술운동이 태동한 곳이다.

이 파리 북부 지역은 굶어 죽는 예술가의 안식처가 되었다. 부모 세대의 전통적인 가치관에서 도망쳐 이들은 새로운 방식의 인생을 추구했다. 그리고 돈과 명예, 사치를 배격했다. 새로운 시대였다. 그리고 예술가들은 예술 때문에 고통받는 것을 자랑스러워했다. '예술을 위한 예술'은 기꺼이 가난과 미천함을 껴안은 이 보헤미안들의 모토였다.

몽마르트르는 예술 때문에 자신을 희생한 예술가의 공동체였다. 이들은 순수한 무엇인가를 창조하려고 세속적인 안락함을 포기했다. 누군가는 심지어 이러한 고통을 명예의 상징으로 받아들이며 이로 더 나은 작품을 만들어낼 수 있을 것이라 믿었다. 이러한 예술가들 사이에 스페인에서 온 한 젊은이가 있었다. 카바레와 카페에서 만난 창녀와 광대를 그리며 일을 시작한 사람이었다. 한번은 자신의 목표에 대해 "극빈층처럼 살고 싶다. 하지만 돈은 많아야 한다"라고 말한 적도 있다. 화가의 이름은 파블로 루이스 피카소였다.

피카소만이 양쪽을 모두 염원한 유일한 사람은 아니었다. 즉, 진지한 예술가가 되고 싶으면서도 원하는 대로 살 수 있는 돈을 가지고 싶었다는 점에서 말이다. 굶주림은 예술에서 일종의 서약이 될 수 있다. 그러나 누구도 고통받고 싶지는 않다. 동시에, 누구도 자화자찬하고 싶지 않다. 우리는 대다수 과대광고나 호들갑 없이 조용히 일하면서 그저 사람들이 우리에게 다가오길 바란다. 그러나 그런 것은 그저 허황된 꿈일 뿐이다.

이렇게 우리는 관객의 원칙을 접한다. 예술이 영향력을 가지기 전에 우선 관객을 확보해야 한다는 뜻이다. 누구도, 심지어 피카소조차도 이 원칙에서 예외일 수 없다.

갓 예술 학교를 졸업한 피카소는 1899년 바르셀로나의 동네 카페와 바에서 다른 예술가를 만나면서 경력을 쌓기 시작했다. 전통 스페인 타일로 장식된 커다란 선술집 엘스 콰트르 가츠는 단골집이었다. 자갈이 깔린 좁은 골목길 끝, 유행과는 거리가 먼 지역의 높은 건물 사이에 끼인 선술집은 예술가들이 모여서 작업을 공유하기에 완벽한 곳이었다. 피카소는 열일곱 살 때부터 여기를 드나들었다. 이곳에서 첫 전시회를 열었으며 포스터를 만들어 선술집 메뉴 껍데기로 쓰도록 했다. 십 대였을 때조차 피카소는 모든 사람이 볼 수 있는 곳에 자신의 작품을 두었다.

1900년, 피카소는 파리로 이사하기로 했다. 가장 좋은 기회가 주어지는 곳에서 작업해야 한다는 것을 알았기 때문이었다. 1905년, 피카소는 작가 거트루드 스타인을 만나 초상화를 그려주겠다고 제의했다. 곧 둘은 매일 만나기 시작했다. 훗날 스타인은 초상화를 위해 피카소 앞에 구십 번이나 앉아있어야 했다고 이야기했다. 열렬한 미술품 수집가 스타인은 몇십 년간 피카소를 지지했다. 그리고 그에게 딱 맞는 사람들을 소개해주었다.

잘나가는 예술가는 자신들이 뿌리내린 곳에서 단순히 피어나기만 하는 것이 아니다. 이들은 가장 성공할 가능성이 높은 곳에 작품을 내놓는다. 그래서 피카소는 작품을 공유했다. "피카소는 적절한 수집가에게 자기 작품을 주는 것에 아주 능했다. 그는 그 시대에 가장 유행에 민감한 수집가는 파리에 있다는 것을 알 만큼 똑똑했다. 그리고 그 수집가들이 자기 작품을 가진다면 자신의 가치가 높아지리라는 것도 알았다." 《아트 바젤 마이애미 비치》지에서 편집장 수 호스테틀러는 이렇게 썼다.

거트루드 스타인의 초상화를 그려주겠다고 제안했을 때, 피카소는 그녀가 파리 예술계에서 얼마나 큰 영향력을 지녔는지 알고 있었음이 분명하다. 그리고 그녀 집을 자기 작품으로 가득 채우기 위해 피카소가 보인 헌신은 스타인이 오랫동안 자랑스러워하던 부분이자 그의 작품이 눈에 띄도록 만든 완벽한 본보기이다.

피카소가 무명의 예술가에서 20세기 가장 유명한 화가로 거듭나도록 해준 것은 자신을 드러내려 한 의지였다. 피카소는 언제나 자신의 창작 과정 전부를 노출한 것은 아니었다. 그러나 공개적으로 작업하는 것은 피카소의 평생 습관이었다. 다른 예술가가 몽마르트르에서 이름 없이 살아가는 동안 피카소는 성공할 가능성이 가장 큰 곳에 작품을 들고 자리 잡았다. 그리고 이것이 우리가 해야 할 일이다.

예술가는 절대로 굶어 죽지 않는다

공연도 역시 작업이다

———

코미디언 크리스 록은 작은 나이트클럽에 예고도 없이 나타나곤 했다. 관객 가운데 아무도 록이 온다는 사실을 모른다. 록을 보기 위해 표를 산 사람은 아무도 없다. 록이 공연할 것이라는 사실을 아는 사람조차 없다. 그렇게 크리스 록이 무대에 오른다. 그리고 오십 명 남짓한 관객 앞에서 45분간 공연한다.

손에는 수첩을 쥐고 록은 허물없고 과장되지 않은 목소리로 이야기 소재를 던진다. 그리고 어떤 개그가 먹히고 호응을 얻지 못하는지를 살핀다. 이는 우리가 TV 코미디 특별 프로그램에서 익숙하게 보는 능숙하고 괴상망측한 크리스 록과는 거리가 멀다. 개그 대부분은 실패하고 관객은 전혀 감동하지 못한 채 남겨진다. 그리고 이것이 바로 의도된 바이다.

록은 새로운 소재를 다룰 때 대규모 순회를 준비하면서 40번에서 50번가량 이런 공연을 한다. 뉴저지에 있는 집 근처 작은 클럽에 무작위로 들어가 무대에 오르고 폭탄을 던진다. 록은 평소 하는 개그를 하는 대신 새로운 것을 시도해본다. 때로는 사람들이 자리에서 일어나 나가버릴 정도로 형편없을 때도 있다. 어떤 때는 관객이 팔짱을 끼고는 웃는 것이 아니라 비웃을 때도 있다. 록은 왜 자신을 이런 굴욕감 속에 내던지는가? 왜냐하면 탈의실에서 개그를 연습해서는 크리스 록이 될 수 없었기 때문이다. 그는 무대에 올라 살아있는 청중 앞에서 실패를 거듭하여 크리스 록이 되었다. 영화배우 루이스

C. K.와 스티브 마틴도 마찬가지이다. 그리고 가수 벡 한센마저 똑같았다. 로큰롤 클럽에서 백인 꼬마가 포크송을 부르는 것을 듣고 싶지 않았을 관객 앞에서 한센은 공연했다.

발전하고 싶다면 작업물을 바깥세상에 내놓고 온 세상이 보도록 공유하는 것보다 더 좋은 방법은 없다. 그리고 누군가에게 발견되고 싶다면 거부당할 위험을 감수하는 것 말고는 다른 방법이 없다. 공개적으로 작업해야 한다.

나는 한때 전문 연주가가 되고 싶었다. 육 년간 집 지하실에서 기타를 연습했지만 처음보다 그다지 나아지지 않았다. 실력은 좋아지기는 했으나 능숙한 것과는 거리가 멀었다. 그러나 그 후 나는 밴드에 합류했고 우리는 공연을 시작했다. 공연할 때마다 실력은 조금씩 나아졌다. 대학을 졸업할 때 나는 네 번째 밴드에서 처음으로 제대로 된 투어를 했다.

발전하고 싶다면 당신의 작품을
세상에 내놓는 것보다 더 좋은 방법은 없다.
그리고 누군가에게 발견되고 싶다면 거절당할 위험을
감수하는 것 말고는 다른 방법이 없다.

일 년 동안 나는 다른 여섯 명의 음악가와 함께 밴을 타고 북미를 여행했다. 그리고 어떤 때는 하루에 여러 차례 공연도 했다. 그 시기에 내가 상상하던 것보다 더 많이 발전했다. 작업을 다른 사람과 공유하

예술가는 절대로 굶어 죽지 않는다

는 것은 가장 좋은 연습이다. 이는 우리가 하는 일로 주목받으며 예술가로 성장하는 방법이다.

누구도 예행연습에서 최선을 다하지 않는다. 최선을 다해야 할 때 최선을 다하게 마련이다. 관객을 앞에 두고 무대에 오를 때, 출판사가 원고를 기다릴 때, 모두가 당신이 한 걸음 내딛길 기다릴 때 최선을 다한다. 그 외 나머지는 서막에 불과하다. 우리가 우수성만을 좇아야 한다든지 지나치게 서둘러 주목을 받아야 한다고 말하는 것이 아니다. 이는 우리가 행위로, 즉 말이나 배움에서가 아니라 일을 시작하며 실력을 갈고닦아야 한다는 것이다. 잘나가는 예술가는 나눌 기회가 올 때까지 기다리지 않는다. 이들은 기회를 찾아 나선다.

물론 우리는 결국 실패에 부딪힐 것이다. 그러나 모든 실패와 실망 속에서 좌절감에 굴복할 수도, 아니면 부족함을 연습으로 삼을 수도 있다. 크리스 록의 말에 따르면 이러한 실패는 교훈을 주며 우리를 단련시킨다. 당신은 이 순간을 피할 수는 없다. 위대해지기 위한 필수적인 단계이기 때문이다. 우리는 실패했을 때 그 실패를 인생의 이른 종점으로 볼 수도, 아니면 미래를 위한 연습으로 볼 수도 있다.

이는 쥐구멍에도 볕 들 날이 있다고 생각하는 것보다 더 심오한 사고이다. 한 발짝 물러선다고 패배하는 것은 아니라고 믿으며 참고 견디겠다는 약속이다. 당신은 또다시 싸우기 위해 살아남을 것이고 더욱 훌륭해질 것이다. 그렇다면 오늘의 실패는? 음, 그것은 그저 다음 차례를 위한 연습이다. 다음 공연, 다음 책, 더 잘하기 위한 다음 기회, 그리고 위험이 더욱 커질 때를 대비한 연습 말이다. 더 빨리 시작할수록 더 잘 준비한다. 전문적으로 일하고 싶다면 눈에 띌 때까지 기다리지 말고 이제는 작품을 공유해야 한다.

관객과 파트너가 되어라

———

그럼에도 때로 우리는 실력을 드러내는 것이 아니라 노력을 안 보이게 감춰 주목을 받을 수도 있다. 인류 역사상 가장 성공한 록 앨범을 예시로 한번 들어보자. 레드 제플린 4집 이야기이다.

때는 1971년이었고 레드 제플린은 최전성기를 누렸다. 영국의 슈퍼스타 그룹은 고작 몇 년 전에 결성되었지만 이미 세계에서 가장 인기 많은 밴드였다. 최근에는 명망 높은 주간지 《멜로디 메이커》의 연간 독자 설문조사에서 비틀스를 제치고 최고의 그룹 자리에 오르기도 했다.

 전문적인 일을 하고 싶다면 눈에 띌 때까지 기다리지 말고 작품을 공유해야 한다.

그러나 이 밴드는 무섭게 비난을 받았고 한 비평가에게는 진짜 로큰롤 밴드가 아니라는 이야기까지 들었다. 《롤링 스톤》지는 그들의 앨범을 두고 "누구의 지성이나 감성도 건드리지 못한다"라고 말하며 이 밴드를 "마블이 만든 만화만큼이나 단명할 것"이라고 했다. 또 다른 사람은 레드 제플린이 과대평가를 받으며 모두가 생각하는 만큼 재능

예술가는 절대로 굶어 죽지 않는다

있지 않다고 말했다. 무턱대고 긴 콘서트와 현혹적인 쇼맨십 덕을 볼 뿐이라고 했다. 그리고 밴드의 리더 지미 페이지는 여기에서 아이디어를 얻었다.

성공의 정점에서 레드 제플린이 비공식적으로 세계 최고의 록밴드라는 명예를 가졌을 때, 위험을 무릅쓰고 네 번째 앨범을 익명으로 내놓았다. 밴드나 멤버의 이름을 앨범 속 어디에서도 드러내지 않았다.

심지어 인터넷이나 다른 미디어 수단도 존재하지 않던 1970년대에 이 같은 미친 짓을 한 모습을 상상해보자. 들도 보도 못한 일이었다. 하룻밤 사이에도 록밴드가 등장했다가 금방 사라지는 '원 히트 원더 one hit wonder*'의 시대에 위험성은 상당했다. 이름이나 브랜드를 표시하지 않고 세상에 작품을 내놓겠다는 의지는 무모하거나 용감하거나 둘 중 하나였다.

애틀랜틱 레코드는 여기에 반대했다. 그러나 레드 제플린은 단호했다. 과대광고 덕에 명성을 얻었다는 비난을 받던 그들이 어떤 결정을 내릴지는 분명했다. 이름을 가리자는 것이었다. "레드 제플린을 유명하게 한 것은 음악이었다는 것을 보여주고 싶었어요. 그래서 우리 이름이나 이미지는 전혀 드러내지 않았죠." 앨범 표지에는 나뭇짐을 한 가득 등에 진 한 남성의 사진이 들어갔고 보통 밴드 이름이 들어가는 부분에는 이상한 기호를 넣었다.

그럼에도 이는 단순히 겸손의 행위가 아니었다. 천재적인 마케팅 활동이었다. 앨범이 발매되기 몇 달 전부터 레드 제플린은 이름 없이

* 단시간에 단 하나의 작품으로만 눈에 띄는 성공을 거두고 사라지는 아티스트

새 앨범을 낼 것이라는 사실을 암시하는 광고를 냈다. 공연에서는 팬들에게 새 곡을 발매했다는 이야기를 했지만 자세하게는 하지 않았다. 제플린의 행동은 극도의 호기심을 자아냈고 충실한 팬들은 곡을 찾느라 혈안이 되었다. 팬들이 곡을 발견할 때까지 얼마나 걸렸을까? 내 생각에는 그다지 오래 걸리지 않았을 것 같다. 가장 처음 레코드 가게에서 앨범을 찾아 사버린 사람 가운데 한 명이라고 상상해보자. 그리고 세계에서 가장 유명한 록그룹의 노래를 발견했다고 상상해보자. 그다음에는 어떻게 했을까? 아마 모든 사람에게 당신이 안 사실을 전했을 것이다.

이것이 〈Stairway to Heaven〉과 그 외 불멸의 히트곡을 세상에 선사한 앨범이다. 의심의 여지도 없이 앨범은 시대를 초월한 최고의 록 앨범이었다. 그리고 여기에, 한 레코드 가게 선반 위에 이름도 없이 놓인 것이다. 이를 찾는 일은 몇몇 십 대 음악광에게 마치 성배를 찾는 모험처럼 느껴졌을 것이다. 분명 그랬을 것이다. 결국 앨범은 2천 3백만 장 이상 팔렸고 역사상 가장 많이 팔린 세 장의 앨범 중 하나로 남았다.

앨범을 처음으로 발견한 사람은 누구였을까? 레코드 가게에서 우연히 레드 제플린 4집을 발견한 사람은 일반인이 아니었다. 열혈 팬들이 앨범을 찾아 나섰다. 밴드가 몇 년간 꾸준히 활동하지 않았다면 앨범은 거의 망했을 것이다. 그러나 레드 제플린이 열혈 팬층을 형성하고 가장 많은 앨범 판매량을 기록하도록 팬을 활용했기에 성공할 수 있었다. 최고의 예술이라 할지라도 관객이 필요하다. 이 시점에서,

레드 제플린이 몇 년간 꾸준히 대중 앞에 섰다는 사실은 언급할 필요도 없다. 지미 페이지는 십 대 초반부터 재능 있는 스튜디오 뮤지션으로 활동했다. 그리고 나머지 멤버도 저마다의 방식으로 자리 잡았다.

당신의 작품을 세상이 볼 수 있도록 공유하면서 작업할 때, 그저 명성만 쌓는 것이 아니라 정당하게 팬층을 확보한다. 그리고 그렇게 했을 때 강력한 자산을 얻는다. 레드 제플린은 세상에 음악을 선물했고 이를 공유하려고 청중과 협력했다. 몇 년간 제플린은 새로운 형태의 록을 실험해보았다. 그리고 모든 실험을 청중 앞에서 진행했다. 그렇게 가장 위대한 실험이 탄생했다. 레드 제플린의 예술은 이름을 걸지 않았어도 살아남을 수 있었을까? 분명 그랬을 것이다. 그러나 여기에서 드는 더 큰 의문은 바로 이것이다. 청중 없이 그 음악이 성공할 수 있었을까? 나는 아니라고 본다.

핵심은 실천이다

———

스테파니 핼리건이 마침내 용기를 내어 팬들에게 자기 작품을 사겠냐고 물었을 때, 그녀는 "사겠다"라는 대답에 깜짝 놀랐다. 그러나 이는 가장 어려운 일을 끝마쳤기 때문이다. 몇 년간 스테파니는 블로그에 꾸준히 만화를 올렸다. 그리고 레드 제플린과 마찬가지로 이 모든 작업이 쌓여서 무엇인가를 만들어냈다. 관객의 관심뿐만 아니라 그 관심을 뒷받침할 능력도 쌓았다. 아무리 너그러운 관객이라 해도 아마 추어를 용인하지는 않는다.

스테파니는 이 년간 매일 만화를 그렸다. 이를 한 번도 빼먹지 않고 매일 했다. 이렇게 하면 지금 자신이 서 있는 자리에 도달할 수 있으리라는 것을 알았다. 그리고 그러한 실천 덕에 만화가가 되겠다는 어릴 적 꿈을 실현할 수 있었다. 공개적으로 일했다는 사실 때문에 일어난 일이 아니었다. 이는 꾸준히 실천하여 점점 더 발전하고 관객이 발전 과정을 볼 수 있도록 한 덕이다.

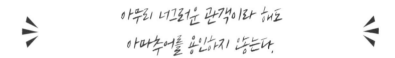

아무리 너그러운 관객이라 해도
아마추어를 용인하지 않는다.

우리가 과장광고가 아니라 공개적인 작업으로 세상에 재능을 진심으로 보일 때, 세상은 처음에는 관심으로 나중에는 충성으로 우리에게 보답한다. 그리고 우리는 앞으로도 계속 창작 활동을 하게 해줄 관객을 확보하며 더 발전한다.

예술가는 절대로 굶어 죽지 않는다

Part III

돈

예술로 굶어 죽는 일은 없다

우리가 예술가로 성공 가도를 달릴 때 그저 생명만 이어갈 수는 없다. 우리는 창작품을 기반으로 생계를 유지해야 한다. 이는 우리가 모두 논하기 불편한 부분, 돈에 대해 이야기해야 한다는 의미이다. 굶어 죽는 예술가는 어떻게 해서든 이를 피하려 한다. 그러나 잘나가는 예술가는 사업도 예술 일부분이며 심지어 돈은 예술가가 완벽히 다룰 수 있는 대상이라는 사실을 안다.

공짜로 일하는 것은 멍청한 짓이다

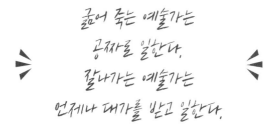

굶어 죽는 예술가는
공짜로 일한다.
잘나가는 예술가는
언제나 대가를 받고 일한다.

투자가는 저녁 식사 자리에 모여서 예술을 논한다.
그러나 예술가는 돈을 논한다.
– 오스카 와일드

학교에서 멜리사 딘위디Melissa Dinwiddie는 언제나 영문학 과목에서 좋은 점수를 받았다. 그러나 자신이 완벽주의 굴레에 갇혀 아무것도 쓸 수 없다는 것을 알았을 때, 멜리사는 더는 어쩔 수가 없었다. 도망치듯 그녀는 시각예술을 시작했다. 마음과는 가장 거리가 먼 대상인 돈을 벌기 위해서였다.

몇 달 내로 멜리사는 자신의 예술을 사업으로 바꿔놓을 상상을 하기 시작했다. "저는 당시에 저 자신을 예술가라고 생각하지 않았어요.

그러나 내 손으로 무언가를 만들고 공예를 하는 게 새로운 직업으로 이어졌죠." 친한 친구 에이미는 선물로 줄 수 있는 작품을 하나 만들어달라고 요청했다. 멜리사는 친구에게 돈을 받고 싶지 않았다. 그녀는 포트폴리오에 들어갈 만한 작품을 만들어야 했고 자기가 받고 싶은 만큼 친구가 돈을 낼 형편이 아니란 것을 알았기 때문이었다. 그러나 에이미는 계속 우겼고 25달러를 내겠다고 했다. 에이미는 자기가 마트에서 파는 비슷한 물건을 산다면 그 정도 돈을 낼 것 같다고 말했다. 멜리사는 그 작품을 만드느라 40시간을 썼다. 그녀는 아직도 친구가 건넨 빳빳한 1달러 지폐를 보관한다. 그리고 그 위에는 '멜리사의 첫 예술품 판매'라고 써놓았다.

이후 오래지 않아 멜리사는 서예와 사랑에 빠졌다. 그리고 유대인의 결혼식에서 쓰일 케투바를 만들어낼 꿈을 꾸었다. 케투바란 신부와 신랑의 권리와 의무를 열거한 혼전 계약서로 그 자체가 예술 작품이다.

디지털 혁명이 이뤄지기 전, 그리고 고품질 출력이 대중화되기 오래 전에 케투바는 주로 손으로 만들어졌고 아름다운 서예와 손 글씨가 여기에 더해졌다. 이 예술은 꽤 틈새시장이었기 때문에 멜리사에게는 돈을 벌 수 있는 성공적인 방법으로 보였다.

물론 서예를 시작한 지 고작 이 년 후 멜리사는 첫 케투바를 그리는 값으로 700달러를 받았다. 그러나 이를 위해서는 수십 시간 동안 작업해야 했고 생활비로는 넉넉하지 않은 돈이었다. 예술로 돈을 번다는 것은 여전히 그녀에게 획기적인 개념이었다.

예술가는 절대로 굶어 죽지 않는다

당시 멜리사의 남편이 재정적으로 책임졌다. 그래서 멜리사는 생활비를 걱정하지 않았다. 예술은 취미에 가까웠고 그 수입은 소소한 생필품을 사고 주말 워크숍과 연간 학회비를 대기에 딱 적당했다. 그러나 남편과 이혼하면서 예술로 생활비를 댈 방법을 찾아야 한다는 것을 깨달았다.

"저에게는 정체성이 필요했어요." 멜리사는 이혼 후 어렵던 시절을 이야기했다. 무언가를 만들어내는 것만으로는 충분하지 않았다. 가치 있는 것, 사람들이 원하는 것을 만들어야 했다. 그래서 주문 제작으로 하던 케투바 예술은 출력해 판매하는 일로 변했으며 결국 이는 현재 멜리사가 하는 사업으로 이어졌다. 그리고 사업은 다른 사람이 창의적인 열정을 찾고 재확인하는 데 도움을 준다.

"이 세상에서 제 임무는 사람들이 창작하도록 하는 것이에요." 개인적으로 멜리사는 사람들이 창작의 노력으로 돈을 벌고 싶어 하는지는 신경 쓰지 않는다. "그러나 많은 사람이 자기 작품을 팔아 수입을 만들 수 있길 원하고 원하지요."

멜리사 던위디는 여전히 자신을 예술가라고 칭한다. 그러나 이제는 작가이자 강연자이기도 하다. 온라인으로 작품을 판매하는 일 외에도 여성 예술가를 위한 온라인 커뮤니티를 운영한다. 또한 창작의 패잔병을 이끄는 한편 여러 단체와 기업의 워크숍, 강연, 세미나에서 퍼포먼스 아티스트로 활동한 경험을 공유한다. 이렇게 전업 예술가로 활동하는 현재는, 멜리사가 무료로 일하던 예전으로 돌아가는 모습을 상상조차 할 수 없다. 멜리사는 일단 한계를 넘어서서 자신이 만들어낸 가치만큼 돈을 청구하기 시작하자 자신감이 커졌다.

"다른 사람이 당신의 예술을 좋아하지 않을 수도 있어요. 아니면 '순수예술' 대신 '상업예술'을 한다면서 비웃을 수도 있고요. 하지만 예술로 돈을 번다는 것은 제가 예술가라는 사실에 부인할 수 없는 증거가 되었어요. 저는 돈을 벌고, 그렇기 때문에 누구도 제가 예술가라는 것에 반론을 제기할 수 없어요."

멜리사의 이야기는 어느 시점에서 다른 사람이 당신에게 돈을 지급하도록 해야 한다는 것을 재확인시켜준다. 그리고 많은 사람에게 이는 엄격한 규율이 되어야 한다. 물론 우리는 예술가가 되기 위해 예술로 생계를 유지할 필요는 없다. 그러나 멜리사 말에 따르면 "좋아하는 일을 하면서 돈을 버는 것은 어떤 점에서는 확인의 의미"가 된다. 창의적인 성공에서는 제약 없이 작업할 수 있는 것이 관건이다. 돈은 핵심이 아니지만 전문가가 되려면 걸어야 하는 길 일부이다. 돈을 버는 행위는 우리 작업에 존엄성을 부여한다. 우리가 세상에 내놓는 존재를 정당화해준다. 그리고 계속 일할 수 있도록 한다.

가치의 원칙

———

어느 순간 당신은 사랑하는 작업을 하면서 "내가 이 일로 먹고 살 수 있을까?"라는 의문을 떠올릴 수 있다. 그다음에 나올 질문은 바로 이것이다. 어느 부분에서 타협할 것인가? 아마도, 아무것도 타협할 필요가 없을 것이다. 당신은 예술을 하면서 돈을 벌 수 있다. 그리고 그것

예술가는 절대로 굶어 죽지 않는다

을 위해 신념을 버릴 필요는 없다. 그럼에도 이는 그냥 얻어지는 것이 아니다. 멜리사는 "상업적인 측면, 그리고 사업성과 친숙해져야 한다"라고 표현했다. 당신은 예술가의 업무를 수행할 의지가 있어야 한다. 여기에는 그저 무언가를 만들어내는 것보다 더 많은 것이 포함된다. 당신의 가치만큼 돈을 청구해야 한다는 의미이다.

▶ *돈을 청구하는 행위는 우리 작업에 존엄성을 부여한다.* ◀

우리 가운데 누구도, 처음 시작하는 단계에서는 우리가 즐기면서 하는 일에 돈을 요구하는 것이 편한 사람은 없다. 특히나 창작하는 사람들은 포트폴리오를 만들겠다는 생각으로 공짜로 일하는 경향이 있다. 그리고 세상은 우리가 그런 미친 짓을 하지 못하도록 만류하는 법이 없다. '노출'의 대가로, 또는 '좋은 기회이니까' 돈을 받지 않고 서비스를 제공하라는 이야기를 듣는다. 그러나 이것이 정말 일을 시작할 수 있는 방법일까?

최근 무급 인턴십의 인기에 대한 한 연구는 이러한 의문을 품고 파고들었다. 삼 년간 전미국대학·고용주협회는 졸업을 앞둔 4학년 학생을 대상으로 유급 또는 무급 인턴십 이후에 근무 제안을 받았는지 물었다. 그리고 삼 년 동안 결과는 같았다. 무급 인턴십은 대학 졸업생에게 이득이 전혀 없었다. 실제로 무급 '기회'는 학생들에게 불리하게 작용하는 경우가 자주 있었다.

설문조사에 응한 9천 200명의 학생 가운데 유급 인턴십 경험자의

63.1퍼센트가 적어도 한 번 이상의 취직 제안을 받았다. 반면에 무급 인턴십 경험자의 경우 37퍼센트만이 제안을 받았다. 급료의 경우 결과는 더욱 좋지 않았다. 취직을 제안받은 학생 중 무급 인턴십 경험자는 아무런 인턴십도 해보지 않은 학생보다 더 적은 돈을 받았다.

무료로 일하는 것은 우리가 생각하듯 '기회'가 아니다. 기회는 생활비를 벌어주지 않는다. 노출은 우리 밥상에 음식을 내어주지 않는다. 그리고 무료로 일하는 것은 나중에 깨기 어려운 나쁜 선례를 남긴다. 그만 굶어 죽고 싶다면, 사람들에게 계속 호의를 베풀면서 그 행동이 파산이 아닌 다른 결과로 이어질 것이라고 기대해서는 안 된다.

미켈란젤로가 자기 예술에 돈을 받지 않았다고 상상해보자. 그렇다면 그가 세월의 대부분을 써가면서 그토록 대규모의 작품을 만들어낼 수 있었을까? 헤밍웨이는 어떠한가? 오직 일에 대해 애정으로만 글을 썼다면 우리가 『노인과 바다』를 만날 수 있었을까? 그렇지 않다. 그리고 여기에 우리는 중요한 원리, 즉 가치의 원칙을 마주한다. 굶어 죽는 예술가는 공짜로 일한다. 잘나가는 예술가는 언제나 대가를 받고 일한다. 우리는 다른 사람보다 먼저 우리 일을 소중하게 여겨야 한다.

우리가 가장 오랫동안 믿는 거짓말 가운데 하나는 사랑하는 일을 하면서 돈을 받으면, 그 돈이 어떻게든 작품을 더럽힌다는 것이다. 다른 사업 분야의 경우 사람들은 돈을 기대한다. 그러나 소설가, 사진작가, 디자이너, 그리고 다른 예술가를 우리는 엔지니어나 정비공이 받는 것과 같이 진지한 대우를 정당하게 받아서는 안 된다고 생각한다.

왜 그럴까? 이러한 비난의 일부는 예술가 자신의 탓이다. 우리는

예술가는 절대로 굶어 죽지 않는다

가끔 우리 일을 낮게 평가한다. 자신에게 의구심을 품고 불안해하는 우리는 스스로 제시한 가치에 의문을 던진다. 따라서 누군가가 도움을 청하면, 우리는 요청에 응한다. 진정한 예술가는 창작하기 위해 돈을 받을 필요가 없다, 그렇지 않은가? 예술에 대한 사랑으로 그냥 해줄 수 있지 않은가? 아니, 그래서는 안 된다.

우리가 우리 작업을 과소평가할 때, 결국 순교자의 길을 걷는다. 그리고 과정의 중간쯤 도달했을 때 공짜로 일을 한다는 데 분개한다. "고객에게 분노하며 일을 그만두고 싶어 하는 저 자신이 느껴질 때, 저는 일을 그만둘 필요는 없다는 것을 깨달아요. 그냥 제가 받을 돈을 올릴 필요가 있는 거죠. 자꾸 억울함을 느낀다면 당신은 돈을 너무 조금 청구한 거예요." 멜리사 딘위디는 말했다.

첫 의뢰를 받은 후 몇 년 안에 멜리사는 취미로 그림을 그리는 사람에서 전문가로 변신했다. 그리고 자신의 작품을 판매하기 위한 방식을 성문화했다. "우리는 돈을 매우 진지하게 대하는 문화에서 살아요." 돈을 진지하게 대하기 때문에 우리는 돈을 지급하는 것을 진지하게 대한다. 동시에, 돈이 전부는 아니다. 잘나가는 예술가가 된다는 것은 그저 생계에 관련한 문제가 아니라 성공을 위해 당신의 작품을 준비하는 문제이다. 그리고 돈은 더 많은 일을 할 수 있는 수단이 된다.

멜리사가 그랬듯 우리는 만들어내는 가치에 가격을 매기기 위한 규칙을 배워야 한다. 친구 에이미가 손 글씨 작품에 25달러를 내는 데 동의한 것은 단순한 교환행위였지만 모든 것을 바꿔놓았다. 멜리사는 자기 창작품에 돈을 받기 시작하자, 마음속에서 자신이 예술가인지 아닌지에 대한 의구심이 완전히 사라져버렸다.

　돈은 당신이 전문가라는 것을 확인해준다는 이유만으로 예술가가 되기 위한 과정 일부라 할 수 있다. 그러나 돈 문제를 심각하게 받아들일지 결정하는 것은 오롯이 당신의 몫이다. 사람들이 당신을 어떻게 대할지는 당신이 정하는 것이다. 즉, 당신은 당신의 작품이 돈을 받을만한 가치가 있다고 믿어야 한다.

언제나 대가를 받고 일하라

———

잘나가는 SF소설가 할란 엘리슨이 TV 드라마 〈바빌론 5〉의 제작 과정을 담은 영화 프로젝트를 두고 인터뷰 부탁을 받자 그는 흔쾌히 "좋아요!"라고 대답했다. 여기에는 간단한 조건 하나가 붙었다. "저한테 돈만 주시면 돼요."

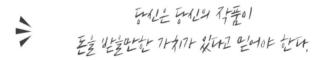

당신은 당신의 작품이
돈을 받을만한 가치가 있다고 믿어야 한다.

"뭐라고요?" 유튜브에 올라온 한 영상을 보면 전화를 걸어온 젊은 여성은 이렇게 반문한다.

　"저한테 돈만 주시면 된다고요!"

　"글쎄요, 다른 사람들은 그냥 공짜로 해주는데요."

　꽤 퉁명스러운 것으로 유명한 엘리슨이 열을 받는 것은 그 시점에서였다. "도대체 무슨 권리로 저한테 전화를 걸어서 공짜로 일하라고 하는 거죠? 당신은 월급을 받아요? 당신 상사는 월급 받고 일해요?"

"아, 그렇죠." 그러나 다시 "좋은 홍보 기회가 될 거예요"라고 말했다.

"이봐요, 그런 것은 당신보다 몇 살 많은 순진한 촌사람에게나 얘기해요."

오랫동안 시나리오 작가로 활동해온 엘리슨은 할리우드의 성쇠를 수없이 많이 지켜봤다. 어떻게 사업이 돌아가는지, 경제란 어떤 것인지, 그리고 때로는 예술가에게 친절하지 않고 경쟁이 치열한 시장에서 어떻게 살아남아야 하는지를 안다. 또한 신인 작가들이 일할 때는 돈을 받아야 한다는 것도 알지 못한 채 이곳으로 오는 모습도 계속 본다.

"프로들이 일하기 어렵게 하는 건 바로 아마추어들이에요." 엘리슨은 말했다.

엘리슨에게는 반드시 지키는 기준이 있다. 다른 사람이 어떻게 하든지 간에 그는 현재의 권력구조로 재능 있는 사람을 착취하는 시스템에 굴복하지 않을 것이다. 그리고 이러한 기준 때문에 엘리슨은 할리우드에서 가장 성공한 작가가 되었다. 엘리슨이 지금까지 내놓은 이야기, 극본, 대본, 그리고 에세이는 1천 700편이 넘는다. 분명, 다른 사람이 모두 하는 일을 반대로 하는 것이 언제나 나쁜 계획은 아니다.

추측하건대, 자신의 작품에 가격을 매기는 것은 돈보다는 존엄성과 더 많은 관련이 있는 것 같다. 자신을 진지하게 대하고 다른 사람 역시 똑같이 자신을 대하는지를 지켜보는 문제이다. 그리고 이런 점을 누구보다도 잘 알던 사람이 바로 미켈란젤로이다.

1538년 봄, 역시나 성미가 고약한 이 예술가는 로마에서 피렌체에 사는 조카 리오나르도에게 편지를 보냈다. 73세에 다비드 상을 조각하고 시스티나 성당 벽화를 그렸으며 그 외에 수도 없이 많은 작품을 만들어낸 미켈란젤로는 제단화를 그려달라는 한 신부의 요청에 매우 기분이 상했다. 그러나 화가 난 것은 그림을 그려달라는 요청 때문이 아니었다. 요청 방식이 문제였다.

"그 신부한테 '조각가 미켈란젤로'에게 더 이상 편지를 쓰지 말라고 전해라. 나는 그냥 미켈란젤로 부오나로티니까 말이야. 그리고 피렌체 국민에게 새로 그린 제단화가 필요하다면 혼자 알아서 화가를 찾으라고 해. 나는 장사하는 화가나 조각가인 적이 없었어. 그리고 우리 아버지와 형제의 명예를 지키려고 한 번도 그렇게 해본 적이 없었다고." 노년의 예술가는 조카에게 이렇게 썼다.

오늘날 이 편지는 어쩌면 성미 고약한 예술가의 것으로 볼 수도 있다. 그러나 우리는 르네상스 초기에는 예술가들이 존경받는 사회의 일원이 아니었다는 점을 기억해야 한다. 이들은 잡부와 다를 바 없는 육체노동자였고 당시에는 오직 귀족이나 사회적으로 명망 있는 사람만이 성姓을 가졌다. 우리가 여기에서 볼 수 있는 것은 그저 한 노인의 불평이 아니라 미켈란젤로가 평생 가진 태도의 진실이다. 그는 동료와 똑같이 취급되는 것을 거부했다.

미켈란젤로는 신부가 자기를 성으로 부른 것은 권력을 휘두른 것이라고 주장했다. 그는 그저 또 한 명의 하인이 아니었다. 예술가였다. 그리고 미켈란젤로가 평생 재정립한 지위였다. 그래서 이 예술가

예술가는 절대로 굶어 죽지 않는다

는 성직자의 거들먹거리는 요구를 바로잡고 싶었다. 미켈란젤로는 단순한 노동자가 아니었고 신부가 이를 무시하는 것은 모욕이었다. 이러한 믿음은 궁극적으로 미켈란젤로를 그 시대 가장 부유한 예술가로 만들었다. 어느 정도 그의 성공은 그가 자신을 다르게 생각했기 때문이었다. 그러한 생각이 그를 평생 인도했고 다른 예술가가 누려본 적 없는 기회를 안겨주었다.

무료로 일하는 버릇을 들이지 말라. 돈 없이는 더 오래 예술을 할 수 없다. 언제나 대가를 받고 일하도록 하자. 설사 대가라는 것이 돈을 받고 일할 미래의 기회를 의미할지라도 말이다. 그러나 조심하자. 이는 당신이 당신의 작품을 가치 있게 여기지 않는다는 나쁜 선례로 자리하기에 십상이다. 그리고 당신이 소중히 하지 않는다면 누구도 소중히 여기지 않을 것이다. 따라서 당신의 가치만큼 돈을 받는 것은 당신이 돈을 받는 만큼 가치 있다는 믿음에서 출발한다.

자신의 후원자가 되라

———

그러나 창조를 위한 창작을 하고 싶은 사람은 어떨까? "저는 돈은 신경 안 써요. 그냥 예술을 하고 싶을 뿐이에요." 이렇게 말하는 사람은 어디에 맞춰야 할까?

> 당신의 가치만큼 돈을 받는 것은
> 당신이 돈을 받을 만큼 가치 있다는 믿음에서 시작된다.

폴 자비스Paul Jarvis는 웹사이트를 개설하려는 기업 고객을 위해 일했다. 나쁘지 않은 일이었지만 자신의 작업이 다른 사람의 기분에 달려 있다는 느낌을 받곤 했다. 폴은 이미 하청업자로 자영업을 했기 때문에 관료주의적이고 소모적인 세상에서 한 발짝 더 물러나 자신만의 사업을 시작하고 싶었다.

"예전에 일하면서 '이런 건 할 수 없어'라고 느끼는 순간은 없었어요. 그러나 시간이 갈수록 제가 보는 세상과 고객이 보는 세상이 얼마나 차이가 나는지 깨닫는 일이 반복됐어요. 결국 저는 혼자 일했어요. 매출이나 주주 대신 내 관점과 믿음이 일을 끌어가기를 바랐거든요."

폴은 함께 일하기 좋은 유형의 일과 기업, 그리고 고객을 좀 더 열심히 찾기 시작했다. "점진적인 변화였어요. 포춘지 선정 500대 기업을 멀리하고 마음에 맞는 기업을 고객으로 점점 더 가까이하기 시작했죠. 저는 제 수입에는 그다지 변화가 없을 거라 확신했어요. 왜냐하면 제 요율을 낮추지 않았으니까요. 수입은 그대로였지만 '느낌'은 분명 달라졌어요. 저는 일하면서 더 행복해졌어요. 언제나 컴퓨터 모니터에서 무지개며 나비며 아름다운 것만 만나는 것은 아니었어요. 여전히 일은 일이었어요. 그러나 전반적으로 더욱 즐겁게 일할 수 있었어요. 일에 더욱 몰두하는 것을 괘념치 않게 되었죠."

오늘날 폴은 디자이너이자 작가이다. 여기에 대해 "창의성과 상업성의 교차점에서 시간을 보낸다"라고 표현했다. 프리랜서로서 보낸 이십 년의 세월로 책을 내고 강의한다. 그는 마침내 후원 기업에 돈을 받으려고 기다리는 일을 멈추고 스스로 운명을 개척했다. 이것이 바

예술가는 절대로 굶어 죽지 않는다

로 실제로 이뤄지는 새로운 르네상스이다. 이제 예술가는 땅콩을 받아먹으려고 쇼를 하는 서커스 동물이 될 필요가 없다. 우리는 우리에게 어떤 가치가 있으며 얼마만큼 대가를 청구하고 싶은지 알 수 있다. 그리고 가치만큼 청구하는 법을 깨달을 때 스스로 자신의 후원자가 된다.

최근 나는 빌 아이비Bill Ivey를 만났다. 그는 전미 예술기금협회NEA의 전 회장이다. 아이비는 우리가 때로 굶어 죽는 예술가의 반대가 소위 '보조받는 예술가'라고 생각하는 경향이 있지만 이는 잘못된 생각이라고 말했다. 예술에는 돈이 필요하다. 우리는 이를 전적으로 부인하고 굶주림이 더 훌륭한 예술을 만들어내는 척할 수 있지만 굶주림은 보통 아무런 예술도 탄생시키지 못하는 경우가 많다. 그림에는 돈이 든다. 잉크에도 돈이 든다. 음식도, 그 외 인생의 모든 것도 마찬가지이다. 계속 예술이 하고 싶다면 예술을 위해 돈을 댈 방법을 찾아야만 한다.

"저는 예술가가 상업적 제약이나 기타 제약에서 벗어나는 것이 더 수준 높은 작업으로 직접 이어지는지를 진지하게 증명할 수 있다고 생각 안 해요." 아이비는 말했다. 여전히 우리는 이 부분에서 머뭇거린다. '만약 후원자가 나타나서 생활비를 대준다면' 하고 우리는 생각하곤 한다. '돈이나 사업에 대해 걱정할 필요가 없다면', '내가 오직 창작에만 몰두할 수 있다면' 하고 생각한다. 그러나 대가를 받는 것의 책임은 오롯이 당신 몫이다. 그리고 어쩌면 전혀 나쁘지 않은 일일 수도 있다.

창의성과 상업성은 언제나 함께 존재한다. 이러한 제약은 그 안에서 독특한 기회를 만들어낸다. 재정적인 필요성은 예술가가 마감에 더 빨리 맞출 수 있도록 만든다. 그리고 예술에 돈이 필요할수록 돈역시 예술이 필요히다. 시대의 왕과 교황은 예술가 덕에 초상화와 무덤과 모든 예술로 자신의 유산을 보전했다. 예술과 사업은 언제나 서로가 필요하다. 그리고 오랫동안 함께 움직여왔다. 우리가 현재 사는세상은 이런 영원한 결합의 결과이다.

예술과 돈의 관계는 그럼에도 균형의 문제가 아니다. 이는 춤과 같다. 최고의 걸작은 우리의 재능을 드러내려는 시도와 시장의 요구에 맞추는 것 사이의 긴장감에서 탄생한다. 이것이 우리가 사는 세상이다. 찰스 디킨스는 돈을 벌기 위해 이야기를 연재하면서 최고의 작품을 만들어냈다. 빈센트 반 고흐의 천재성은 자신을 괴롭힌 재정적 압박에서 피어났지만 계속 창작할 수 있던 것은 남동생 테오의 금전 덕이었다. 돈과 예술, 우리는 둘 모두가 필요하다.

어떤 예술가는 돈을 버는 것이 자신을 체계에 팔아먹는 행위라든가 모두가 거부해야 할 대상이라고 생각하는 경향이 있다. 그러나 현실에서는 어느 쪽도 아니다. 돈을 벌 수 없다면 아무런 예술도 할 수 없다. 우리는 예술가가 되는 것의 생리를 더 잘 이해하기 위해 노력해야 한다. 현실을 무시하는 것은 창작을 모두 다 함께 그만둘 수 있는 가장 빠른 길이다. 예술가가 된다는 것은 사업가가 되는 것이다. 우리는 이러한 긴장감과 그 안에서 비롯되는 장점을 받아들이는 법을 배워야 한다.

예술가는 절대로 굶어 죽지 않는다

"아주 오랫동안 상업이 예술을 좌지우지했죠. 그러나 이제는 거꾸로 가요. 그리고 그 점이 저는 마음에 들어요." 폴 자비스는 나에게 말했다. 창작에 대한 생각을 재정의 내리는 역할은 그저 전통적인 예술가만의 몫이 아니다. 자신이 제안하는 가치를 깨달아 가는 작가와 배우와 디자이너도 이에 동참해야 한다.

잘나가는 예술가가 되기 위해 사업가의 마음가짐을 받아들여야 한다. 탐욕스러워야 한다는 것이 아니라 순진하기만 해서는 안 된다는 의미이다. 멜리사 딘위디처럼 당신이 쏟은 노력의 대가로 돈을 받는 것에 편안해져야 한다. 가치만큼 대가를 받는 것은 보상의 문제가 아니다. 이는 존엄성의 문제이다. 작업에 당신이 두는 가치, 그리고 다른 사람이 당신에게 두는 가치 말이다.

미켈란젤로가 예술가가 되기로 했을 때 그는 단순히 열정만을 좇은 것이 아니었다. 가문의 이름을 다시 세우려고 노력했다. 그는 자신을 진지하게 대해줄 사람이 필요했다. 이 거장과 마찬가지로 우리는 세상에 진지하게 대해달라고 요구해야 한다. 그리고 예술가가 돈을 받을 만큼 가치 있지 않다는 세상의 허황된 미신에 반기를 들어야 한다.

당신의 작품이 중요하다. 그러나 당신이 이를 인정할 때까지 세상은 그 사실을 인정하지 않는다. 언젠가 보상을 받을 것이라 믿으며 작품을 무료로 제공하고 싶은 유혹에서 벗어나야 한다. 그런 보상은 일어나지 않을 테니까. 그런 기회는 예술가에게 좌절감이나 쓸쓸한 기분을 남길 뿐이다. 너그러워지지 말라거나 거만해지라는 이야기를 하는 것이 아니다. 작품에 담긴 가치를 들여다보는 것은 잘못된 일이 아니다. 새로운 르네상스에서 예술은 사업이 될 수 있고 사업은 예술이 될 수 있다. 그 이외의 것을 믿는다면 숨이 막혀온다거나 불안하거나 씁쓸한 기분만 남을 것이다. 이제는 당신 작업을 과소평가하는 것을 멈추고 가치만큼 대가를 받아야 할 때이다.

예술가는 절대로 굶어 죽지 않는다

당신의 작품이 중요하다.
그러나 당신이 이를 인정할 때까지

세상은

그 사실을 인정하지 않는다.

Chapter 10

자기 것을 온전히 소유한다는 의미

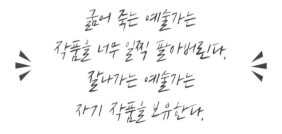

굶어 죽는 예술가는
작품을 너무 일찍 팔아버린다.
잘나가는 예술가는
자기 작품을 보유한다.

나 자신을 소유하는 특권에는
어떤 대가도 과하지 않다.
– 니체

1598년 겨울, 한 영국 극단의 소유주 다섯 명이 런던 교외 쇼디치의 극장을 급습했다. 그러나 이들은 연극을 하기 위해 그곳에 간 것이 아니었다. 극장을 뜯어내려고 갔다. 체임벌린 멘이라는 이름의 극단에 속한 이 남자들은 말에 수 톤의 나무를 켜켜이 싣고는 극장을 한 조각 한 조각씩 옮겨갔다. 강 근처에 도달한 이들은 그 나무로 건물을 다시 조립했다. 건물은 오늘날까지 유명한 바로 '글로브 극장'이 되었다. 그리고 엘리자베스 시대 수많은 연극과 공연의 고향이 되었다.

그때가 바로 체임벌린 멘의 전환점이었다. 파산 직전에 이들은 자일스 앨런 지주와 계약을 맺었다. 그리고 자일스 앨런은 계약을 해지할 생각이 없었다. 이 년간 이들은 극장에서 공연하지 못했고 연기하고 싶다면 다른 방법을 찾으라는 협박을 받았다. 그러나 아버지에게 극단을 물려받은 리처드Richard와 커스버트 버비지Cuthbert Burbage 형제가 얼마 지나지 않아 계약서에서 허점을 발견했다. 앨런은 땅을 소유했지만 버비지 형제는 건물을 소유한 것이다. 탐욕스러운 지주에게서 독립하기 위한 절실한 마음에서 형제는 나머지 극단 멤버에게 연락했다. 그리고 마을 건너편에서 다시 극장을 세우는 것을 돕는 데 70파운드를 낸다면 체임벌린 멘 소유권의 10퍼센트를 주겠다고 제안했다.

제안을 두고 고심하는 사람들 가운데는 젊은 극작가 윌리엄 셰익스피어가 있었다.

쉬운 결정이 아니었다. 당시 셰익스피어는 전혀 유명하지 않았고 계속 희곡을 쓸 것인지 마음을 정하지 못했다. 그에게 주어진 다른 선택권은 시인이 되어 작품을 후원자에게 파는 것이었다. 물론, 창작의 주도권은 잃겠지만 좀 더 안정적인 생활을 할 수 있을 것이었다. 서른네 살에 셰익스피어는 꽤 성공했지만 70파운드는 적지 않은 투자였다.

당시 영국의 극작가는 극단과 후원자의 요구에 따라야만 했다. 따라서 젊은 예술가가 극단 일부를 소유할 수 있다면 이는 꽤 좋은 기회였다. 셰익스피어는 결정을 내려야 한다는 압박을 느껴야만 했다. 그는 현재의 길에서 벗어나지 않고 지주와 극단 주인 밑에서 계속 일할 수도 있었다. 아니면 완전히 새롭고 위험 부담이 있는 길로 나아갈 수도 있었다. 새로운 극단에 참여하면 그 모험은 실패로 돌아갈 수도 있고 그렇게 되면 일자리를 잃게 될 것이었다. 그러나 지금 자리에 계속 머문다면 셰익스피어는 새롭고 짜릿한 대상, 자신이 소유할 수 있는 대상의 일부가 될 기회를 잃을 것 같았다.

언제나 그렇듯 어느 쪽을 선택해도 위험부담이 있었다. 그러나 다른 한 선택이 분명 훨씬 더 큰 잠재력이 있었다. 셰익스피어는 위험을 감수하고 극단의 소유주가 되어 자유 기고가가 주는 안전함을 포기했다. 그리고 그다음 해는 경력에서 가장 중요한 시기가 되었다. 1599년, 셰익스피어는 음유시인이 되어 『헛소동』, 『헨리 5세』, 그리고 『줄리어스 시저』 같은 최고의 작품을 내놓았다. 모든 것은 작지만 단단한 극단에 투자하기로 한 결정에서 시작했다. 덕분에 셰익스피어는 독립성을 획득하고 그 보답을 할 수 있었다.

우리 역시 창조적인 일에서 비슷한 결정을 마주한다. 그리고 예술가의 기본적인 임무는 계속 예술을 할 수 있도록 하는 것에 있다는 것을 잊지 말아야 한다. 셰익스피어는 마을을 가로지르는 행렬에 동참해 극장을 뜯어내기로 할 당시 이 점을 잘 이해했다. 위험한 일이었지만 이 위험은 그가 작품을 잠재적으로 소유하고 그에 따라 주도권을 행사할 기회를 주는 것이었다. 한편, 글로브 극장은 런던에서 처음으로 배우가 짓고 소유한 극장이었다. 곧 이곳은 수많은 셰익스피어 연극의 고향이 되었고 셰익스피어는 오늘날까지 유명한 작가가 되었다. 이 가운데 어느 것도 처음에 예술가에서 소유주로 과감히

예술가는 절대로 굶어 죽지 않는다

전환하지 않았더라면 벌어지지 않을 일이었다.

소유의 원칙

———

1962년 짐 헨슨은 애완동물사료 기업 퓨리나 도그 차우의 광고 시리즈를 제작하면서 새 인형 두 개를 디자인했다. 그중 하나가 바로 강아지 롤프이다. 이들은 재빨리 광고를 찍었고 헨슨의 스튜디오는 인형 제작비로 1천 500달러를 사료 회사에 청구했다. 광고 제작이 마무리될 무렵 퓨리나는 헨슨에게 롤프에 대한 권리를 모두 사들이는 데 10만 달러를 주겠다고 제안했다. 대리인 버니 브릴스타인은 제안을 받고 거의 하늘까지 날아오를 태세였지만 헨슨은 경고했다. "버니, 제가 가진 것은 그 무엇도 팔지 마세요." 퓨리나 광고를 찍은 후 짐 헨슨은 롤프를 가져와서 선반 구석에 던져 놨다. 그리고 1976년 이 인형이 〈더 머펫〉의 등장인물이 될 때까지 롤프를 까마득히 잊었다. 오늘날 롤프는 의심의 여지도 없이 10만 달러 이상을 훌쩍 넘는 가치를 지닌다.

어느 예술가든 생활비 때문에 겪는 어려움은 어마어마하다. 우리는 먹고살기 위해 작품을 팔아야만 한다. 그러나 만들어내는 모든 것을 팔아버린다면 우리는 결국 다시 굶어 죽을 것이다. 목표는 한 달 넘어 한 달을 살아가는 것이 아니라 계속 창작할 수 있도록 충분한 이윤을 남기는 것이어야 한다. 굶어 죽는 예술가는 초기에 사겠다는 사람에게 작품을 팔지만 잘나가는 예술가는 가능한 한 많은 작품을 붙들고 소유한다.

이것이 바로 소유의 원칙이다. 창작하는 사람의 임무는 훌륭한 작품을 만들어내는 것뿐만 아니라 작품을 보호하는 것이다. 따라서 작품을 너무 일찍 팔고 싶은 유혹에 넘어가서는 안 된다. 나쁘지 않은 입금에 만족하는 것은 단기적인 성공으로 이어질 수 있다. 그러나 우리가 원하는 유산으로 남지는 못할 것이다. 작품에 대해 충분한 보상을 받으면서도 우리가 원하는 대로 창작할 수 있는 그런 자유를 원한다면 장기적으로 생각해야만 한다. 우리는 모두 오래 번창할 수 있는 일을 원한다. 바라건대 우리가 죽고 나서도 살아남을 그런 것 말이다. 우리 작품이 미래에 성공할 수 있도록 보장해주는 방법은 바로 작품을 소유하는 것이다.

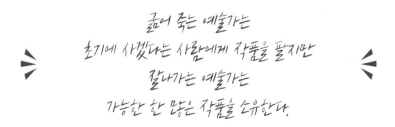

굶어 죽는 예술가는
초기에 사겠다는 사람에게 작품을 팔지만
잘나가는 예술가는
가능한 한 많은 작품을 소유한다.

2003년 제이 지는 자신이 능력 있는 예술가일 뿐만 아니라 능숙한 사업가라는 것을 스스로 증명했다. 그리고 두 메이저 레코드 회사 유니버설과 워너 뮤직은 제이 지에게 임원 자리를 제안한다. 유니버설은 그를 자신들의 힙합 레이블 데프 잼 레코딩스의 경영진으로 영입하려고 논의하는 중이었다.

그해 가을, 이 래퍼는 유니버설의 CEO 더그 모리스와 대화를 나누

예술가는 절대로 굶어 죽지 않는다

기 시작했다. 더그 모리스는 제이 지가 의류 브랜드 로카웨어를 소유한다는 사업적 배경 때문에 호감을 느꼈다. 수많은 이야기가 오갔고 2004년 유니버설은 제이 지에게 데프 잼의 사장으로 삼 년간 계약을 맺자고 제의했다. 이는 실적 보너스에 따라 연간 8백만 달러에서 1천만 달러에 이르는 가치를 지닌 협상이었다. 같은 기간, 워너는 앞으로 예정된 기업공개를 포함해 더 높은 연봉을 제안하며 그를 끌어들이려 노력했다.

결정하기란 쉽지 않았다. 그러나 데프 잼은 워너보다 한 가지 유리한 점이 있었다. 제이 지의 완성곡들에 대한 권리를 소유했다. 데프 잼이 제안한 계약서에는 십 년 안에 제이 지의 저작권을 돌려주겠다는 내용이 있었다. 그렇게 되면 제이 지는 자신의 모든 음악을 완전히 소유할 수 있었다. 당장 받는 돈은 적었지만 이는 제이 지가 데프 잼의 제안을 받아들일 충분한 이유였다.

"거부할 수 없는 제안이에요. 제 아들이나 딸, 혹시 자식이 없다면 조카에게 '여기 내 노래 전부가 있어. 이제 다 네 거야'라고 말할 수 있는 거죠." 제이 지는 충분히 시간을 들여 고민하는 중이었다. 그리고 그저 '원 히트 원더'에서 그치고 싶지 않은 예술가에게 이러한 생각은 필수이다.

이기기 위해 지는 법

———

존 라세터는 어린 시절 디즈니의 모든 것을 사랑했다. 1960년대에 유년기를 보내며 고전만화를 봤고 9학년이 되어서는 어른이 되면 디즈니를 만드는 사람이 될 수 있다는 것을 알았다. 존은 심지어 캘리포니아 예술학교에 입학했다. 월트 디즈니가 '차세대 애니메이터를 위한 훈련소'를 만들기 위해 설립한 대학교였다.

존은 사 년 동안 월트 디즈니식으로 쓰고 그리고 만드는 법을 배웠다. 존이 하는 모든 일은 그에게 잊을 수 없는 인상을 남긴 마법 같은 회사의 일원이 되기 위한 준비였다. 1979년 꿈은 현실이 되었다. 애니메이션 영화 〈토드와 코퍼〉를 만드는 신입 애니메이터로 월트 디즈니에 입사했다. 곧 그는 어떤 만화를 만들고 어떤 회사를 만들 것인지에 대한 꿈에 부풀었다. 단, 한 가지 문제가 있었다. 아무도 여기에 신경을 쓰지 않는다는 것이었다. 당시 회사의 우선순위는 세월이 흘러도 사랑받을 영화를 만드는 것이 아닌 이윤을 창출하는 것이었다. 그리고 두 가지 모두 놓쳤다. 〈토드와 코퍼〉를 새로이 기획하려는 시도에 실패한 지 얼마 지나지 않아, 존은 컴퓨터 애니메이션과 관련한 새로운 기술을 활용할 수 있는 단편 만화 아이디어를 상사에게 제안했다. 그는 이 아이디어에 대한 열정과 의욕이 넘쳤지만 그 자리에서 다시 한 번 의견이 묵살되었다. 그리고는 해고되었다. 꿈의 직장에 들어온 지 오 년 만에 존 라세터는 실업자가 되었다.

방향도 꿈도 없는 존은 고해상도 컴퓨터 생성 이미지를 위한 하드웨어와 소프트웨어를 만드는 루카스필름의 작은 부서에서 일하게 되었다. 주력 제품은 12만 5천 달러짜리 픽사 이미지 컴퓨터였다. 잠재력은 어마어마했지만 시장에서는 그다지 성공하지 못한 제품이었다.

예술가는 절대로 굶어 죽지 않는다

사실 이 부서는 엄청난 자산 손실을 안았다. 그래도 여전히 창조적인 성취에 대한 갈망은 저항할 수 없었다. 존은 이제 어느 예술적인 컴퓨터공학자가 이끄는 팀에 들어갔다. 공학자 역시 존만큼이나 컴퓨터 애니메이션 영화에 집착했다. 그러나 사장 조지 루카스는 몇 년간 부서를 매각하려고 노력했고 이 괴팍한 팀은 늘 골칫거리였다. 괴팍함이 예술과 첨단기술을 사랑하는 서른한 살의 어느 사업가의 흥미에 정확히 맞아떨어졌다. 어느 사업가는 바로 스티브 잡스였다.

한때 자기 회사에서 쫓겨난 잡스는 차세대 혁신 제품을 찾아 헤맸다. 그래서 그는 루카스에게 5백만 달러를 주고 그 부서를 사들였다. 당시 루카스는 이혼소송 중이었고 가능한 한 많은 자산을 매각했다. 잡스는 새로운 회사를 픽사라고 부르기로 결정했다. 창의적인 팀이 생명을 불어넣은 대표 컴퓨터의 이름을 따서 지은 것이었다.

존 라세터는 초기에 잡스와 여러 차례 만나면서 기획안 하나를 제시했다. 생명을 가진 장난감들과 인간의 감정에 관한 컴퓨터 애니메이션 영화였다. 영화에는 30만 달러 정도의 투자가 필요했다. 이미 잡스는 예고 없이 1천 5백만 달러를 추가로 투자한 상황에서 나온 요청이었다. 그러나 어떠한 도전에도 물러나는 법이 없는 잡스는 그 아이디어가 마음에 들었다. "훌륭하게 만들어봅시다." 잡스는 이 한마디만으로 기획안을 승인했다.

〈틴 토이Tin toy〉는 훌륭한 영화였다. 그리고 1988년 아카데미상에서 최우수 단편 애니메이션 상을 받았다. 그 직후 디즈니는 존 라세터에게 예전 연봉의 네 배가 넘는 액수를 제시하며 다시 회사로 돌아와

달라고 접근했다. 그러나 그는 거절했다. 존이 제안한 것을 원하지 않던 회사를 위해 다시 일해야 할 이유가 있을까? 그는 마침내 자신이 꿈꾸던 창작의 자유를 누릴 수 있는 자리에 올랐다. 그리고 디즈니에서 일하던 시절 기획한 영화를 만들기 시작했다.

그러나 픽사는 새 프로젝트를 진행하기 위해 디즈니의 투자를 받았다. 이번에는 〈토이 스토리〉라는 장편영화였다. 같이 일하기는 쉽지 않았다. 디즈니는 내용, 대사, 캐릭터 개발까지 픽사가 하는 일에 너무 많이 관여하려 들었다. 둘은 서로 관점이 달랐다. 어느 날 톰 행크스가 자신이 성우를 맡은 캐릭터 우디가 너무 못되고 냉소적이라고 지적하자, 존은 이 프로젝트를 구해내야만 한다는 것을 깨달았다. 이 시기에 존과 그 팀에는 엄청난 압박이 가해졌다. 프로젝트가 실패할 경우 픽사는 이미 십 년간 5천만 달러를 잃은 판국에 살아남기 어려울 것이었다. 그러나 존은 반드시 자신의 목소리를 지켜야 한다는 것을 알았다. 그래서 창작과 관련한 결정에서 흔들리지 않았다. 그리고 결국 자신의 주장을 디즈니에 관철했다.

영화의 본질이 회복되었다. 그리고 존의 상상력은 현실이 되었다.

〈토이 스토리〉가 개봉된 지 일주일 만에 픽사는 주식공개를 했다. 과감한 행보였다. 어쨌든 누가 수익을 못 내는 회사의 주식을 사들이겠는가? 그러나 그들의 첫 장편영화가 만장일치로 극찬을 받으며 데뷔하자 픽사의 주식 가치는 삼십 분 만에 두 배로 뛰며 한 주당 22달러가 되었다. 그리고 한 시간 후에는 50달러로 올랐고 그날 장이 마감될 즈음에는 주식 가치가 800퍼센트 상승했다. 이제 픽사는 10억 달러 이상의 가치가 있다.

존 라세터는 애니메이션 기업을 새로 만들고 싶지 않았다. 디즈니를 다시 좋은 회사로 만들고 싶던 존은 디즈니를 떠나 픽사에 합류했다. 그리고 픽사의 스토리텔링 역량을 가져와 자신을 거부한 회사에 다시 도입했다. 그 과정에서 그는 수십억 달러의 가치를 지닌 작품을 창조해내는 데 일조했다. 이는 우리가 작품을 너무 일찍 팔지 않았을 때 어떤 일이 일어나는지에 대한 고전적인 예이다. 우리는 가능한 한 작품의 소유권을 오래 유지해야 한다. 부자가 되기 위해서가 아니라 더 나은 작품을 만들기 위해서이다.

'훌륭한 작품을 만드는 것'은 모든 예술가의 주요 목표가 되어야 한다. 때로는 이러한 비전을 달성하기 위해 희생을 감수해야 하고 엄청난 기회를 저버려야 할 때도 있다. 우리는 재능을 사장死藏시키기 위해서가 아니라 우수한 작품을 만들기 위한 주도권을 유지하기 위해 그렇게 해야 한다. 이는 단기적인 손실이지만 장기적인 이익이 된다.

시스템을 믿지 말라

1990년대 중반 대학에 재학 중이던 스티븐 켈로그Stephen Kellogg는 곡을 연주하면서 돈을 벌었다. 그러나 졸업 후에는 이벤트 홍보 담당으로 일을 시작했다. 스티븐은 낮에는 행사를 기획하고 밤에는 물류를 관리했다. 이는 올바른 선택을 했다고 느낄 정도로 음악에서 가까우면서도 쇠창살에 갇힌 동물처럼 멀리 떨어진 일이었다. 스티븐이 원하는 것은 무대에 서는 일이었다. 단지 어떻게 해야 할지 몰랐을 뿐이었다.

동료의 격려에 힘입어 스티븐은 공개 무대에서 연주하기 시작했다. 스물네 살에 설 수 있는 무대만 있다면 작은 공연도 찾아갔다. 이는 그 안의 무엇인가를 자극했다. 다른 사람의 연주를 홍보하는 것보다, 꿈은 무대에서 연주하는 것이었다.

모든 예술가의 주요 목표는 훌륭한 작품을 만드는 것이다.

스티븐은 한 대학교 행사에서 공연하느라 휴직했다. 그리고 공연 덕에 스티븐은 단숨에 40회 공연을 확정 지었다. 공연마다 그는 400달러에서 700달러 정도를 현금으로 받을 수 있었다. 그로서는 꿈이 현실이 될 수 있다고 믿을 정도의 돈이었다. "일을 그만둘 수도 있겠다고 생각하면 정말 신이 났어요. 저는 친구들과 기타 연주를 할 수 있다는 게 정말 마음에 들었거든요."

친구 몇 명과 연주를 시작한 대학 순회공연은 '스티븐 켈로그 앤더 식서스Stephen Kellogg and the Sixers'라는 공식 밴드의 결성으로 이어졌다. 2004년 밴드는 대형 레코드사 유니버설과 계약을 맺었다.

이 밴드는 행운에 감사했다. 유니버설과의 레코드 계약을 맺었다는 것은 성공했다는 의미였다. 아니, 적어도 이들은 그렇게 생각했다. 많은 연주가와 마찬가지로 이들은 회사가 경력을 관리해줄 것이며 자신들은 오직 음악을 만들 걱정만 하면 될 것이라고 믿었다. 그러나 새로

예술가는 절대로 굶어 죽지 않는다

운 단계의 성공을 거두면서, 아직 밴드가 다룰 준비가 되지 않은 복잡한 문제가 생겨났다. 이들은 아마도 너무 빨리, 아니면 잘못된 방식으로 자기들을 판 것 같다고 생각했다. 어떤 쪽이든지 간에 식서스는 성공이 자괴감을 경감하지 않는다는 것을, 그리고 지속적인 경력을 보장하지 않는다는 것을 곧 배웠다.

식서스는 계약을 성사했음에도 기대하던 자유를 느낄 수가 없었다. 특히나 스티븐이 그랬다. 대신 공포를 느꼈다. "내가 그냥 그럭저럭하는 정도란 걸 사람들은 알게 될 거야. 그리고 내 노래도 그냥 그렇다는 것을. 또 내가 투자한 만큼 가치가 없다는 걸 알게 될 거야." 스티븐은 몇 년이 지난 후 당시 기분을 이렇게 기억했다. 그는 직업으로 무대에서 연주하는 평생의 꿈을 이루었지만 언제나 그 꿈이 사라질까 두려웠다. "제 마음 깊은 곳에서는 항상 제가 나가떨어질 거라고 느꼈죠."

2003년부터 2012년 사이 스티븐은 식서스와 함께 순회공연을 하고 일곱 개의 앨범을 녹음하고 1천 200회 이상의 행사를 했으며 전설적인 가수 제임스 브라운과 한 무대에 섰다. 누가 이 모든 것을 성공이 아니라고 여겼을까? 바로 스티븐 자신이었다.

"저는 다음 단계까지 도달하고 싶다는 생각이 들지 않았어요." 그는 예전 일을 떠올리며 말했다. 뉴잉글랜드 지방에 사는 스티븐은 나와 통화한 그날 오후에 지하실을 청소하려던 참이라고 했다. 때로는 자신감 넘치고 순수한 목소리였으나 어떤 때는 불안함에 목소리를 떨었다. 공감과 연약함이 느껴지는 목소리였다. 목소리 덕에 훌륭한 가수가 되었을 것이다. 스티븐이 밴드가 해체되고 "감히 떨쳐버릴 수 없는 실망감"만 남았다던 감정을 이야기한 느낌은 통화가 끝난 후에도 한동안 아련히 남았다.

성공의 정점에서 스티븐 켈로그는 자기 경력의 주도권을 잃은 듯한 기분이 들었다. 더 좋은 예술을 만들고 싶었지만 어떻게 해야 할지 몰랐다. 그 시점에서 그는 중요한 진실을 깨달았다. 게이트키퍼가 월급을 주는 한 언제나 대가가 따른다는 것이었다. 그리고 식서스에게 대가란 바로 자유였다. "아, 세상에. 이런 계약을 맺게 해주시다니 정말 감사합니다. 제가 당신들을 실망하게 해서는 안 될 텐데요!" 스티븐은 레코드 회사 임원 앞에서 당당한 자세를 갖추는 대신 얼마나 굽실거렸는지를 기억하며 말했다. 때로는 큰 성공이 큰 덫이 되기도 한다.

2012년 밴드는 결정을 내려야 하는 순간에 도달했다. 적은 돈에, 빡빡한 일정에, 진이 빠질 대로 다 빠진 이 밴드는 활동 중단을 선언하고 다시는 돌아오지 않았다. "우리는 십 년 동안 중하층민 수준의 임금을 받으며 완전히 지쳐 나가떨어진 거죠. 그리고 저는 우리의 우정을 깨버리고 싶지 않았어요. 우리가 무언가를 망쳐버리는 건 아닌지 늘 생각하느라 정말 외로웠어요."

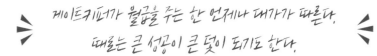

게이트키퍼가 월급을 주는 한 언제나 대가가 따른다. 때로는 큰 성공이 큰 덫이 되기도 한다.

스티븐 켈로그 앤 더 식서스의 이야기는 예술가가 자신의 작품을 소유해야 하는지에 대한 좋은 예이다. 스티븐이 다른 성공적인 예술가

예술가는 절대로 굶어 죽지 않는다

의 경력을 살펴봤더라면 다음 사실을 찾아냈을 것이다. 즉, 자신의 작품을 소유할 때 주도권을 가질 수 있다. 그리고 시스템을 지나치게 신뢰할 때 그것이 더는 당신이 필요하지 않은 때가 온다. "저에게 멘토가 있었다면 좋았을 거 같아요. 저는 그 사실을 몰랐어요. 어딘가 가고 싶다면 가려는 장소를 살펴보고 그곳에 이미 가 있는 사람을 살피는 데서 시작해야 한다는 사실을요."

흔한 이야기이다. 우리에게 이른 성공을 가져다주는 재능은 빠르게 사그라지기 마련이다. 그리고 시장의 흐름이 바뀌었을 때 우리에게 주도권이 없다면 이리저리 끌려다니다가 갈피를 잃기에 십상이다. 어떤 경우 대성공은 빨리 오는 만큼 쉽게 사라져버릴 수 있다. 스티븐 켈로그 앤 더 식서스는 시스템을 믿었고 시스템은 그들의 단물만 빼먹고 내뱉어버렸다.

문제는 다음과 같다. 그들에게 진짜 시스템이 필요했을까?

위험과 보상

———

1979년 조지 루카스는 뜻밖의 히트작 〈스타워즈〉의 속편을 제작하기 시작하면서 한 가지 결정을 내려야 했다. 그는 20세기 폭스사가 새로이 제안하는 투자를 받아들일 수도 있었다. 20세기 폭스는 가망 없어 보이던 우주 서사시를 든든히 받쳐준 제작사였다. 아니면 위험을 감수하고 막 벌어들인 돈을 차기작에 다시 쏟아부을 수도 있었다. 안전한 선택이야 제작사와 손을 잡고 속편이 전작의 성공을 이을지 가능성을 두고 도박하지 않는 것이었다. 그러나 루카스는 할리우드 시스템에 의심을 품었고 가능한 한 자기 일의 주도권을 최대한 유지하길 원했다.

첫 번째 계약에서 폭스는 성공 여부가 불투명한 시도로 여긴 〈스타워즈〉에 1천만 달러를 투자하는 대신 수익의 60퍼센트를 가져갔다. 한 임원은 이를 두고 "세상에, 거대한 봉제 인형처럼 보이는 것들이 등장하는 영화에 우리가 지금 1천만 달러를 쓸 거라고?"라는 이야기도 했다. 그러나 놀랍게도 영화는 어마어마한 성공을 거두었고 전 세계 박스오피스에서 7억 8천만 달러를 넘어서는 수익을 올렸다. 그리고 루카스는 이제 폭스에 돈을 구걸할 필요가 없었다. "좋아요, 그쪽이 위험을 무릅써줬죠. 차기작에는 내가 위험을 떠맡겠어요. 기꺼이 내 돈을 쏟아부을 의향이 있어요." 그는 이렇게 말했다고 회상했다.

루카스는 〈스타워즈: 제국의 역습〉에 자기 돈 2천만 달러를 투자했다. 그리고 폭스와 협상해 더 나은 계약 조건을 얻어내려고 자신의 투자를 활용했다. 이전 계약과는 거의 정반대로, 총 수익의 50퍼센트에서 협상을 시작해 결국은 77퍼센트로 확정 지었고 폭스는 모든 배급 비용을 부담하기로 했다. 폭스는 오직 칠 년 동안만 극장에 이 영화를 배포할 수 있었다. 결국 루카스는 모든 권리를 되찾았다. 또한 모든 TV 방영권을 소유하고 관련제품 판매수익의 90퍼센트를 받을 예정이었다. 게다가 폭스는 여전히 루카스에게 1천만 달러를 선급으로 내야만 했다. 그러나 루카스가 행여나 다른 곳의 제안을 받아들일까 하는 걱정에 제작사는 마지못해 계약서에 사인했고 영화제작이 시작되

예술가는 절대로 굶어 죽지 않는다

었다. 몇 년 사이 판도가 뒤바뀌었고 이제 주도권은 루카스에게로 넘어왔다. 폭스가 젊은 제작자에게 누가 〈제국의 역습〉을 쓰고 감독할 것이며 누가 출연할 것인지 묻자 그는 대답했다. "그쪽이 상관할 바는 아니지요."

〈제국의 역습〉은 흥행에 성공했다. 개봉 첫 주말에 전작 〈스타워즈〉의 네 배가 넘는 수익을 올렸고 전 세계적으로 5억 달러 이상을 벌어들였다. 그리고 할리우드와 다른 나라에 새로운 프랜차이즈 영화*가 등장했다는 것을 증명했다. 조지 루카스는 위험을 무릅썼기 때문에 보상을 얻을 수 있었다. 그리고 이후의 경력에서도 마찬가지로 행동했다. 모든 새 영화와 프로젝트에서 루카스는 새로운 것을 창조할 때마다 계속 도박을 걸었다. 때로는 거의 파산할 것처럼 보였지만 언제나 결과적으로는 승자가 되었다. 루카스는 자기 자신 말고는 누구에게도 직접 만든 작품의 운명을 맡기지 않았다.

〈스타워즈〉의 경우 루카스는 소유권 덕에 수십억 달러를 벌었다. 그러나 돈은 결코 중요한 것이 아니었다. 언제나 중요한 것은 작품이었다. 스타워즈의 성공은 그가 〈제국의 역습〉을 자기 방식대로 만들 수 있게 해주었다. 그리고 그 영화로 벌어들인 돈으로 '스카이워커 랜치 Skywalker Ranch**'를 만들 자금을 조달할 수 있었다. '스카이워커 랜치'는 그가 제작사에게서 도망쳐 꿈을 꾸고 창조할 수 있는 장소로 마음속에 그리던 곳이었다. 그러나 어떤 것도 그가 일에서의 주도권을 위

---

* 브랜드파워를 이용해 시리즈로 기획되는 영화
** 조지 루카스의 개인 작업실과 음향 제작부서 등이 위치한 영화 스튜디오 겸 목장

해 싸우지 않았더라면 벌어지지 않았을 것이다.

이것이 바로 소유권의 역할이다. 소유권은 당신에게 선택권을 준다. 굶어 죽는 예술가는 시스템을 믿고 가장 좋은 결과를 기대하지만 이는 잘못된 생각이다. "목표는 시스템이 당신을 위해 돌아가도록 노력하고 만드는 거예요. 당신에게 저항하는 대신에요." 당신의 작품이 머물기에 가장 안전한 장소는 바로 당신 곁이다. 누구도 당신만큼 당신의 성공에 기득권을 갖지 못한다. 시스템이 당신을 돌봐줄 것이라고 믿지 말라. 시스템은 그렇게 하도록 만들어지지 않았다. 당신의 작품을 소유하기 위해 할 수 있는 일이라면 뭐든지 해라. 그리고 주도권을 놓지 않기 위해 싸워라. 이것에 실패할 경우 당신은 도움이 아닌 큰 해를 입을 가능성이 매우 높다.

소유권은 단기적으로 비용이 발생할 수 있지만 장기적으로는 그럴 가치가 충분히 있다. 존 라세터는 디즈니로 돌아가 애니메이터로 일했다면 더 많은 돈을 받을 수 있었을지도 모른다. 그러나 존은 얻기 위해 희생하던 모든 것, 즉 작업의 자유와 주도권을 포기해야 했을 것이다. 문제는 돈이 아니다. 누가 예술을 통제하느냐의 문제이다. 우리의 작품을 소유하기 위해 일시적으로 임금을 삭감당하거나 단기적인 희생을 해야 할 수도 있다. 하지만 이러한 결정을 바탕으로 우리가 원하는 일을 생각한 방식으로 더 많이 할 수 있다. 그리고 누구도 짊어지려 하지 않는 위험을 감수할 때 누구도 얻지 못할 보상을 받는다. 누군가는 작품을 소유해야 한다. 그리고 그 누군가는 당신인 것이 낫다. 가수 프린스가 언젠가 말했듯 "당신이 자신의 주인이 되지 않을

예술가는 절대로 굶어 죽지 않는다

때 당신은 주인에게 종속되는" 것이다.

소유권이 자유를 허하리라

———

스티븐 켈로그는 첫 번째 레코드 계약을 체결하면서 지나치게 서둘렀다. "저는 한때 본 조비가 되고 싶었어요." 누가 그를 비난하랴? 아무도 그에게 장기적인 창조적 성공을 하려면 어떻게 올바르게 순서를 밟아야 하는지 알려주지 않았다. 그래서 그는 본 것 그대로 따랐고 대가를 치렀다. 그리고 많은 예술가가 그쯤에서 경력을 마감한다. 그다음에 무엇을 해야 할지에 대한 지침도 없이, 재기를 노리면서 말이다. 그들은 시스템을 믿었고 시스템은 그들을 실패로 몰아갔다.

다행히도 스티븐의 이야기는 거기에서 끝나지 않았다. 뉴욕시 웹스터 홀에서 마지막 라이브공연이 열린 밤, 스티븐은 솔로 앨범을 내자는 제안을 받는다. 그리고 이것이 첫 싱글판《Blunderstone Rookery》이다. 그 이후 스티븐은 여러 지역에서 순회공연을 한다. 이제 스티븐은 마음속에 새로운 규칙과 야망, 그리고 기대를 품는다. "저는 지금 제가 무엇이 될 수 있는지를 봅니다. 제 예술철학은 오로지 생계를 유지하는 거예요. 우리는 모두 저마다 다른 이유로 예술을 해요. 그리고 저는 제 가족을 돌보고 싶기 때문에 예술을 해요. 저는 제 아이들에게 좋은 시작점을 만들어주고 사람들에게 베푸는 사람이 되고 싶어요."

이제 그는 어떤 게이트키퍼나 시스템에도 기대지 않은 채 독립 음악가로 일한다. 스티븐은 최근 들어 일어나는 일에 신이 나 있다. 그리고 전적으로 창작을 주도한 첫 프로젝트인, 최근에 발매된 자신의 앨범을 자랑스러워했다. 스티븐 켈로그는 새로운 르네상스를 이해하기 시작했다. 그에게 성공이란 "될 수 있다고 생각한 가장 최고의 내가 되려고 최선을 다했다고 아는 것"이다. 결국 예술가가 된다는 것은 위대한 작품을 만들어내는 일이다. 그리고 소유권은 그러한 위대함을 보장하는 방법이다.

조지 루카스는 결국 창작의 주도권을 포기하고 40억 달러에 루카스필름을 디즈니에 매각했다. 이는 영화 시리즈를 완전히 새로운 단계로 올려놓을 기회이자 루카스 혼자서는 할 수 없는 일이었다. 그리고 이는 중요한 요점을 보여준다. 때로는 매각하는 것이 옳을 때가 있다. 존 라세터처럼 루카스 역시 훌륭한 작품을 만드는 데 집착했다. 그리고 이것이 이제는 일을 더 잘할 수 있는 사람에게 넘겨야 한다는 것을 의미할 때도 있다.

이런 행위는 자포자기에서 나온 행동이 아니라 예술적인 이익을 위해 비롯되어야 한다. 짐 헨슨은 대리인에게 자기가 창작하는 것은 아무것도 팔지 말라고 이야기했지만 말년에 그 역시 '머펫'의 인수에 대해 논했다. 우리는 작품을 너무 일찍 팔지 않도록 주의하면서 가능한 오래 붙들어야 한다. 파는 것이 나쁘다는 뜻이 아니다. 그러나 잘못된 방식으로, 잘못된 시기에, 잘못된 이유로 파는 것을 피해야 한다.

그러나 어느 시점에서 당신이 하는 작업의 일부 권리를 포기하고 창작의 주도권을 넘기는 것이 이치에 맞을 수도 있다. 그러한 기회가 당신에게 재정적 압박 없이 더 많이 창작할 수 있도록 해준다면 그렇

　　　　　　　　　예술가는 절대로 굶어 죽지 않는다

게 해야 한다. 그런 경우가 매우 드물고 주의를 기울여 접근해야 한다는 사실만 기억하도록 하자. 다른 사람이 우리의 최고 이익을 위해 움직일 것이라고 믿을 때 이는 우리를 위해 움직이지 않는 시스템을 두고 도박하는 것이란 점을 잊어서는 안 된다.

작품을 출판사, 레코드 회사, 또는 투자가에게 팔 때 그것이 유일한 방법이라고 생각해서가 아닌 정당한 이유를 두고 팔아야 한다. 루카스, 라세터, 그리고 헨슨의 경우 기업을 매각한다는 것은 그들이 몇십 년 동안 투쟁하며 지켜온 품질을 저하하는 일 없이 좀 더 큰 규모로 더 나은 작업을 할 수 있다는 의미였다. 우리는 너무 이른 시기에 찾아온 매각 제안을 받아들이는 일, 그리고 자신의 가치를 알기도 전에 소유권을 포기하는 일에 경계를 늦춰서는 안 된다. 기다리는 자에게는 언제나 더 좋은 일이 있기 마련이다.

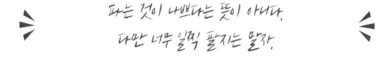

파는 것이 나쁘다는 뜻이 아니다.
다만 너무 일찍 팔지는 말자.

1987년 태양의 서커스가 한 예술제에서 공연해달라고 초청받았을 때 이 비영리 극단은 재정적인 어려움을 겪었다. 기 랄리베르테 대표는 어쨌든 공연하기로 했고 이는 성공적으로 끝났다. 후에 영화사 컬럼비아 픽처스는 이 공연을 주목했고 서커스단에 관한 영화를 만들자고 랄리베르테에게 연락했다. 제안은 솔깃할 정도로 매력적이었지만 사실이라고 믿기 어려울 정도로 좋은 조건이었다. 랄리베르테는 서커스를 커다란 스크린으로 옮기기 위해서 너무나 많은 권리를 포기해야 한다는 것을 깨닫고는 뒤로 물러섰다. 이 경험 덕에 그는 자기 극단이 영리를 추구하는 분야로 옮겨가야 하며 극단을 운영하는 데 필요한 자유를 모두 누리기 위해서는 자신의 소유가 되어야 한다는 것을 확신했다. 그리고 현재 랄리베르테는 억만장자이다.

우리는 스스로 자신의 주인이 되어야 한다. 아니면 우리의 주인이 우리를 부릴 것이다.

예술가는 절대로 굶어 죽지 않는다

결국 예술가가 된다는 것은

위대한 작품을

창조해내는 일이다.
그리고 소유권은 그러한 위대함을
보장받는 방법이다.

Chapter 11

다양한 경험이 성공을 이끈다

굶어 죽는 예술가는
한 가지 기술만 통달한다.
잘나가는 예술가는
다양한 기술을 통달한다.

나는 다음을 위해 싸운다.
누구의 지시도 받지 않고 원하는 대로 갈 수 있는
마음의 자유를 위해서 말이다.
– 존 스타인벡

1987년 마크 프로엔펠더Mark Frauenfelder는 독립 잡지 혁명에 관한 기사가 실린《홀 어스 리뷰》지를 읽었다. 그는 속으로 생각했다. '우리도 잡지를 만들어야겠어. 정말 재미있을 거야.' 다음 해 마크와 부인은 대중문화 및 기술 관련 잡지《보잉 보잉Boing Boing》을 창간했다. 처음에는 인쇄 잡지였으나 1995년부터는 온라인 잡지가 되었다. 프로젝트는 주로 재미를 위해 만들어졌다. 마크는 당시 기계공학자였다.《보잉 보잉》이 창간된 때 그는 디스크 드라이브 산업 분야에서 계속 일했다.

그러나 창의적인 일은 그때부터 태동하기 시작했다.

1993년 마크는 《와이어드》 잡지에 합류해달라는 제안을 받았다. 부편집장으로서 잡지사의 첫 웹사이트를 열었고 출판부의 커미셔닝 에디터commissioning editor*가 되었다. 마크는 아무런 공식 언론계 경험도 없이 모든 것을 해냈다. 한편으로는 여전히 《보잉 보잉》을 발간했다. 그는 현장에서 배워가며 과정을 즐겼다.

2005년 마크는 호기심에 또 다른 잡지 《메이크Make》를 창간한다. 다양한 기술 프로젝트와 '메이커'들의 활발한 움직임을 다루는 잡지였다. 십 년 후 마크는 마술 트릭에 관한 책을 자비로 출판했다. 지금도 여전히 《보잉 보잉》을 발간하면서 다양한 프로젝트를 진행한다. 글쓰기와 출판 기획 외에도 미국 전역의 전시회에 출품하는 예술가이기도 하다. 마크는 빌리 아이돌의 《Cyberpunk》 앨범 표지를 디자인했고 다양한 인쇄광고와 창작 프로젝트에 참여한다.

이것이 바로 마크의 두뇌가 일하는 법이다. 그는 절대 한 가지 일에 너무 오래 매달리지 않는다. 프로젝트에서 프로젝트로, 아이디어에서 아이디어로 움직인다. "좋건 나쁘건, 저는 아주 다양한 것에 관심이 많아요. 그리고 미디어 제작이나 다른 것을 실제로 경험하면 어떤 느낌인지 보려고 시도해보는 건 언제나 즐거운 일이죠."

가끔 우리는 초점의 결여를 나쁘게 생각한다. 그러나 언제나 그런 것은 아니다. 잡지 창간하기, 책 쓰기, 마술 트릭 가르치기, 펑크록 가수의 앨범 디자인하기 등, 모든 것이 어느 위대한 예술가가 하는 일처

* 콘텐츠 기획과 공동제작 투자 여부를 결정하고 프로그램의 질적 수준을 관리하는 역할

럼 들린다고? 그럴 만하다. 왜냐하면 마크는 한 가지 일만 하는 것이 아니라 다양한 일을 하기 때문이다.

포트폴리오의 원칙

누군가가 "무슨 일을 하세요?"라고 물을 때 우리는 대부분 한 단어로 대답하기 일쑤이다. 아니면 길고 복잡하게 대답하며 듣는 사람을 혼란스럽게도 한다. 그러나 언제부터 단 하나의 업무가 그 사람이 무엇을 할 수 있는지를 결정하는가?

그래서는 안 되지.

지난 세기에 우리는 직업에 대해서 평생 한 가지 분명한 계획에 헌신해야 한다는 이야기를 들어왔다. 한 가지 일을 하는 데 경력을 바치고 우리가 초점을 맞추는 분야에서 너무 멀리 벗어나서는 안 된다고 말이다. 이것이 우리가 생각하는 '전문성'의 정의였다. 그러나 이것이 정말 위대한 예술가가 하는 일일까? 전문성이란 한 가지 기술로 만들어지는 것일까, 아니면 다양한 기술로 구성되는 것일까?

예술은 한 가지 형식에만 기대어서는 안 된다. 언제나 변화하고 진화할 수 있어야 하며, 최고의 예술가는 항상 그렇게 움직인다. 이들은 성공하기 위해서는 하나 이상의 기술을 통달해야 한다는 것을 이해한다. 이것이 바로 포트폴리오의 원칙이다. 굶어 죽는 예술가는 자신이 한 가지 기술만 통달하면 된다고 믿는다. 잘나가는 예술가는 작업을 위해 다양한 뼈대를 세운다.

예술가는 절대로 굶어 죽지 않는다

르네상스 시대에 사람들은 다양한 방식이 교차하는 그 지점을 받아들였다. 그리고 이를 가장 잘 융합하는 사람을 당연히도 '거장'이라고 불렀다. 지금 우리는 '긱 경제*' 속에서 살아간다. 이는 뭐든지 잘하는 사람에게 어느 때보다 성공할 기회가 많이 주어지며 새로운 방식의 노동자가 탄생하는 경제 환경이다. 경영 철학자 찰스 핸디는 한 번에 한 가지 이상의 일을 곡예하듯 하는 노동계층을 '포트폴리오 노동자'라고 불렀다. 그리고 모두 이런 식의 삶을 살 것이라고 예언했다. 이제 우리는 그러한 현실 속에서 사는 것으로 보인다.

"사람들이 제가 하는 일이 무엇이냐고 물어보면 대답하기 어려워요." 마크가 캘리포니아에 있는 자기 집에서 내게 말했다. "그러면 저는 그냥 한 가지를 골라요. 그리고 이렇게 얘기하죠. 저는 잡지 편집자예요, 작가예요, 아니면 블로거예요. 맞아요. 저는 일반적으로 창의성과 커뮤니케이션이 요구되는 일을 하는 사람이에요."

물론 마크는 그보다 훨씬 많은 일을 한다. 그리고 그가 자기 자신을 설명해야 한다고 느낀다는 사실은 우리가 사람을 단 하나의 업무로만 분류해 넣기를 얼마나 좋아하는지를 보여준다. 그러나 우리는 그럴 필요가 없다. 마크와 마찬가지로 풍부하고 다양한 포트폴리오를 만들고 평생 흥미롭고 창의적인 일을 할 수 있다. 새로운 르네상스 시대에 성공은 다양한 기술을 통달하는 능력에 달렸다. 우리가 이렇게 해야 하는 이유는 그래야만 경쟁에서 우위를 점할 수 있기 때문이다. 글쓰기만 잘하는 작가를 고용할 것인가, 아니면 마케팅도 잘 이해하는 작

* 기업이 정규직이 아니라 필요에 따라 임시직으로 사람을 고용하는 형태의 경제 방식

가를 고용하겠는가? 일을 완성하는 법만 아는 상사를 위해 일하고 싶은가, 아니면 감성지능마저 뛰어난 상사를 위해 일하고 싶은가? 우리가 다각화한 포트폴리오를 만들 때 더 흥미롭고 나은 일을 한다.

산만한 마음

굶어 죽는 예술가는 생계를 유지하기 위해서는 예술로 돈을 벌어야 한다고 믿는다. 그러나 잘나가는 예술가는 오직 예술에만 기대지 않는다. 훌륭한 투자가처럼 다각화한 포트폴리오로 생계를 유지하기 위해 다양한 소득 흐름에 기댄다. 이들은 거의 한 가지 영역에만 모든 것을 거는 법이 없다. 그렇게 되면 무엇에 언제 투자할 것인지를 아는 것이 과제가 된다.

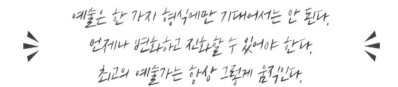

예술은 한 가지 형식에만 기대어서는 안 된다.
언제나 변화하고 진화할 수 있어야 한다.
최고의 예술가는 항상 그렇게 움직인다.

1985년 마이클 잭슨은 비틀스의 노래 250곡이 포함된 음악 카탈로그를 4천 750만 달러에 사들였다. 당시 음악계 사람은 이 계약이 말도 안 된다고 생각했다. 이는 어마어마한 액수의 돈이었다. 그리고 마이클 잭슨은 빠르게 세계에서 가장 인기 있는 가수의 자리에 올랐으며 연달아 히트곡을 내놓았다. 왜 다른 가수의 음악에 투자하면서 자신에게 집중하지 못하는가? 아무도 이를 이해할 수 없었다.

그러나 마이클 잭슨은 비틀스 카탈로그가 엄청난 가치가 있다는 것을 알았다. 게다가 카탈로그가 중요한 역사의 한 토막이며 보존할 가치가 있는 문화적 산물이라고 믿었다. 결국 이는 합리적인 투자였다. 잭슨이 카탈로그를 사들인 이후 곡들의 가치는 천 퍼센트 이상 상승했고 5억 달러 이상의 가치가 있었다.

음악 산업 역사상 이는 역대 최고 계약이었다. 놀라운 점은 이 계약이 제작자나 레코드 회사 경영진이 아닌 예술가로 이뤄졌다는 것이다. 우리 기준으로 볼 때, 자신의 작업에 집중해야 하는 사람에게서 발생한 거래였다. 마이클 잭슨은 여덟 자릿수의 금액이 걸린 저작권 취득 계약을 협상해야 하는 것이 아니라 곡을 연주하고 무대에서 공연해야 하는 것 아니던가? 심지어 자기 노래의 저작권도 아닌데 말이다. 그러나 마이클 잭슨은 그저 잘나가는 예술가가 하는 일을 했을 뿐이었다. 거액의 판돈을 거는 데 모든 것을 쏟아붓지 않았다. 그는 자신의 포트폴리오를 다각화했다.

마이클 잭슨은 아무도 관심을 가지지 않던 시대에 비틀스 카탈로그의 잠재성을 어떻게 볼 수 있었을까? 그리고 애초에 왜 관심을 가졌을까? "대부분 그만의 사업 감각 덕이에요." 연예계 전문 변호사이자 잭슨과 개인적 친분이 있던 도널드 데이비드가 말했다. "언젠가 그와 함께 앉아 한 시간이 조금 넘게 이야기를 나눈 적이 있어요. 그리고 그는 음악 산업을 처음부터 끝까지 꿰뚫고 있더라고요. 본능적인 감각이 좋았어요. 정말 좋은 감각을 지녔어요."

잭슨은 본능적으로 그냥 노래하고 공연하는 것만으로는 충분하지 않다고 느꼈다. 그가 자기 작업의 주도권을 놓지 않으려면 한 가지 이상의 것을 통달해야 할 필요가 있었다. 그리고 오늘날, 그러한 본능적 감각 덕에 마이클 잭슨의 자산은 몇십억 달러에 이른다. 형제와 리듬 앤블루스를 부르며 자라난 소년치고 나쁘지 않은 성과였다.

창의적인 사람은 아이디어와 가능성의 세계에서 살아간다. 이 때문에 우리는 초점의 결여와 투쟁해야 할 수도 있지만 그것이 꼭 나쁜 것만은 아니다. 방황하는 마음을 어떻게 사용하는지만 배운다면 자산이 될 수 있다. 시간과 자원을 투자할 적소를 찾고 싶다면 다리야 자벨리나Darya Zabelina 박사가 '느슨한 정신적 필터'라고 부르는 것이 필요하다. 노스웨스턴대학교에서 학생을 가르치는 다리야 자벨리나 박사는 창조적인 성과와 사람의 집중을 확장하는 능력 간의 연관성을 발견했다. 느슨한 정신적 필터란 어느 아이디어 하나가 장악하는 것이 아니라 여러 개의 모순되는 아이디어가 서로서로 버팀목으로 삼으며 긴장감을 유지하도록 하는 능력을 의미한다. "느슨한 집중력을 지닌 사람은 다른 사람이 보지 못한 것을 보거나 사물 간의 연관성을 볼 수 있어요. 이는 창의적인 아이디어나 생각으로 이어질 수 있죠."

이 능력은 마이클 잭슨이 아무도 보지 못한 것을 볼 수 있도록 만들어주었다. 또한 마크 프로엔펠더가《보잉 보잉》과《와이어드》를 동시에 펴내고 그 외에도 수없이 많은 프로젝트를 운용하는 등 다각화한 포트폴리오를 만들 수 있도록 해주었다. 이 둘은 시간과 에너지를 두고 상충하는 이해관계에 있었지만 결국 둘 다 성공했다. 적절한 환경에서 산만함은 강점이 될 수 있다. 치료 전문가 척 채프먼은 "가장 창의적인 사람들을 떠올려보세요. 그들은 혁신하는 사람들이에요. 아이디어를 제시하죠. 두뇌는 항상 바쁘게 움직이고 수많은 가능성을 봐요. 그런 것이 혁신을 만들어낸다고 생각해요"라고 말했다.

느슨한 필터는 가능성을 볼 수 있는 통찰력을 부여할 뿐만 아니라 새로운 기회를 알아보고 그 기회를 이용하도록 해준다.

새로운 기술과 씨름하라

─────

이제 잘 자리 잡은 예술가가 된 중년의 미켈란젤로는 새로운 기법, 즉 건축을 배웠고 로마의 성 베드로 대성당을 설계하기 시작했다. 대부분 사람이 이미 습득한 기술을 통달하기 위해 더 열심히 파고들 시점에서 미켈란젤로는 새로운 기술을 배웠다. 경력 초기에도 마찬가지였다. 그는 조각으로 시작해 필요에 따라 회화와 다른 기술로 움직였다. 거의 십 년마다 새로운 기술과 씨름하면서 근본적으로 다른 모습으로 탈바꿈하고 포트폴리오에 무언가 새로운 것을 덧붙였다. 그의 포트폴리오는 늘 발전하는 모습이었다.

그리고 그렇게 했기 때문에 천하무적이었다.

후에 미켈란젤로는 한 대형 건축물 프로젝트 감독을 맡아 총지휘했다. 그는 몇십 년간 총괄 디자이너와 관리자를 하며 여러 대규모 창작 프로젝트를 이끌어온 덕에 노동력을 훌륭하게 조직할 수 있었다. 이런 프로젝트에는 300명 이상의 인력이 소요되었다. 그리고 시스티나 성당 천장화를 그린 그가 모든 인력을 고용하고 감독했다.

오직 한 가지에만 집중하는 사람은 그런 위업을 관리할 수 없다. 또한 은둔형 예술가는 팀을 이끌 수 없다. 무엇보다도, 광범위한 프로젝트의 집합체와 씨름할 수 있는 에너지는 산만한 마음에서 나온다. 미켈란젤로는 단순한 조각가나 화가가 아니었다. 한 역사학자는 그를 CEO라고 부르기까지 했다. 그의 모든 능력은 서로 보완되고, 서로서로 기반으로 삼아 잊을 수 없는 업적을 만들어냈다.

어떻게 이것이 가능했을까? 미켈란젤로는 새로운 기술을 거부한 적이 거의 없었다. 적어도 자기 포트폴리오에 도움이 될 경우에 말이다. 영원한 걸작을 만들고 싶으며 원 히트 원더로 그치고 싶지 않다면 우리는 새로운 것을 배우는 데 개방적이어야 한다. 다각화한 포트폴리오는 커다란 도약이 아닌 연속된 작은 발걸음으로 만들어진다. 하나의 기술을 배우면 다른 기술을 또 배우게 된다.

미켈란젤로는 능숙한 조각 기술을 확장하여 건축을 공부하는 것으로 이었다. 이는 마흔 살이 될 때까지 한 번도 시도해보지 않은 분야였다. 시간이 걸리는 일이지만 가능성을 꿰뚫어 보는 눈이 있다면 이러한 프로젝트를 준비할 수 있다. 뛰어난 조각 실력으로 미켈란젤로는 건축의 기본 원리를 완전히 파악하고, 그 배움으로 공학자가 될 수 있었다. 그리고 한가한 시간에는 시를 썼다. "이 세상에 시인인 동시에 화가인 작가나 예술가는 거의 없어요. 미켈란젤로는 시인이자 화가입니다. 윌리엄 블레이크 역시 마찬가지예요. 그러한 능력을 갖춘다는 것은 언어와 이미지 사이를 자유로이 움직일 수 있는 두뇌 유연성을 가졌다는 뜻이에요. 그리고 두뇌 유연성은 다른 사람보다 더 큰 범위의 어휘를 사용할 수 있는 도구가 돼요." 역사학자 윌리엄 윌리스는 말했다.

이것이 실제로 작동되는 느슨한 필터이다. 미켈란젤로는 필요한 기술을 습득했다. 그리고 그 덕에 평생 창조하며 살 수 있었다. 미켈란젤로는 새로운 기술을 배우는 것을 경시하지 않았고 그것을 받아들이는 데 능숙했다. 그리고는 알맞은 시간에 적합한 일에 집중했다. 다양한 이해관계를 포용할 때 다양한 작품을 만들 수 있다. 그리고 느슨한 필터를 사용해 기회를 탐색하고 필요한 때 포트폴리오에 새로운 기술을 추가할 수 있다. 마이클 잭슨은 사업기회를 발견하는 개방성과 새로운 분야에서 성장하려는 의지로 수익성 높은 투자를 할 수 있었을 뿐만 아니라 문화적 유산을 지킬 수 있었다.

굶어 죽는 예술가는 하나의 기술만 통달하려 한다. 잘나가는 예술가는 작품을 만드는 데 필요한 기술은 무엇이든 습득하려 한다. 하나가 단기간의 보상에 관한 이야기라면 다른 하나는 평생의 창작에 관한 이야기가 된다. 전문성은 오직 한 가지 일만 하는 것이라는 미신을 믿지 않는다면 오래도록 남을 작품을 창조할 수 있다.

다양성은 제값을 하는 법

———

1992년 우리에게 닥터 드레로 알려진 스물일곱 살의 래퍼 안드레 영은 동업자 슈그 나이트와 데스 로 레코드를 설립했다. 닥터 드레는 힙합 그룹 NWA에서 탈퇴한 직후 새 레이블을 시작했다. 떠나는 것에는 위험 부담이 있었지만 닥터 드레는 다른 래퍼가 하지 못한 방식으로 성공했다. 데스 로는 초기 자본금 25만 달러로 시작했다. 회사가 결성된 지 일 년도 되기 전에 두 동업자는 음반 유통을 두고 인터스코프 레코드와 1천만 달러의 계약을 맺었다. 이들은 스눕 독, 투팍 샤커 그리고 MC 해머 같은 가수를 영입했고 이들은 모두 엄청난 성공을 거두었다. 회사는 모든 출판과 녹음권을 보유했다. 1996년에 이 회사는 연간 1억 달러 이상 벌어들인다.

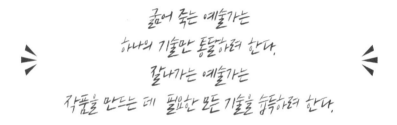

굶어 죽는 예술가는
하나의 기술만 통달하려 한다.
잘나가는 예술가는
작품을 만드는 데 필요한 모든 기술을 습득하려 한다.

회사를 공동 설립한 지 사 년이 지난 후, 닥터 드레는 회사의 방향과 동업자가 모두 만족스럽지 않았다. 슈그는 점점 위험한 상태가 되어 갔다. 언젠가 슈그는 닥터 드레를 대신해 사업 협상을 하면서 야구방망이를 휘두르기까지 했다. 그때까지 성공을 거뒀음에도 닥터 드레는 투자금의 50퍼센트를 회사에 남겨둔 채 데스 로를 떠나기로 결심한다. 그는 회사에 대한 모든 권리를 포기했을 뿐만 아니라 작곡한 모든 곡의 권리도 잃었다. 다시 한 번 다음 단계로 움직였다. 바로 애프터매스 엔터테인먼트였다.

예술가는 절대로 굶어 죽지 않는다

애프터매스에서 닥터 드레는 에미넴과 50센트 등을 포함해 새로운 인재를 끌어들였다. 그리고 이들이 데뷔하고 엄청난 스타덤에 오를 수 있도록 도왔다. 데스 로는 결국 1천 8백만 달러에 매각되었다. 한때 1억 달러를 벌어들인 때보다 훨씬 못 미치는 금액이었다. 닥터 드레의 직감은 옳았다. 대가가 얼마나 크든 간에 움직이는 것이 올바른 선택이었다. 우리가 보았듯 하나의 틀에 갇히지 않은 것에는 여러 이점이 있다. 경력을 통틀어 닥터 드레는 새로운 모험을 향해 계속 가지를 치면서 다양한 기술을 습득했다. 그리고 그러는 과정에서 자신의 예술과 사업에서 새로운 가능성을 보기 시작했다.

2006년 닥터 드레는 친구이자 음악 제작자 지미 아이오빈을 만났다. 아이오빈은 음악 산업이 현재 직면하는 두 가지 문제점에 대해 걱정했다. 첫째는 저작권 침해가 음반판매에 어떻게 영향을 미치는가의 문제였다. 두 번째는 애플사의 플라스틱 이어폰 때문에 저품질의 음향이 범람한다는 문제였다. 아이오빈은 애플이 "400달러짜리 아이팟에 1달러짜리 이어폰을" 끼어 판다고 말했다. 닥터 드레도 비슷한 불만을 드러내며 대답했다. "야, 일단 문제는 사람들이 내 음악을 훔쳐가는 거야. 그리고 또 다른 문제는 내가 열심히 작업해놓은 그 느낌을 망쳐놓는다는 거지."

그래서 아이오빈과 닥터 드레는 무언가를 해보기로 했다. 그리고 함께 헤드폰 회사 비츠를 설립했다. 현재 닥터 드레는 이 회사의 대표이사이다. 물론, 비츠나 다른 일에서 그저 이름만 거는 것이 아니다. 제작자이자 모든 것이 실현될 수 있게 하는 핵심 인물이다. 닥터 드레는 NWA를 결성하는 것을 도와 웨스트코스트 힙합이 주목받도록 했다. 그리고는 하나도 아닌 두 개의 성공적인 레코드 회사를 설립하여 수많은 가수가 데뷔할 수 있도록 도왔다. 또한 비츠에서 제품 디자인에만 관여한 것이 아니라 회사를 운영했다.

"저는 25년 동안 아메리칸 드림을 실현하며 살았어요. 내가 하는 일을 할 수 있는 능력을 갖췄고, 창의적인 일을 하며, 그걸로 돈을 벌어요. 놀라운 일이죠."

최근까지 많은 전문 음악가가 오직 한정된 소득 흐름으로만 돈을 벌 수 있었다. 기껏해야 라이브 공연과 음반 판매, 라이선스 사용료, 그리고 관련 제품 판매 같은 것이었다. 특히 주로 곡에서 나온 수익에 의지하는 작곡가의 경우 돈이 그리 많지도 않았다. 지금 모든 것이 변한다. 디지털 음악 혁명은 약간의 도전 과제를 안기면서도 새로운 가능성을 소개하기도 했다. 이제 우리는 우리의 작품 포트폴리오를 성공적인 경력으로 확장할 기회가 있다. 그러나 우리는 기꺼이 닥터 드레가 하던 대로 따라 하면서 경력을 찾아 나서야만 한다.

2014년 닥터 드레는 결국 비츠를 6억 2천만 달러에 애플에게 매각했다. 이 계약은 닥터 드레를 생존한 가수 가운데 가장 부유하게 해주었지만 중요한 교훈을 안기기도 했다. 그는 새로운 것을 추구하려고 정말 많은 것을 뒤에 남기고 떠나왔다. 이는 가끔 예술적인 괴팍함으로 보이기도 한다. 그러나 그 이상의 의미가 있다. 닥터 드레가 한 일은 그저 한 가지 창조적인 프로젝트에서 다음 프로젝트로 뛰어넘은 것이 아니었다. 닥터 드레는 포트폴리오를 쌓았다.

예술가는 절대로 굶어 죽지 않는다

현재 예전 동업자 슈그 나이트는 감옥에 있다. 그리고 닥터 드레는 억만장자가 되었다.

이것이 작품을 구성하는 방법이다. 새로운 기회와 기술을 찾고 이를 샅샅이 분석할 느슨한 필터를 개발하며, 작품 활동에 필요한 기술에 초점을 맞춰야 한다. 결국 이것은 작업에 관한 이야기이다. 닥터 드레에게는 단순히 음악을 만드는 문제가 아니었다. 무언가 새롭고, 흥미롭고, 유익한 것을 창조할 수 있는 어떤 기회를 받아들이는 것이 중요하다. 다른 잘나가는 예술가처럼 닥터 드레는 많은 일을 하며, 다양한 기법을 통달할 수 있는 능력은 매우 성공하게 해주었다. 결국 닥터 드레가 계속 창조하고 탐색하도록 한 것은 호기심이었다. 설사 그 일이 오랜 시간을 투자해 만든 작업을 뒤에 남기고 떠난다는 의미일지라도 말이다. 그럼에도 닥터 드레는 최고의 걸작이 뒤가 아닌 앞에서 기다릴 것으로 생각했다. 이는 당신에게도 마찬가지인 진실이다.

빅 픽처에 초점을 맞춰라

———

언젠가는 산만한 마음을 다잡고 깊이 파고들어 초점을 맞춰야 하는 시간이 온다. 더 큰 아이디어에 집중하고 나머지를 잠시 미뤄둘 때, 단편적인 창작이 아닌 당신이 만들어내는 업적을 더 생각한다. 그리고 포트폴리오적 사고방식을 갖춘다면 진짜 중요한 것에 계속 집중할 수 있다. 즉 개별적인 작품 하나가 아닌 전체적인 창의적 삶 자체에 말이다. 그렇다면 우리는 어떻게 이리저리 떠도는 마음을 다양한 장점과 기술로 바꿔 작품으로 탄생시킬 수 있을까?

산만함은 창작에서 강점이 될 수 있다. 개방적인 마음이 새로운 가능성으로 이어진다는 것을 이해하면 우리는 좀 더 조직적이거나 '책임감 있는' 모습으로 변화하려고 노력할 필요가 없다. 대신, 창의적인 괴짜다움을 장점으로 바꿔놓을 수 있다. 그리고 우리가 놓치던 성취감 넘치는 작업을 할 기회를 얻는다.

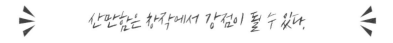

또한 우리는 새로운 기술을 찾기 위해 느슨한 필터를 사용하는 법을 연습해야 한다. 그리고 그 기술을 배우고 적용할 수 있어야 한다. 평생의 역작으로 이어질 좀 더 내실 있는 포트폴리오를 갖추기 위해 무엇이든 사용하는 것이 목표가 되어야 한다. 우리는 빅 픽처에 초점을 맞춰야 한다. 그리고 한두 점의 작품보다 더 중요한 것은 풍요로운 창조의 삶을 만들어가는 것이란 점을 기억해야 한다. 뛰어난 투자가가 다각화한 포트폴리오를 구성하듯, 잘나가는 예술가는 자랑스러운 작품 업적을 만들어낸다.

마크 프로엔펠더는 나에게 "나쁜 점은, 너무 넓고 얕게 일을 벌여서 어떤 일에서는 한 가지에 집착하는 다른 사람만큼 통달하지 못할 수 있다는 것이에요. 저는 꼭 팔방미인이 되어야 한다고 추천하는 것이 아니에요. 그러나 저에겐 통하는 방법이었어요. 저는 창작하면서도 생활비를 벌 수 있는 다양한 방식을 탐구하는 삶을 살아서 행복해요"

예술가는 절대로 굶어 죽지 않는다

라고 말했다.

　마크는 스타트업 기업에서 일하는 것부터 학회나 혁신적인 연구실에 참여하는 것까지 매우 다양한 직업을 거쳤다. 그리고 이는 모두 새로운 것을 시도해보려는 열린 마음과 의지에서 시작되었다. 물론 많은 일을 곡예하듯 하는 것은 어려울 수 있다. 그리고 다양한 호기심이 넘치는 삶에는 실질적인 대가가 따르기 마련이다. 그러나 삶이 이벤트가 아닌 과정이라는 점을 이해할 때 더욱 다채로운 작업이 가능하다. 또한 빅 픽처에 집중할 때 우리는 주목하고 기억할 가치가 있는 포트폴리오를 나 자신과 세상에 선사한다.

Chapter 12

예술을 위해 돈을 벌어라

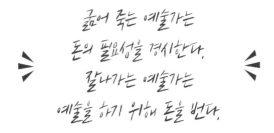

굶어 죽는 예술가는
돈의 필요성을 경시한다.
잘나가는 예술가는
예술을 하기 위해 돈을 번다.

작가는 글을 쓰고 살기 위해 돈을 벌어야 한다.
그러나 결코 돈을 벌기 위해 글을 쓰며 살아서는 안 된다.
– 칼 마르크스

2015년 후반, 의류 회사 올드 네이비는 '어린 미래 예술가'라고 쓴 후 '예술가' 위에 엑스 표를 치고 대신 '대통령'과 '우주비행사'라는 단어를 쓴 아동 티셔츠 시리즈를 내놓았다. 많은 사람이 이에 분노하며 인터넷에 불만을 표출했다. 어떤 사람은 "우리 고등학교 진로 상담사가 #올드네이비에서 일하나 봐. 왜냐면 그 선생은 예술가가 직업이 아니라고 했거든!"이라고 트위터에 쓰기도 했다.

올드 네이비는 공개적으로 사과하고 티셔츠의 판매를 중단했다. 그러나 예술이 진지한 직업이 될 수 있는가 하는 의문은 여전히 남아있다. 예술가가 되지 말고 더 안전한 길을 택하라는 훈계는 정치적으로 올바르지 않지만 여전히 많은 사람이 그렇게 생각한다. 사실 그것이 예술가가 자신에게 하는 훈계이기도 하다. 경력 전체를 부정하는 부정적인 혼잣말로 말이다. 그러나 우주비행사가 되는 것이 예술가가 되는 것보다 더 안전한 선택이라는 것이 사실인가?

앨런 빈에게는 그렇지 않았다.

어렸을 적 앨런의 꿈은 해군 비행사가 되는 것이었다. 그 꿈을 이루기 위해 정석으로 따라야 할 길은 우선 항공공학자가 된 후에 비행훈련을 받는 것이었다. 이때쯤 앨런은 혼자 생각했다. '이보다 더 좋을 수는 없겠어.'

"저는 제가 세상에서 가장 좋은 직업을 가졌다고 생각했어요." 앨런은 훗날 이렇게 회상했다. 그러나 어찌 된 연유인지 부족한 기분이 들었다. 앨런은 세상의 아름다운 것을 둘러보고 그것에 사로잡히곤 했다. 그는 주변 사람이 그림을 사는 모습을 보았고 그 정도 그림은 자기도 그릴 수 있을 것 같다고 생각했다.

앨런은 소묘와 수채화 수업을 듣기 위해 야간학교에 입학했다. 처음에는 그다지 잘 하지 못했지만 그는 그림이 좋았다. 해군 동기들은 그의 새로운 취미에 주목하면서 경력으로 발전시키고 싶다면 골프를 배우는 것이 낫겠다고 걱정스레 충고했다. 좁디좁은 군의 세계에서 그의 예술 사랑에 대해 의구심을 품은 이들도 있었다. 그러나 앨런은 전혀 신경 쓰지 않았다. 앨런은 언제나 자기가 흥미를 느끼는 일을 해왔기에 계속 그림을 그렸다.

해군 비행사라는 경력은 나사에서 일할 기회로 이어졌다. 그는 이전보다 더 바빠졌다. 시간이 날 때 동네 선생님에게 미술 수업을 계속 받았다. 예술은 유일한 취미였다. 비록 그 비중은 적더라도 다른 경력에 쏟는 것과 동일하게 전념했다.

서른일곱 살이 되었을 때 앨런은 달에 착륙하는 두 번째 계획으로 아폴로 12호의 우주선 조종사가 되었다. 1969년 11월 앨런은 달 위를 걸은 네 번째 사람이 되었다. 그는 달 표면을 탐색하고 그곳에 처음으로 원자력전지를 설치했다. 1973년 우주선장이 되어 우주정거장 스카이랩 3으로 날아가 59일 동안 우주 궤도에 머물렀다. 우주를 탐험하던 시기에 앨런은 놀라운 것을 보았다. 대부분 사람에게는 볼 기회가 오지 않을 것이었다. 하루는 우주왕복선을 비행하는 훈련을 받다가 혼잣말을 했다. "아, 여기엔 내가 하는 만큼 잘할 수 있는 젊은 남녀들이 있어. 그러나 달 위를 걷는 축복을 누린 사람은 아무도 없어."

그렇게 그는 그 자리에 멈춰섰다.

앨런은 마음속으로 누구나 우주왕복선을 탈 수 있으며 심지어 달까지 날아갈 수도 있을 것으로 생각했다. 하지만 누가 그것을 그림으로 그릴 수 있을까? 우주비행사가 그다지 흔한 직업은 아니란 점에서 이는 지나친 겸손이었지만 앨런은 자신에게 나눌 수 있는 재능이 있다는 것을 알았다. "내가 이곳을 떠난다면, 그리고 더 많은 것을 배운다면 다른 사람이 할 수 없는 이야기와 이미지를 남길 수 있을 기였어요." 나사를 떠나는 문제를 생각하면서 중년의 우주비행사는 비용을

예술가는 절대로 굶어 죽지 않는다

따져봤다. 앨런은 우주비행사가 되기 위해 어마어마한 교육과 훈련을 받아왔다. 그러나 그에게는 미술 재능이 있었다. "저는 이렇게 생각했어요. 콜럼버스가 예술가를 함께 데려갔다면 좋았을 거라고요. 우리는 더 많은 것을 알 수 있었을 테니까요. 마젤란이 그렇게 했다면 정말 멋진 일이었겠죠."

달을 가까이에서 바라보는 것 그리고 달 먼지를 발밑에 느끼며 터덜터덜 걷는 것은 다른 예술가가 절대 표현할 수 없는 그런 경험이었다. 앨런을 제외한 누구도. 그리고 그는 이것을 깊이 생각할수록 더욱 신이 났다. 곧 선택은 분명해졌다. 앨런은 달을 그려야만 했다. 그리고 이를 위해 나사를 떠나야만 했다. 이렇게 앨런 빈은 최초의 우주비행사 화가가 되었고 역사상 직접 겪은 경험을 바탕으로 달을 그린 유일한 사람이 되었다.

본분 다하기

1981년 본격적으로 그림을 그리기 위해 앨런이 나사를 떠나자 친구들의 반응은 엇갈렸다. "반은 좋은 아이디어라고 했어요. 나머지는 제가 중년의 위기를 겪는 거라 했어요. 그리고 저에게 '그래, 좋아, 앨런. 넌 다른 사람이 하지 못한 수백만 달러 가치의 훈련을 받았어. 넌 이게 훈련을 활용하는 적절한 방법이라고 생각하니?' 같은 이야기를 하더군요. 저에겐 재능이 있었고 모든 훈련을 소화했죠. 그리고 많은 지식을 습득했어요. 평범한 결정은 아니었죠."

그러나 앨런은 이미 그런 부분을 고려했다. 그리고 결정은 그저 예술가다운 변덕에서 나온 것이 아니었다. "저는 언제나 본분을 다하는 그런 사람이었어요. 그래서 저는 이렇게 얘기했어요. '이게 내가 해야만 하는 일이야. 나사는 내가 아쉽지 않을 거야. 하지만 내가 이걸 안 하면, 내가 본 그 수많은 이미지와 이야기는 잊히고 말아'라고요."

보통 우리는 예술을 의무로 생각하지 않는다. 오히려 올드 네이비 광고에서 보듯 진지한 직업 선택이 아닌 사치라고 치부한다. 그러나 그것이 사실일까? 창작하고 싶은 욕구와 예술가가 되겠다는 소명 의식은 다른 이야기이다. 분명 앨런 빈은 자신이 후자라고 생각했다. 마침내 오십 살에 사직했을 때 앨런은 열정만을 좇은 것이 아니라 소명에 응답한 것이었다.

"저는 창작에 대한 욕구 때문에 우주비행사를 그만둔 것이 아니었어요. 저는 제가 운 좋게도 참여한 그 위대한 프로젝트를 기념하는 그림을 그리는 것이 제 본분이라 느꼈어요." 앨런은 나와의 통화에서 텍사스 특유의 느릿한 말투로 이야기했다.

그래서 앨런은 오직 그만이 할 수 있는 것, 즉 달을 그려야 한다는 의무감으로 그 자리에 섰다. 그리고 그림 그리는 일을 시작하면서 무언가를 깨달았다. 그림을 못 그린다는 사실이었다. "저는 제 그림을 두고 갤러리와 미술관에 걸린 그림과 비교해보았어요. 그리고 제 그림은 거기에 미치지 못한다는 걸, 어쩌면 절대로 그 그림만큼 잘 그릴 수 없다는 걸 알았죠. 하지만 저는 더 나아졌고 경쟁력도 갖출 수 있었어요. 왜냐하면…거기에 전념하면서 어쨌든 그 일을 하려고 생활비를 벌어야 했으니까요."

앨런은 그림에 몰두했다. 그리고 삼십 년이 넘는 세월 동안 예술만으로 넉넉하게 먹고 살 수 있었다. 오늘날 앨런 빈의 작품은 미국 전역의 갤러리에서 볼 수 있다. 또한 그림은 작품 당 수만 달러 혹은 그 이상에 팔린다.

앨런 빈은 본분을 다했다. 그리고 잘 해냈다.

그러나 앨런에게 돈은 중요한 것이 아니었다. 우주비행사 출신 예술가에게 작품은 의무였고 그 의무를 다하기 위해 생활비를 벌어야 했다. 앨런은 돈을 벌었기에 예술을 할 수 있었다. 그 반대가 아니었다. 핵심은 오직 앨런만이 세계에 선사할 수 있는 재능을 나누는 데 있었다. 그럼에도 돈이 없었다면 예술은 훨씬 더 힘들었을 것이다. 그리고 그렇게 앨런은 모든 굶어 죽는 예술가가 명심해야 하는 부분을 알았다. 돈은 예술을 위한 수단이며 절대 주인이 되어서는 안 된다는 점이었다.

선물의 원칙

———

창작에서 두 가지 형태의 경제가 존재한다. 첫 번째는 시장경제이다. 우리, 즉 소비자의 유용성을 바탕으로 재화와 용역이 팔리는 친숙한 곳이다. 지난 백 년 동안 근대국가는 모두 이를 주도적인 경제 모델로 삼아왔다. 그리고 물론 그 덕에 사회적으로 수많은 훌륭한 발전과 혁신이 일어났다. 그러나 그만큼 한계도 있다.

돈은 예술을 위한 수단이며 절대 주인이 되어서는 안 된다.

두 번째는 루이스 하이드Lewis Hyde가 '선물 교환 경제'라고 부르는 것으로, 그는 이 경제 형태에서 창의성이 번창할 수 있다고 주장한다. 하이드는 "창의적인 영혼의 본질적인 거래형태는 선물 교환 경제예요"라고 말했다. 예술은 재능이지 상품이 아니라고 주장한다. 당신이 만들고 돈을 받을 수 있는 재화가 아니다. 어쨌든 역사상 대부분 그렇지 않았다. 수천 년간 예술 행위의 기본 모형은 선물 교환이었다. 겨우 최근에 와서야 우리는 예술을 값을 치르는 대상으로 생각하기 시작했다.

1983년 루이스 하이드는 『The Gift』라는 책을 출판했다. 그리고 예술가들 사이에서 현대 고전이자 비공식 베스트셀러가 되었다. 이 책은 왜 많은 현대 예술가가 작품으로 생계를 이어가느라 고군분투하는지를 설명한다. 예술은 선물이지만 우리는 시장경제에서 살아가기 때문에 둘 사이에 단절이 일어난다는 것이다. 시장에서 사람들은 선물에 돈을 지불하지 않는다. 상품에 돈을 지불한다. 그러므로 예술에 돈을 받을 방법을 찾아야만 한다.

이를 위해서는 세 가지 방법이 있다. 첫째는 예술을 시장에 직접 판매하는 상업적 예술가가 되는 길이다. "예술가가 작품 활동을 하면서 그걸로 생계를 이어갈 수 있다면 정말 멋진 일이지요." 하이드가 말했다. 불가능한 일은 아니다. 그러나 이는 일반적인 길에서 많이 벗어난다.

예술가는 절대로 굶어 죽지 않는다

두 번째는 부유한 후원자가 당신이 작품 활동을 하는 동안 생계를 책임져주는 길이다. 이번에도, 이것은 드문 경우이며 기댈만한 길이 아니다.

세 번째는 스스로 작품 활동을 지원할 방식을 찾는 자기 후원의 길이다. "예술과 상업 간의 단절을 해결할 수 있는 가장 일반적인 해결책은 부업을 하는 것이에요. 예술가 대부분에게 부업이란 자신이 하는 예술을 가르치는 것이죠."

물론 예술가가 빈곤을 선택하고 고통과 갈등의 공간에서 창조하는 네 번째 해결책도 있다. 그러나 이는 가장 선호되지 않는 방법이자 현명한 것과 가장 동떨어진 선택이다. "저는 굶어 죽는 예술가에게는 전혀 관심이 없어요. 예술가는 잘 먹어야 한다고 생각해요. 그리고 예술가가 의사나 변호사만큼이나 돈을 벌어야 한다고 생각해요." 하이드는 이렇게 말했다. 그러나 우리가 사는 세상은 그렇지가 않다. 모든 예술가는 창조할 돈을 위해 싸워야 한다.

몇 년간 하이드 교수는 자신의 조언에 따라 하버드에서 작문을 가르쳤다. 그럼에도 시간이 갈수록 그는 자신에게 무엇이 중요한지를 생각하기 시작했다. 직업이 주는 괜찮은 수입과 건강보험을 두고 다른 일에 더 많은 시간을 할애하고 약간의 희생을 감수할 수 있을까 궁금했다. "우리는 인생을 살면서 그런 순간을 많이 겪어요. '이게 필요한 일인가?'라고 생각해내려 노력하는 시간이죠. 그리고 그렇지가 않다면, 그래서 내가 이 일을 그만둔다면, 무엇이 자유로워질까요?"

하이드 교수는 글을 쓰는 것이 중요하다고 결론을 내렸다. 그래서

1990년대 중반 수업 시간을 반으로 줄였다. 전보다 조금 일해도 여전히 안정감을 누리면서 필요한 만큼 여유를 얻었다. 그러나 하이드 교수는 한 번 움직인 이상 다시는 뒤를 돌아보지 않았다. "저에게는 돈보다 시간이 더 중요했어요." 하이드는 이전 급여의 반만큼만 벌면서 전과 같이 생활을 이어가는 점이 왜 옳은 선택인지 나에게 설명하며 말했다.

전미 예술기금협회는 문학 보조금을 지급한 당시 보조금을 받는 작가들의 이야기를 모아 『Buying Time』이라는 책을 출간했다. 전 회장 빌 아이비는 이를 "예술기금협회가 작가에게 돈을 지급함으로써 이들에게 훌륭한 작품을 쓸 수 있는 자유와 시간을 주자는 아이디어였습니다"라고 말했다. 이것이 루이스 하이드가 파트타임 교수로 전환하면서 한 일이다. 하이드는 시간을 번 것이다.

창작은 시간과 자원 모두에서 비용이 드는 노력이다. 그리고 그 어떤 즉각적인 보상도 해주지 않으면서 우리가 삶의 많은 부분을 헌신하길 요구한다. 돈을 만들 수 있는 방법을 찾아낸다면 우리는 시간을 살 수 있고 더 많이 창조할 기회를 얻는다. 이것이 미켈란젤로가 은퇴해도 될 만큼 충분히 돈을 번 후에도 절대 일을 놓지 않은 이유이다. 미켈란젤로에게 목표는 소득이 아니었다. 목표는 창작을 계속하는 것이었다. 우리는 돈을 위해 예술을 하지 않는다. 더욱 활발히 예술 활동을 하기 위해 돈을 버는 것이다.

이것이 앨런 빈, 그리고 그와 비슷한 이들의 마음가짐이다. 굶어 죽는 예술가는 돈의 필요성을 경시한다. 그러나 잘나가는 예술가는 너

예술가는 절대로 굶어 죽지 않는다

나은 예술을 위해 돈을 활용한다.

루이스 하이드에게 예술의 미래를 어떻게 내다보냐고 묻자 그는 "밝지도, 암울하지도 않다고 봅니다. 예술은 언제나 우리와 함께 있을 거예요. 저는 앞으로 젊은 사람들이 예술 활동으로 생계를 유지할 수 있고 관객을 찾을 수 있는지 알아내는 데 십 년은 걸릴 거라고 봐요. 기반을 잡기 위해선 중간에 시간이 필요합니다. 그동안 젊은 예술가는 빈곤층으로 전락하는 일 없이 존엄성 있는 삶을 영위할 수 있는 공동체의 지원이 필요해요"라고 대답했다.

▶▶ *우리는 두둑한 배와 충만한 영혼으로 창작해야 한다.* ◀◀

이것이 선물의 원칙이다. 예술이 의무라면 당신은 창조해야만 한다는 의미이다. 선물의 본질은 그냥 준다는 데 있다. 따라서 예술가의 첫 의무는 작품을 만드는 데 있다. 모든 창작 행위에는 선물을 건네는 너그러움의 정신이 깃들어있지만 이러한 너그러움을 구체적으로 보여주기 위해 우리가 굶주려서는 안 된다. 우리는 두둑한 배와 충만한 영혼으로 창작해야 한다. 따라서 예술가의 두 번째 의무는 예술을 위해 돈을 버는 것이다.

돈이 예술을 만든다
———

1930년대 일본 도시의 거리는 사탕을 팔면서 어린이를 위해 그림연극을 하는 예술가 무리가 장악했다. 가장 전성기 때는 '가미시바이야 紙芝居屋'라고 불리던 장사꾼이 도쿄에서 2천 500명가량 활동했다. 이들은 한 번에 삼십 명 정도의 어린이를 대상으로 열 번씩 공연했다. 하루에 백만 명에 이르는 어린이가 공연을 보았다.

경제 불황기에 마땅히 일이 없던 예술가에게 이는 놀라운 기회였다. 사탕을 파는 이동 극장을 가미시바이紙芝居라고 불렀다. '그림을 이용한 거리 극장'이라는 의미였다.

예술가들은 자전거를 타고 마을과 마을을 돌아다녔다. 자전거 뒷자리에는 작은 무대가 실려있었다. 연극의 시작을 알리기 위해서 거리 모퉁이에 서서 두 개의 나무 막대를 서로 부딪쳐대며 "가미시바이! 가미시바이!"라고 외쳤다. 어린이들은 이 소리에 달려 나왔다. 그리고 돈이 있으면 자전거 뒷자리에서 사탕을 사고 맨 앞자리에 앉을 수 있었다. 이야기꾼은 사탕을 팔며 돈을 벌었고 이야기를 위해 그림을 그리면서 예술을 했다.

스토리보드를 만드는 것이 사업이 되었다. 중개인은 수수료를 받고 이야기꾼에게 그림을 빌려주었다. 어떤 가미시바이야는 다른 상인처럼 중개인에게 그림을 빌리는 대신 자기 극장만의 작품을 만들어냈다. 그림쟁이들은 우선 연필로 밑그림을 그린 후에 두꺼운 붓으로 먹물을 덧칠했다. 그리고는 배경과 전경을 묘사하기 위해 수채 물감을 사용했고 가장 위에는 템페라 페인트를 칠했다. 마지막으로 광택제를 한 겹 더했다. 날씨의 영향에서 그림을 보호하고 반짝반짝 윤이 나게 하기 위해서였다.

예술가는 절대로 굶어 죽지 않는다

가미시바이 예술에서 등장인물은 과장된 크기의 눈을 가졌고 뚜렷한 음영으로 그려졌다. 뒤에 앉은 어린이도 이야기에 몰입하도록 하기 위해서였다. 가미시바이 공연에는 세 가지 이야기가 포함되었다. 각 이야기는 약 10분 정도의 분량이었다. 이야기꾼은 그림 가운데 한 장을 무대 틀에 끼운 후 그 장면을 극적으로 재현했다.

이야기가 진행되면서 이야기꾼은 그 그림을 치우고 다음 그림을 보여주었다. 세 가지 이야기 가운데 마지막 이야기는 늘 손에 땀을 쥐게 하는 장면으로 끝이 났다. 다음 날 다시 오게 하기 위해서였다. 일본의 이러한 거리 극장 형태는 1952년 TV가 보급되면서 사라졌다. 그러나 이야기꾼은 예술 형태 그대로 살아남았다.

예술가들은 '망가漫畵'라고 불리는 새로운 형식을 퍼트렸다. 그리고 이제는 전 세계적으로 어마어마한 이익을 거두는 산업이 되었다. 오늘날 거리 예술가는 축제와 전람회에서 하나의 예술형식으로 가미시바이를 되살린다. 가미시바이는 고유 형식으로 만화와 애니메이션의 세계에서 버텨낸다.

월트 디즈니는 "나는 그저 돈을 벌기 위해 영화를 만들지 않는다. 더 많은 영화를 만들기 위해 돈을 번다"라고 말했다. 이는 우리 대부분이 바라는 것이다. 우리는 작품으로 부자가 되는 것이 아니라 원하는 만큼 창조할 수 있는 충분한 시간과 자유를 가질 수 있길 바란다. 우리는 중요한 것에 집중할 수 있는 수단을 원한다.

나는 처음으로 전업 작가로 나선 당시 책을 써서는 생활비를 벌기가 어렵다는 것을 알았다. 작가인 친구들 몇 명은 나에게 무서운 이야기를 들려주곤 했다. 수지타산을 맞추느라 나는 루이스 하이드가 말한 대로 내 기술을 팔기 시작했다. 그리고 결국 온라인 사업을 했다. 사업 덕에 돈과 내 가치를 타협해야만 하는 어떤 압박도 없이 원하는 만큼 글을 쓸 수 있는 자유와 유연성을 얻었다. 그리고 지금까지 나는 이 조언에 기댄다.

예술은 당신이 원하는 대로 인생을 만들어가도록 도울 수 있다. 그리고 이를 위해 피자 배달을 할 필요는 없다. 가미시바이야는 사탕 판매로 예술을 할 수 있었다. 돈 없이 어떤 예술도, 관객도 없었을 것이다. 사업은 창조적인 측면을 가능하게 해주었다. 오늘날까지 이어져 내려오는 완전히 새로운 예술 장르를 창시했다는 점은 말할 것도 없다.

가진 것을 활용하라

앨런 빈이 생계를 위해 그림을 시작할 때, 그는 달에서 보낸 시간을 예술의 수단으로 써야겠다고 생각했다. 본업에서 쓰인 일상적이고 평범한 도구의 용도를 변경해 창작에 사용하기로 말이다.

"전 다른 예술가가 항상 사용하는 똑같은 재료를 썼어요. 붓과 손가락 끝, 팔레트 나이프, 뭐 그런 것들이죠. 그리고 어느 날 저는 '왜 내가 이런 땅의 기법을 사용하는 거지? 나에겐 달에서 쓰던 망치가 있는데. 또 달 표면을 뚫던 해머 드릴이 있는데. 여기에 훈련용 방한 부츠도 있잖아. 나는 내 방한 부츠와 망치와 해머 드릴을 사용해서

예술가는 절대로 굶어 죽지 않는다

질감을 표현할 수 있을 거야. 그리고 우주랑 연관도 되니까'라고 말했어요.”

그리고 오늘날, 이러한 기법은 앨런 빈의 그림을 정말 가치 있게 한다. “사람들은 그 기법을 좋아해요. 저도 좋아하고요.” 앨런이 발견한 것은 달 그리기로 자신의 본분을 다하되 이를 잘 그려 돈을 버는 것이었다. 앨런은 그저 예술을 창조하고 돈을 받길 바랬는가? 전혀 그렇지 않다. 그는 시장과 함께 움직였고 고객의 요구를 충족했으며 동시에 무엇이 옳은지에 대한 자기 생각에 충실했다.

“그거 아시나요. 아주 오래전 저는 달에 착륙해서 2미터 정도를 걸어 내려갔어요. 저는 표면의 표본을 채취한 후 우주선으로 귀환하는 길에 달 먼지가 흩어지지 않게 뚜껑을 덮어서 오기로 되어있었죠. 하지만 왜 그랬는지 몰라도 저는 그냥 그걸 주머니에 넣었어요.” 달 먼지는 작품을 만드는 도구 가운데 하나가 되었다.

앨런 빈의 그림은 독특하다. 회화와 조각이 혼합된 형태는 누구도 따라 할 수 없다. 앨런은 그림에 질감을 더하려고 역사적인 달 착륙에서 쓰인 도구를 사용한다. 여기에는 나사의 삽과 그가 신던 방한 부츠 등도 포함된다. 예술가가 된 초기에 앨런은 우주복에서 나온 달 먼지를 아크릴 물감에 섞어 자신의 작품을 좀 더 독창적으로 만들었다. 그리고 앨런의 고백은 엄청난 마케팅 효과를 냈다.

“저는 그런 식으로 질감을 표현했어요. 괜찮아 보이더군요. 저는 생각했죠. '와, 이 방한 부츠 괜찮다. 저 망치로 낸 자국 멋지네.' 제가 보기에 질감 표현에 관한 아이디어는 그동안 제가 그림을 그리면서 생각한 아이디어들 가운데 최고였어요. 왜냐하면 다른 누구의 아이디어와도 달랐거든요."

앨런은 자신을 거부했을 것이 뻔한 한물간 시스템의 오래된 원칙을 따르지 않았다. 그는 자신만의 원칙을 만들었고 자기 주변에서 차용해왔다. 잘나가는 예술가의 원칙을 따랐다. 사회 부적응자라는 자신의 정체성을 받아들이고 성공으로 이끌어줄 인내심을 이용했다. 그리고 앨런은 길을 찾았다.

길을 찾을 수 있을 만큼 끈질긴 사람에게는 언제나 길이 열리기 마련이다. 당신이 해야 할 일은 그저 길을 찾고 예술을 겉치레가 아닌 본분으로 대하기 위해 부단히 노력하는 것이다. 그리고 당신의 선물을 세상에 건네야 한다. 기대에 그저 만족하거나 예술 때문에 굶어 죽지 말고 언제나 가능성의 한계를 넓혀가야 한다.

그렇다. 당신은 예술을 하기 위해 돈을 벌어야 한다. 그러나 소득에 너무 큰 비중을 두지 말자. 돈에는 그저 적절한 자리만 확보해주면 된다. 불을 밝히고 물건을 사기 위해서는 돈이 필요하지만 그것이 전부는 아니다. 소설가 스티븐 프레스필드는 "나에게 돈은 또 다른 계절을 사기 위해 존재한다"라고 했다. 일거리를 찾기 위해 서두르는 대신 당신이 만들어내는 매 계절은 곧 승리가 된다. 그리고 시간이 흐름에 따라 계절은 누적된다. 더 많은 돈을 가질수록 더 많은 시간을 가질 수 있다. 그리고 더 많은 시간을 가질수록 더 많은 예술을 만들어낼 수 있다.

지금 우리가 사는 세계에서는 돈도 벌고 주목도 받는 창작을 할 수

　　　　　　　　　　　　예술가는 절대로 굶어 죽지 않는다

있는 전례 없는 기회가 열려있다. 예술가가 되고 싶다면 이전에는 존재하지 않은 도구와 기술의 접근성이 제공되는 지금이야말로 진정으로 최고의 시기라 할 수 있다. 이러한 기회를 무시한다면 우리보다 앞서 길을 닦아놓은 선조의 노력을 무시하는 행위이다. 우리는 개성을 양보하지 않는 방식으로 이러한 도구를 활용하여 선조의 유산을 보존하고 함께 새로운 르네상스를 항해할 수 있다.

새로운 르네상스를 함께 하자

계의 멸망에 맞서는 데는 오직 하나의 방어만이 존재한다.
바로 창조적인 행위이다.

— 케네스 *Kenneth*

1909년 이탈리아의 예술가 아메데오 모딜리아니는 이탈리아반도 북서쪽 끝, 토스카나 지방의 매력적인 도시 리보르노에서 전시회를 열어달라는 제안을 받는다. 내려오는 이야기에 따르면 이 바닷가 마을의 주민은 조각상을 비평했고, 너무 형편없는 작품이기 때문에 그것을 메디치 운하에 던져버려야 한다고 모딜리아니에게 우겼다고 한다.

그리하여 소문에 따르면 모딜리아니는 진짜로 그렇게 했다고 한다. 76년 후, 모딜리아니 탄생 100주년이 된 해에 리보르노는 이 예술가

예술가는 절대로 굶어 죽시 않는다

의 업적을 기념하는 전시회를 준비했다. 전시회가 관광객을 유치하고 지역 경제를 활성화하는 역할을 해주길 기대하면서 말이다. 그러나 축제는 계획한 대로 흘러가지 않았다. 몇 안 되는 관람객만 찾아왔고 행사를 다루는 언론도 거의 없었다. 그러자 시의회는 모딜리아니의 잃어버린 조각상을 찾으려고 운하 수색을 했다.

수색은 지역 시립 미술관의 큐레이터이자 전시회의 주최자 베라 두르베가 이끌었다. 시는 이를 위해 3만 5천 달러를 지원했다. 8일이 지난 후인 6월 24일 아침 9시, 첫 번째 조각이 발견되었다. 8시간 후 두 번째로 화강석 흉상이 운하 바닥에서 발견되었다. 8월 9일에는 세 번째 조각을 건져냈다. 다른 조각들보다 아주 약간 작은 크기였다. 세 가지 흉상 모두 모딜리아니의 독특한 스타일에 들어맞았다. 두르베는 조각상들을 보고 눈물을 흘렸다. 백 년 후 리보르노는 마침내 전설의 잃어버린 조각상들을 찾았다.

1984년 벌어진 이 사건에 예술계에서는 큰 소동이 일어났다. 그러한 발견은 비평가와 애호가 모두를 매혹했다. 모두가 조각이 진품인지 궁금해했다. 비평가 체사레 브란디는 이것이 '매우 중요한' 발견이며 '분명 모딜리아니의 것'이라고 말했다. 로마 아카데미 드 프랑스*의 학장은 이를 '부활'이라고 불렀다. 또한 로마 국립현대미술관의 큐레이터는 의심의 여지도 없이 진품이라고 단언했다.

리보르노는 이후 뉴스 매체와 관광객, 그리고 예술비평가로 붐볐다. 모두가 이 발견이 얼마나 중요한 것인지 강조했다. 대부분 전문가가

* 1966년 루이 14세가 로마에 세운 예술 교육기관

이것이 진짜 모딜리아니의 잃어버린 조각상이라는 데 동의했다. 오직 단 한 명의 역사학자 페데리코 체리만이 진품이라고 보기에 너무 '설익어' 보이며 만약 그 위대한 예술가가 그것들을 운하에 던진 것이라면 잘한 일이었다고 주장했다.

작은 항구도시가 전 세계적인 관심을 끌기 시작한 무렵, 세 명의 대학생이 고백했다. 모든 것이 그들의 계략이었다고 말이다. 실제로 장난을 치려고 그들은 뒷마당에서 드릴로 흉상을 만들었고 그것을 운하에 던져버린 것이다.

처음에는 그 고백을 아무도 믿지 않았다. 학생들은 자신들의 이야기를 증명하기 위해 장난을 치는 장면이 담긴 사진을 내놨다. 장난은 처음부터 끝까지 총 두 시간이 걸렸고 이들은 모든 과정을 기록해놨다. 그럼에도 주장을 계속 믿지 않는 사람도 있었다. 한 전국 방송에서 대학생들은 정확히 어떻게 조각상을 만들었는지를 블랙앤데커 드릴로 보여주었다.

또 다른 지역 예술가 안젤로 프로글리아는 다른 두 개의 두상을 자기가 만들었다고 주장하고 나섰다. 일부는 흉상들의 타당성을 입증하는 수많은 과학적 실험을 인용하며 여전히 진품이라고 주장했다. 많은 전문 예술비평가가 작품의 진위에 명예를 걸었고, 대학생 몇 명이 이들을 바보처럼 보이게 했다. 사건이 벌어진 지 6주 후, 리보르노는 마침내 그 사실을 받아들였다. 만약 모딜리아니가 진짜로 비평받은 조각상들을 운하에 던져버렸다면 여전히 발견되지 못한 상태일 것이라고 말이다.

예술가는 절대로 굶어 죽지 않는다

아름다운 거짓말

가짜 모딜리아니 사건은 중요한 인간적 특성을 보여준다. 종종 증거가 있어도 우리는 진실보다 전통을 더 편하게 느낀다. 오늘날 리보르노의 가짜 조각상은 예술의 잃어버린 작품이 아닌 이 도시의 문화적 전통의 일부로 기념된다. "얼마나 끔찍한 일인가요." 미켈란젤로가 누리던 부의 실체를 발견한 랩 햇필드 교수는 이렇게 말했다. 내가 교수에게 사람들이 왜 굶어 죽는 예술가의 미신에 대한 생각을 바꾸는 데 저항하는지 묻자 리보르노 이야기를 들려주었다. "사람은 그래요." 햇필드 교수는 이 말로 끝을 맺었다.

우리는 가끔 듣던 이야기대로 살아간다. 때로는 이야기의 진실에 대해 의심도 품지 않고 말이다. "저는 모딜리아니의 작품이라고 추측되던 세 조각상이 모두 가짜라고 확신해요. 세 남학생이 오늘 보여준 대로 말이에요. 오늘 그 조각상은 분명 가짜였어요. 하지만 정말 아름다웠죠." 리보르노에서 벌어진 장난을 예술평론가 마리오 스파그놀은 이렇게 이야기했다.

'가짜지만 아름답다.' 아마도 굶어 죽는 예술가의 이야기에 대해서도 마찬가지 이야기를 할 수 있을 것이다. 우리는 고군분투하며 예술 때문에 괴로워하는 예술가를 보는 데 익숙하다. 이는 가장 익숙하다는 이유 하나로 매력적인 이야기가 될 수 있다. 무엇보다도 우리는 이러한 서사를 듣고 또 들어왔다. 익숙하기 때문에 그저 받아들이고 싶을 수도 있다. "사람은 익숙한 것에 매달려요." 햇필드 교수는 나에게 말했다. 때로는 어려운 진실보다 아름다운 거짓말을 믿는 것이 더 쉬울 때가 있다.

그러나 언제나 그런 것은 아니다. 이 책에서 보았듯 역사를 통틀어 예술가는 가난하고 고통받는다는 거짓된 묘사를 받아들이지 않으려는 과감한 개인이 존재했다. 대신 그들은 다른 길을 선택했다. 잘나가는 예술가의 길이었다. 그리고 우리가 굶어 죽는 예술가의 미신을 미켈란젤로와 비교해보았을 때, 전혀 다른 새로운 패러다임을 마주한다.

굶주릴 필요 없다. 지금은 우리가 창작을 안다고 생각한 모든 것을 바꿔놓은 새로운 르네상스의 시대이다. 이는 굶어 죽는 예술가를 잘나가는 예술가로 바꿔놓는 시대이며 우리가 해야 할 일은 이를 받아들이는 것이다. 그렇게 우리는 중요하면서도 생계를 기댈 수 있는 그런 작품을 만들 수 있다. 예술 때문에 고통받을 필요 없이 우리의 선물을 세상과 나눌 수 있다. 그리고 이러한 기회를 빨리 인식할수록 더 빨리 창작을 이어갈 수 있다.

어려운 진실

———

리보르노가 소중한 예술 작품이 가짜라는 것을 믿지 않은 것과 마찬가지로, 세계도 진짜 예술가는 굶어 죽지 않는다는 새로운 진실을 빨리 받아들이지 않을 수도 있다. 하룻밤 사이에 사회 전체의 인식을 바꾸는 것은 어려운 일이다. 그러나 오늘 바로 바꿀 수 있는 사람이 하나 있으니, 바로 당신이다. 이것이 미켈란젤로가 당시에 겪던 어려움이다.

르네상스 시대에 예술가는 미켈란젤로가 되고 싶던 귀족계층이 아니었다. 그러나 그는 생계를 이어가는 것 외에도 동료의 존경을 받기위해 헌신적으로 노력했다. 쉬운 일은 아니었지만 마침내 미켈란젤로는 예술가를 위해 방식을 바꾸었다. 어떻게 할 수 있었을까?

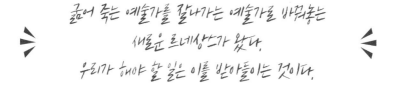

굶어 죽는 예술가를 잘나가는 예술가로 바꿔놓는
새로운 르네상스가 왔다.
우리가 해야 할 일은 이를 받아들이는 것이다.

우선 미켈란젤로는 자신의 사고방식을 다잡았다. 수많은 예술가가 수습생을 훈련시키는 곳을 열 때 미켈란젤로는 그러한 움직임을 따르고싶은 유혹에 저항했다. 그는 유명해지기 위해서는 남달라야만 한다는것을 알았다. 그리고 다르게 행동하기 전에 남다르게 생각해야만 했다. 미켈란젤로는 권력을 가진 사람과 어울렸기 때문에 자질구레한것을 구걸할 필요가 없었다. 그는 수습생이 된 것이다.

그리고 시장을 장악했다. 영향력을 지닌 사람의 네트워크에 뛰어들었다. 작업이 번창하도록 도와줄 교황, 왕, 그리고 후원자 같은 사람이었다. 이러한 네트워크를 쌓는다는 것은 그가 굶어 죽지 않을 것이라고 보장했다.

마지막으로 돈을 장악했다. 가치 있는 만큼 돈을 받았고 평균적인 예술가보다 열 배를 벌어들였다. 미켈란젤로는 땅과 부동산에 투자했고 이는 귀족인 그의 지위를 공고히 해주었다. 오직 부자만이 부동산을 소유할 수 있었기 때문이었다. 그러나 충분한 돈을 번 후에도 계속 창조했다. 그리고 보통 사람보다 두 배 이상 오래 살면서 잊히지 않을 유산을 만들어냈다. 미켈란젤로는 더 많은 예술을 하려고 돈을 벌었다.

"미켈란젤로처럼 성공한 예술가는 거의 없어요. 그리고 천재의 개념을 그토록 완벽히 구현한 사람도 거의 없죠. 동시대를 산 어떤 예술가보다 미켈란젤로는 자기 직업의 위상을 확실히 드높였어요. 기술자에서 천재로, 공예가에서 귀족으로요. 그는 후원자들에게 존경을 받았고 예술가로 명망을 쌓았어요. 슈퍼스타 예술가의 시대가 밝아왔죠."

굶어 죽는 예술가의 시대는 끝났다. 잘나가는 예술가의 시대가 닥쳤다. 이제는 예술가에 대한 우리의 가정을 버리고 새로운 르네상스를 받아들일 때이다. 창작이 가치만큼 보상을 받을 시대라는 것을 믿을 때이다. 지금은 우리가 번창할 새로운 시대이다.

핵심은 부자가 되거나 유명해지는 것이 아니라 작품을 만드는 것이다. 우리는 생계를 걱정하는 일 없이 우리의 선물을 세상과 나눌 방법을 찾는다. 이는 일단 우리 작품을 두고 돈을 버는 것 이상을 의미한다. 또한 우리가 계속 창작할 수 있는 삶을 만들어간다는 의미이다.

이를 위해 예술가는 고통을 받으며 살아야 한다는 개념을 떠나보내야 한다. 이 세상의 피카소들과 트와일라 타프들은 그렇지 않다. 이들

예술가는 절대로 굶어 죽지 않는다

은 굶어 죽는 예술가의 미신을 저버리고 대신 새로운 패러다임을 받아들이기로 선택했다. 이들의 발자취를 따라야 한다. 창작하는 데 네트워크와 관계의 중요성을 받아들여야 한다. 우리는 예술을 할 뿐만 아니라 돈도 벌어야 한다.

이것이 핵심이다. 창작은 계속해야 한다. 성공은 수단이고 그 끝에 반드시 멈춰야 하는 것은 아니다. 이를 위해 부자가 될 필요는 없지만 굶주려서는 안 된다. 그렇게 해서는 최고의 작품이 탄생할 수 없다.

이 책에서 우리는 새로운 르네상스가 어떻게 가능한지만을 탐색한 것이 아니다. 새로운 르네상스는 이미 시작되었다. 그저 그것을 인식하기만 하면 된다. 작품이 활짝 피기 위해서는 예술가가 되는 것에 관한 새로운 원칙을 이해해야 한다. 아드리안 카르데나스처럼 우리는 창의적인 일을 위해 무엇이 가능한지 다시 생각해내야 한다. 티아 링크가 그랬듯 수습생이 되어야 한다. 그리고 결국 거장이 될 수 있도록 자신을 낮춰야 한다. 우리는 아집을 경계하고 마주한 도전을 정복하기 위해 그릿을 사용해야 한다. 또한 후원자를 끌어들이고 네트워크를 형성하며 우리의 작업만큼 대가를 청구하는 방법을 배워야 한다. 스테파니 핼리건처럼 작업을 공유하는 것을 두려워하지 말아야 한다. 짐 헨슨이 그랬듯 영향을 미치는 사람에게서 영감을 훔쳐오며 예술을 하기 위해 돈을 벌어야 한다. 잘나가는 예술가는 우리가 쌓아온 창조적 성과에 과제를 던진다. 우리는 이러한 새 원칙을 받아들일 것인가 거부할 것인가?

얼마 전까지 우리는 굶어 죽는 예술가의 이야기를 사실로 받아들였지만 지금은 더 나은 이야기가 존재한다. 진짜 예술가는 굶지 않는다는 것이다. 이제 우리는 새로운 창조의 시대에 접어든 성장하는 창의적 집단에 합류할 수 있다. 그리고 잘나가는 예술가가 될 수 있다. 언젠가 '만들겠다'는 꿈을 꾸는 아마추어가 아닌 진정한 프로 말이다. 당신의 기술이 가구를 짜는 것이든, 그림을 그리는 것이든, 아니면 경영이든 간에 세상은 당신의 능력이 필요하다.

　그러나 이제 당신에게는 선택권이 있다. 창작을 계속하기 위해 고군분투하는 지치고 불안한 예술가의 길을 갈 수도, 아니면 그러한 생각에서 벗어나게 해줄 중요하고 도전적인 진실을 받아들일 수도 있다. 굶주릴 필요가 없다. 당신도 잘나갈 수 있다. 세상은 당신이 최고의 작품을 만들어내길 기다린다. 우리를 실망시키지 말길.

얼마 전까지 우리는
굶어 죽는 예술가의
이야기를 사실로

받아들였지만

지금은 더 나은
이야기가 존재한다.
진짜 예술가는
굶지 않는다는 것이다.

독자에게

이 여정을 저와 함께 해주신 데 감사드립니다. 이 책이 당신 마음 속 무엇인가를 건드린다면 jeff@goinswriter.com 으로 이메일을 보내주세요. 저는 당신의 이야기를 듣고 싶습니다. 인터뷰 전체가 담긴 음성파일이나 녹취서 등의 자료나 추가적인 케이스 스터디와 툴 등이 필요하다면 dontstarve.com을 방문해주세요.

감사합니다.

제프 고인스

들어가면서: 굶어 죽는 예술가라는 미신

• Bruni, Frank. "Florence Journal; The Warts on Michelangelo: The Man Was a Miser." New York Times, January 21, 2003. Accessed November 3, 2016. www.nytimes.com/2003/01/21/world/florence-journal-the-warts-on-michelangelo-the -man-was -a-miser.html.

• Hatfield, Rab. The Wealth of Michelangelo. Rome: Edizioni Di Storia E Letteratura, 2002.———. Personal phone interview with the author. Florence, Italy. Skype call. February 25, 2016.

• Johnstone, Bruce, "Michelangelo Is Branded a Multi-Millionaire Miser." Telegraph, November 30, 2002. Accessed November 3, 2016. http://www.telegraph.co.uk/news/ worldnews/europe/italy/1414836/Michelangelo-is-branded-a-multi-millionaire-miser.ht ml.

• "Henri Murger." Encyclopedia Britannica, last modified August 14, 2007. Accessed Novembe r 3, 2016. www.britannica.com/biography/Henri-Murger.

• Wallace, William E. Michelangelo: The Artist, the Man, and His Times. New York: Cambride University Press, 2011.———. Personal phone interview with the author. St. Louis, Missouri. Telephone call. March 28, 2016.

Chapter 01 예술가로 태어나는 법은 없다

• Blair, Elizabeth. "More than 50 Years of Putting Kids' Creativity to the Test." NPR. org, April 17, 2013. Accessed November 3, 2016. www.npr.org/2013/04/17/177040995/ more-than-5   0-years-of-putting-kids-creativity-to-the-test.

• Cardenas, Adrian. "The U.S. and Cuba: A Love Story." CNN.com, June 4, 2014. Accessed November 3, 2015. http://edition.cnn.com/2015/06/04/opinions/crdenas-cuba-escape-and-reunion/.———. "Why I Quit Major League Baseball." New Yorker, October 30, 2013. Accessed November 3, 2016. www.newyorker.com/news/sporting-scene/why-i-quit-major-league-baseball.———. Personal interview with the author. New York, New York. Telephone call. April 28, 2016.

• Cramond, Bonnie. Personal interview with the author. Athens, Georgia. Telephone call. April 20, 2016.

• Grisham, John. Interview with Bill Moyers. Bill Moyers Journal. PBS, January 25, 2008. Accessed November 3, 2016. www.pbs.org/moyers/journal/archives/grishamexcl_flash. html.

• Hemingway, Ernest. The Wild Years. New York: Dell, 1967.

• MacKenzie, Gordon. Orbiting the Giant Hairball. New York: Viking, 1998. Moore, Dennis. "John Grisham Marks 20th Anniversary of 'A Time to Kill.'" USA Today, June 22, 2009. Accessed November 3, 2016. http://usatoday30.usatoday.com/life/books/ news/2009-06-21-john-grisham-a-time-to-kill_N.htm.

• Raffiee Joseph and Jie Feng. "Should I Quit My Day Job? A Hybrid Path to Entrepreneurship." Academy of Management Journal 57, August 1, 2014, pp. 936–63. Accessed March 27, 2016. doi:10.5465/amj.2012.0522.

• Sumners, Sarah. Personal interview with the author. Athens, Georgia. Telephone call. April 20, 2016.

• Torrance, Paul E. Why Fly? Santa Barbara, CA: Praeger, 1995.

• Wallace, William E. Michelangelo: The Artist, the Man, and His Times. New York: Cambridge University Press, 2011.

Chapter 02 성공한 사람들의 영향을 훔치는 일

• Caine, Michael. Acting in Film. New York: Applause Theatre and Cinema Books, 1997, 2000.

- Charney, Noah. The Art of Forgery: The Minds, Motives, and Methods of the Master Forgers. London: Phaidon Press, 2015.

- Csikszentmihalyi, Mihaly. Creativity: The Psychology of Discovery and Invention. New York: HarperCollins Publishers Ltd., 2013.

- Durant, Will. Heroes of History. New York: Scribner, 2009.

- "Jim Henson's Wilkins Coffee Commercials." YouTube video. Posted July 27, 2010, by Pikachu4352. Accessed March 20, 2016. www.youtube.com/watch?v=ZxLyuw5bdyk.

- Jones, Brian Jay. Jim Henson: The Biography. New York: Ballantine Books, 2013.

- Kleon, Austin. Steal Like an Artist: 10 Things Nobody Told You About Being Creative. New York: Workman Publishing Company, 2012.

- Louis, Menaud. "Believer." New Yorker. March 7, 2005. http://www.newyorker.com/magazine/2005/03/07 believer.

- McManus, Seumas. The Story of the Irish Rose. New York: Bibliographic Center for Research, 2009.

- Menand, Louis. "Believer." New Yorker, March 7, 2005. Accessed November 3, 2016. www. newyorker.com/magazine/2005/03/07/believer.

- Stevens, Elizabeth Hyde. Make Art Make Money: Lessons from Jim Henson on Fueling Your Creative Career. Seattle: Lake Union Publishing, 2014.

- Tharp, Twyla. Push Comes to Shove. New York: Bantam, 1993.

- Tharp, Twyla and Mark Reiter. The Creative Habit: Learn It and Use It for Life. New York: Simon & Schuster, 2006.

- Thompson, Hunter S. "Hunter S. Thompson, The Art of Journalism No. 1."Paris Review. Issue 156, Fall 2000. Interviewed by Douglas Brinkley, Terry McDonell. www.theparisreview.org/interviews/619/hunter-s-thopson-the-art-of-journalism-no-1-hunter-s-thompson.

Chapter 03 젊은 미켈란젤로가 배우는 법

- Link, Tia. Personal interview with the author. New York, NY, March 9, 2016.

- Somervill, Barbara A. Michelangelo: Sculptor and Painter. Minneapolis: Compass Point Books, 2005.

- Stone, Irving. The Agony and the Ecstasy: A Biographical Novel of Michelangelo. London: Arrow Books, 1997.

- Vasari, Giorgio. The Lives of the Artists. Translated by Julia Conway Bondanella and

Peter Bondanella. Oxford: Oxford Paperbacks, 2008.

- Wallace, William E. Michelangelo: The Artist, the Man, and His Times. Cambridge: Cambridge University Press, 2011.

Chapter 04 아마존 창업자의 전략적 고집

- Blue Origin. https://www.blueorigin.com/.
- Bulygo, Zack. "12 Business Lessons You Can Learn from Amazon Founder and CEO Jeff Bezos." KISSMetrics, January 19, 2013. Accessed November 3, 2016. https://blog. kissmetrics.com/lessons-from-jeff-bezos/.
- Condivi, Ascanio. The Life of Michelangelo. Baton Rouge: Louisiana State University Press, 1975.
- Corrigan, Maureen. So We Read On: How The Great Gatsby Came to Be and Why It Endures. New York: Little, Brown and Company, 2014.
- Duckworth, Angela L., Christopher Peterson, Michael D. Matthews and Dennis R. Kelly. "Grit: Perseverance and Passion for Long-Term Goals."Journal of Personality and Social Psychology 92, no. 6 (2007): 1087–1101. Accessed online through the School of Arts and Sciences at the University of Pennsylvania, November 3, 2016. www.sas.upenn. edu/~duckwort/images/Grit%20JPSP.pdf.
- Duckworth, Angela L. "Grit: The Power of Passion and Perseverance." TED Talks Education, 6:12, April 2013. Accessed November 3, 2016. www.ted.com/talks/angela_ lee_duckworth_grit_the_power_of_passion_and_perseverance?language=en.
- Fitzgerald, F. Scott; Matthew J. Bruccoli compiler. A Life in Letters: F. Scott Fitzgerald. New York: Scribner, 1995.
- Fundable. "Amazon Startup Story." Fundable.com. Accessed November 3, 2016. www. fundable.com/learn/startup-stories/amazon.
- Greathouse, John. "5 Time-Tested Success Tips from Amazon Founder Jeff Bezos." Forbes, April 30, 2013. Accessed November 3, 2016. www.forbes.com/sites/ johngreathouse/2013/04/30/5-time-tested-success-tips-from-amazon-founder-jeff-bezos/#67f1b6c63351.
- Hertzfeld, Andy. "Reality Distortion Field." Folklore.com. Accessed November 3,2016. www.folklore.org/StoryView.py?story=Reality_Distortion_Field.txt.
- Isaacson, Walter. Steve Jobs. New York: Simon and Schuster, 2011, 2013.
- Kantor, David and David Streitfeld. "Inside Amazon: Wrestling Big Ideas in a Bruising

Workplace." New York Times, August 15, 2015. Accessed November 3, 2016. www. nytimes.com/2015/08/16/technology/inside-amazon-wrestling-big-ideas-in-a-bruising-workplace.html.

- Lerman, Rachel. "Amazon's Headcount Tops 150,000 After Adding Nearly 40,000 Employees in 2014." Puget Sound Business Journal, January 29, 2015. Accessed November 3, 2016. www.bizjournals.com/seattle/blog/techflash/2015/01/amazons-headcount-tops-150–000-after-adding.html.

- Mental Floss. "How WWII Saved 'The Great Gatsby' from Obscurity." Mental Floss, April 6, 2015. Accessed November 3, 2016. http://mentalfloss.com/article/62358/how-wwii-saved-great-gatsby-obscurity.

- Prichard, Zach. Personal interview with the author. Skype call. Franklin, TN, September 14, 2016.

- Quirk, William J. "Living on $500,000 a Year." American Scholar, September 1, 2009. Accessed November 3, 2016. https://theamericanscholar.org/living-on-500000-a-year/#. WBuSJOErKRs.

- Scheidies, Nick. "15 Business Lessons from Amazon's Jeff Bezos." Income. Accessed November 3, 2016. www.incomediary.com/15-business-lessons-from-amazons-jeff-bezos.

- Statista. "Net sales revenue of Amazon from 2004 to 2016." Statista.com.Accessed November 3, 2016. www.statista.com/statistics/266282/annual-net-revenue-of-amazoncom/.

- Szalavitz, Maia. "Creativity Linked with Deficit in Mental Flexibility." Time, June 7, 2013. Accessed November 3, 2016. http://healthland.time.com/2013/06/07/creativity-linked-with-deficit-in-mental-flexibility/.

- Trevor, Will. "Amazon & Leadership: The 14 Leadership Principles (Part 1)."LinkedIn, November 11, 2014. Accessed November 3, 2016. www.linkedin.com/pulse/20141111222354–23565607-amazon-s-14-leadership-principles-part-1.

- Wallace, William E. Michelangelo: The Artist, the Man, and His Times. New York: Cambridge University Press, 2011.

Chapter 05 트럭 운전사 엘비스 프레슬리가 유명한 가수가 된 이유

- Cash, Johnny, Patrick Carr, Cash: The Autobiography (New York: HarperCollins, 1997), 101–111.

- Currid-Halkett, Elizabeth. Personal interview with the author. Skype call. Los Angeles, CA, March 8, 2016.———. The Warhol Economy: How Fashion, Art, and Music Drive. New York: Princeton University Press, 2008.

- Forcellino, Antonio. Michelangelo: A Tormented Life. Cambridge: Polity, 2011.

- Guralnick, Peter. "Elvis Presley: How Sun Records boss Sam Phillips discovered a star in 1954." Independent, October 30, 2013. Accessed November 3, 2016. www.independent.co.uk/arts-entertainment/music/features/elvis-presley-how-sun-records-boss-sam-phillips-discovered-a-star-in-1954-a6713891.html.———. Last Train to Memphis: The Rise of Elvis Presley. New York: Back Bay Books, 1995.———. Sam Phillips: The Man Who Invented Rock 'n' Roll. New York: Little, Brown and Company, 2015.

- Hyatt, Michael. Personal interview with the author. E-mail. Franklin, TN, August 12, 2016.

- Sehgal, Kabir. "How I made it from Wall Street to the Grammys." CNBC, April 26, 2016. Accessed November 3, 2016. www.cnbc.com/2016/04/26/how-i-made-it-from-wall-street-to-the-grammys-commentary.html.———. Personal interview with the author. Skype call. Atlanta, GA, May 2, 2016.

Chapter 06 천재 미치광이 고흐가 선택한 네트워크

- Csikszentmihalyi, Mihaly. Creativity: The Psychology of Discovery and Invention. New York: HarperCollins Publishers Ltd., 2013.

- Florida, Richard. Personal interview with the author. Skype call. March 14, 2016.———. The Rise of the Creative Class. New York: Basic Books, 2003.

- Hank Willis Thomas (website). Accessed November 3, 2016. www.hankwillisthomas.com.

- Jack Shainman Gallery. "Hank Willis Thomas." Jackshainman.com. Accessed November 3, 2016. www.jackshainman.com/artists/hankwillis-thomas/.

- King, Ross. The Judgment of Paris: The Revolutionary Decade That Gave the World Impressionism. New York: Walker & Company, 2006.

- Reef, Catherine. The Bronte Sisters: The Brief Lives of Charlotte, Emily, and Anne. New York: Clarion Books, 2015.

- Reynolds, Michael. Hemingway: The Paris Years. New York: WW Norton, 1995.

- Rodulfo, Kristina. "Patti Smith: New York Is No Longer Welcoming to Artists and

Dreamers." Elle, October 6, 2015. Accessed November 3, 2016. http://www.elle.com/culture/books/news/a31004/new-york-city-then-and-now-according-to-patti-smith/.

• Smith, Patti. M Train. New York: Vintage Books, 2015, 2016.

• Stone, Irving. Lust for Life. New York: Plume, 1984.

• The Royal Academy (website). Accessed November 3, 2016. https://www.royalacademy.org.uk/.

• Thomas, Hank Willis. Personal interview with the author. New York, NY. March 21, 2016.

• Van Gogh Museum. "How many paintings did Van Gogh sell in his lifetime?" Van Gogh Museum. Accessed November 3, 2016. https://www.vangoghmuseum.nl/en/125-questions/questions-and-answers/question-54-of-125.

• Weiner, Eric. Personal interview with the author. Skype call. June 15, 2016.———. The Geography of Genius: A Search for the World's Most Creative Places from Ancient Athens to Silicon Valley. New York: Simon & Schuster, 2016.

• Weisel, Tracy. Personal interview with the author. Telephone call. Jerome, AZ, May 5, 2016.

Chapter 07 혼자서는 아무것도 할 수 없다

• Clear Mapping Company (website). Accessed November 3, 2016. www.clearmapping.co.uk/about-us.html.

• Farrell, Michael. Collaborative Circles: Friendship Dynamics and Creative Work. Chicago: University of Chicago Press, 2003.

• Glyer, Diana. Personal interview with the author. Skype call. Azusa, CA, April 1, 2016.———. Bandersnatch: C. S. Lewis, J. R. R. Tolkien and the Creative Collaboration of the Inklings. Kent, OH: Kent Univ. Press, 2015.

• Jones, Jonathan. "And the Winner Is . . . How a Bitter Painting Contest Between Michelangelo and Leonardo Became One of the Most Extraordinary Episodes of the Renaissance." Guardian, October 22, 2002. Accessed November 3, 2016. www.theguardian.com/culture/2002/oct/22/artsfeatures.highereducation.

• McKinney, Kelsey. "Beyonce's 'Lemonade': How the Writing Credits Reveal Her Genius." Fusion, April 25, 2016. Accessed November 3, 2016. http://fusion.net/story/294943/beyonce-lemonade-writers/.

• Monroe, Gary. Personal interview with the author. Skype call. March 24, 2016.———.

The Highwaymen: Florida's African-American Landscape Painters. Gainesville: University Press of Florida, 2001.

- Robinson, Caroline. Personal interview with the author. Skype call. May 5, 2016.
- Sawyer, Keith. Group Genius: The Creative Power of Collaboration. New York: Basic Books, 2008.——. Personal interview with the author. Skype call. February 4, 2016.
- Wallace, William E. Michelangelo at San Lorenzo: The Genius as Entrepreneur. Cambridge: Cambridge University Press, 1994.——. Michelangelo: The Artist, the Man, and His Times. Cambridge: Cambridge University Press, 2011.——. Personal interview with the author. St. Louis, MO, March 28, 2016.

Chapter 08 공개적으로 일하는 것이 중요하다

- Adamson, Allen. "What Picasso Knew: Branding Tips for Artists from an Art Basel Insider." Forbes, May 22, 2013. Accessed November 3, 2016. www.forbes.com/sites/allenadamson/2013/05/22/what-picasso-knew-branding-tips-for-artists-from-an-art-basel-insider/#690466a62b64.
- Build Network Staff. "The Marketing Genius of Led Zeppelin IV." Inc., June 20, 2013. Accessed November 3, 2016. www.inc.com/thebuildnetwork/the-marketing-genius-of-led-zeppelin-iv.html.
- Case, George. Led Zeppelin FAQ: All That's Left to Know About the Greatest Hard Rock Band of All Time. London: Backbeat Books, 2011.
- Deal, David. "The Marketing Genius of Led Zeppelin IV." Superhype Blog, April 29, 2011. Accessed November 3, 2016. http://superhypeblog.com/marketing/the-marketing-genius-of-led-zeppelin-iv.
- Halligan, Stephanie. "Let Yourself Be Seen" (Cartoon). Art to Self. Accessed November 3, 2016. www.arttoself.com/2016/07/14/let-yourself-be-seen/.——. Personal interview with the author. Skype call. Boulder, CO, April 14, 2016.
- Kleon, Austin. Show Your Work! New York: Workman Publishing Co., 2014.
- Roe, Sue. In Montmartre: Picasso, Matisse, and the Birth of Modernist Art. New York: Penguin Press, 2015.
- Sand, George. Letters of George Sand, Vol. 3. London: Forgotten Books, 2012.
- Sims, Peter. "Think Like Chris Rock: Little Bets." Peter Sims Blog, July 15, 2010. Accessed November 3, 2016. http://petersims.com/2010/07/15/think-chrisrock/.
- Tolinski, Brad. Light and Shade: Conversations with Jimmy Page. Toronto: McClelland

& Stewart, 2013.

Chapter 09 공짜로 일하는 것은 멍청한 짓이다

- Dinwiddie, Melissa. Personal interview with the author. Skype call. July 15, 2015.

- Helms, Amy. "Michelangelo and the High Renaissance." Prezi, September 17, 2015. Accessed November 3, 2016. https://prezi.com/ekerk1rmduok/michelangelo-and-the-high-renaissance/.

- Horton, Nicholas. "Harlan Ellison—Paythe Writer." YouTube, posted November 7, 2007. Accessed November 3, 2016. www.youtube.com/watch?v=mj5IV23g-fE.

- Ivey, Bill. Arts, Inc.: How Greed and Neglect Have Destroyed Our Cultural Rights. Berkeley, CA: University of California Press, 2008.———. Personal interview with the author. Nashville, TN, April 7, 2016.

- Jarvis, Paul. Personal interview with the author. Skype call. January 7, 2017.

- Marshall, Colin. "Harlan Ellison's Wonderful Rant on Why Writers Should Always Get Paid." Open Culture, November 6, 2015. Accessed November 3, 2016. www.openculture.com/2015/11/harlan-ellisons-wonderful-rant-on-why-writers-should-always-get-paid.html.

- Unger, Miles J. Michelangelo: A Life in Six Masterpieces. New York: Simon & Schuster, 2014.

- Weissmann, Jordan. "Do Unpaid Internships Lead to Jobs? Not for College Students." Atlantic, June 19, 2013. Accessed November 3, 2016. www.theatlantic.com/business/archive/2013/06/do-unpaid-internships-lead-to-jobs-not-for-college-students/\276959/.

Chapter 10 자기 것을 온전히 소유한다는 의미

- Beck, Glenn. Dreamers and Deceivers: True Stories of the Heroes and Villains Who Mad America. New York: Threshold Editions, 2014.

- Brown, August. "What Today's Artists Learn from Prince's Approach to the Industry." LA Times, April 22, 2016. Accessed November 3, 2016. www.latimes.com.entertainment/music/posts/la-et-ms-prince-imaginative-legacy-music-business-20160422-story.html.

- Greenburg, Zack O'Malley. Empire State of Mind: How Jay-Z Went from Street Corner to Corner Office. New York: Portfolio, 2015.

- Gupta, Vivek and Manasi Pawar. "Cirque du Soleil HRM Practices." IBS Center for

Management Research, 2007. www.icmrindia.org/case.studios/catalogue/.

• Kellogg, Stephen. Personal interview with the author. Telephone call. March 28, 2016.

• Pollock, Dale. Skywalking: The Life and Films of George Lucas, updated edition. Boston: DaCapo Press, 1999.

• Schiff, Lewis. Business Brilliant. New York: HarperCollins, 2013.

• Shapiro, James. A Year in the Life of William Shakespeare: 1599. New York: Harper Perennial, 2006.

• Stephen Kellogg (website). Accessed November 3, 2016. www.stephenkellogg.com/.

• Taylor, Chris. How Star Wars Conquered the Universe: The Past, Present, and Future of a Multibillion Dollar Franchise. New York: Basic Books, 2014.

Chapter 11 다양한 경험이 성공을 이끈다

• Boing Boing (website). Accessed November 3, 2016. http://boingboing.net/about.

• Chapman, Chuck. Personal interview with the author. Skype call. April 19, 2016.

• Frauenfelder, Mark. Personal interview with the author. Skype call. February 3, 2016.

• Greenburg, Zack O'Malley. "Michael Jackson: Secret Business Genius?" Forbes, January 25, 2011. Accessed November 3, 2016. www.forbes.com/sites/zackomalleygreenburg/2011/01/25/michael-jackson-secret-business-genius-music-business/#2265f37198e4.

• Handy, Charles. The Age of Unreason. Cambridge, MA: Harvard Business School Press, 1990.

• Kaufman, Scott Barry. "The Creative Gifts of ADHD." Scientific American, October 21, 2014. Accessed November 3, 2016. https://blogs.scientificamerican.com/beautiful-minds/the-creative-gifts-of-adhd/.

• Mark Frauenfelder (website). Accessed November 3, 2016. www.markfrauenfelder.com/.

• Thomson, Kristin and Jean Cook. "Artist Revenue Streams: A Multi-Method Research Project Examining Changes in Musicians' Sources of Income."Accessed from the Berkman Klein Center for Internet and Society at Harvard University, November 3, 2016. https://cyber.law.harvard.edu/sites/cyber.law.harvard.edu/files/Rethinking_Music_Artist_Revenue_Streams.pdf.

• Zabelina, Darya. Personal interview with the author. Skype call. Chicago, IL. May 2, 2016.

Chapter 12 예술을 위해 돈을 벌어라

- Alan Bean (website). Accessed November 3, 2016. www.alanbean.com/.
- Bean, Alan. Apollo: An Eyewitness Account by Artist/ Astronaut/ Moonwalker Alan Bean. Seymour, CT: The Greenwich Workshop Press, 1998.———. Personal interview with the author. Skype call. Houston, TX, April 8, 2016.
- Hyde, Lewis. Personal interview with the author. Phone call. May 11, 2016.
- McCarthy, Helen. A Brief History of Manga. London: Ilex Press. July 15, 2014.———. The Gift: Creativity and the Artist in the Modern World. New York: Vintage Books, 2007.
- McGowan, Tara. "Kamishibai: A Brief History." Kamishibai.com. Accessed November 3, 2016. www.kamishibai.com/history.html.
- Shows, Charles. Walt: Backstage Adventures with Walt Disney. Los Angeles: Communications Creativity, 1979.
- Yusuke, Kubo. "Kyoto 'Paper Drama' master Yassan." Kyoto Journal. Accessed November 3, 2016. www.kyotojournal.org/renewal/kyoto-kamishibai-master/.

결론: 새로운 르네상스를 함께 하자

- Art Is Life. "Fake Modigliani heads get a museum of their own," Art is Life Blog. Accessed May 15, 2016, https://artislimited.wordpress.com/2013/10/12/fake-modigliani-heads-get-a-museum-of-their-own-thirty-years-after-the-controversial-hoax/.
- Livorno Now (website). "Modigliani's heads," Livorno Now. Accessed November 3, 2016. www.livornonow.com/modiglianis_heads.
- Natanson, Ann. "Three Students and a Dockworker Put Their Heads Together and Confound the Art World." People, October 8, 1984. Accessed November 3, 2016. http://people.com/archive/three-students-and-a-dockworker-put-their-heads-together-and-confound-the-art-world-vol-22-no-15/.
- Phillips, John. "Modigliani Head May Be Work of Pranksters." UPI, September 11, 1984. Accessed November 3, 2016. www.upi.com/Archives/1984/09/11/Modigliani-head-may-be-work-of-pranksters/3010463723200/.

예술가는
절대로
굶어 죽지
않는다

초판 1쇄 발행 2017년 12월 30일

지은이 제프 고인스
옮긴이 김문주
발행인 홍경숙
발행처 위너스북

경영총괄 안경찬
기획편집 김효단, 임소연

출판등록 2008년 5월 2일 제310-2008-20호
주소 서울 마포구 토정로 222, 201호(한국출판콘텐츠센터)
주문전화 02-325-8901

디자인 김종민
제지사 한솔PNS(주)
인쇄 영신문화사

ISBN 978-89-94747-85-9 03190

이 도서의 국립중앙도서관 출판예정도서목록(CIP)은 서지정보유통지원시스템 홈페이지(http://seoji.nl.go.kr)와 국가자료공동목록시스템(http://www.nl.go.kr/kolisnet)에서 이용하실 수 있습니다.(CIP제어번호: CIP2017031066)